新闻与传播
核心教材系列

媒介史 |第2版|
Media History
Second Edition

崔 林 / 著

中国传媒大学 出版社
·北京·

图书在版编目（CIP）数据

媒介史 / 崔林著. -- 2版. -- 北京：中国传媒大学出版社, 2024. 11.
ISBN 978-7-5657-3813-5

Ⅰ. G219.1

中国国家版本馆CIP数据核字第20243RH747号

新闻与传播核心教材系列

媒介史（第2版）
MEIJIESHI(DIER-BAN)

著　　者	崔　林
策划编辑	曾婧娴
责任编辑	曾婧娴
特约编辑	王玉凤
责任印制	李志鹏
封面设计	拓美设计
出版发行	中国传媒大学出版社
社　　址	北京市朝阳区定福庄东街1号　　邮　编　100024
电　　话	86-10-65450528　65450532　　传　真　65779405
网　　址	http://cucp.cuc.edu.cn
经　　销	全国新华书店
印　　刷	三河市东方印刷有限公司
开　　本	787mm×1092mm　1/16
印　　张	14.75
字　　数	306千字
版　　次	2024年11月第2版
印　　次	2024年11月第1次印刷
书　　号	ISBN 978-7-5657-3813-5/G·3813　　定　价　59.00元

本社法律顾问：北京嘉润律师事务所　郭建平

第二版序

接到出版社曾老师电话的时候，我们一行人正在珠三角地区调研媒体融合的最新进展。这一天调研间隙，就近去了小鸟天堂和梁启超故居参观，途中经过崖山海战旧地，书本里的盛景和历史的现场在眼前活泼泼地展开，让人意识到媒介的发展变迁也跟一棵榕树一样，需要在适合的文化土壤和社会生态中才能生根发芽、开枝散叶。

曾老师在电话里说《媒介史》出版以来销量还挺好，希望能修订后出新版，这实在出乎我的意料。这本教材的写作是为了配合学院一门诉求较为独特的课程，感兴趣的读者按理不会很多。这门课程原为广播电视史，到我接手时，网络的影响已经显现，作为一门专业基础课，必须让学生跟上信息时代的步伐，加入网络传播史的内容势在必行。同时，学院的课程设计将中、外新闻传播史合并讲授，课上我常跟学生开玩笑，说这个地球上除了中国就是外国，要把全球所有的新闻传播活动过程全部讲清楚显然是不可能完成的任务，因此重点在于以中外比较的视野将各种媒介发展变迁的脉络梳理清楚。为了满足这几方面的诉求，课程的讲授思路着眼于在文明的视野中去把握媒介的变迁，是更为现实也更具前瞻性的选择。

在讲课思路逐渐清晰、PPT越来越完善的那个暑假，"非典"刚刚过去，学院派我们去英国学习。当年查令十字街的实体书店还红红火火，尽管用英镑买书很贵，但我们还是咬着牙，每人带回半箱书，其中就有 Asa Briggs 和 Peter Burke 合写的 *A Social History of the Media*。Asa Briggs 是牛津大学获得沃夫森历史学奖的学者，Peter Burke 是剑桥大学享誉全球的文化历史大家，两人竟然合写了一本以往不太入历史学者法眼的媒介史著作，这确实让人好奇，也对这门课程聚焦媒介史的选择提供了来自历史学界的最新印证和支撑。

然而真正开始登台讲授，这门课程的难度还是超乎我的预料。课程的主干是媒介发展变迁的基本脉络和规律，要将其梳理清楚已非易事，还要在人类文明的视野中对其加以审视和锚定就需要更多的积淀，解决的办法只能是更多地投入时间。办公室里日复一日的锚铢积累，一晃就在那张木椅子上坐了二十多年。记得有一次，一位社牛学生来找我聊天，天气已冷而暖气未开，窗户面北也无阳光普照，她坐了一会儿就给冻走了，下次来时带了两个椅垫儿，可是我坐着怎么也不得劲儿，最后只能将这保暖的物件儿拱手让人。板凳坐冷而习以惯之，大约就是一个媒介史研究者的写意画像。二十年里唯一的高光时刻大约要算"媒介的变迁"课题受到霍英东基金的资助，最终完成了上下两册专著，尽管仍然十分浅陋，但对于自己在文明视野中的媒介史研究来说是向前迈出了一小步。

本次修订正是在第一版的基础上，将《媒介的变迁》部分成果纳入，新增了第十章"手机"，扩充了第三章"文字"，将原有《报刊（上）》和《报刊（下）》两章整合为一章，更新了部分章节的标题，补充了相应内容，希望能够体现对这些领域的新近认识。当然，媒介史领域的教学研究探索才刚刚起步，本书粗疏错漏之处必然很多，只能在读者不断批评指正的过程中一点一滴地继续完善。

希望过几年还能接到出版社的电话。

崔　林
2024 年夏于马相胡同

第一版序

假如，对不起我是说假如，你今天早上起床的时候突然失忆了，会怎么样？

这是我在课堂上常跟同学们开的一个小玩笑，这个玩笑的创意源自美国现代历史学者卡尔·贝克尔（Carl Becker，1873-1945）在《什么是历史事实？》中的一个假定。

贝克尔说："假定我自己今天早上醒来时失忆了，而其他一切功能都很正常，只是我想不起过去发生的任何一件事，结果会怎样？结果就是我不知道我是何许人，在何处，去何方或做何事。我不能到大学去上课，不能在研究会上宣读这篇文章。总之，我的现状是难以理解的，我的前途是毫无意义的。为什么呢？因为我突然不再知道任何历史。"

因此，在贝克尔看来，历史不是沉淀在书本里的僵死知识，而是融会在活生生的人生里的记忆。历史对于每个人的现实意义，正如每天早晨我们醒来时所发生的情形：记忆闯进了过去的领域，把过去发生的事情、见过的东西、讲过的话、考虑过的想法等印象集合在一起，正是这些印象，使我们生活在一个秩序井然的世界里。

这是我所看到的在历史与当下之间建立关联的极为精彩的表述，贝克尔用一个极为浅白的比喻，说明了历史对于现实的意义和价值。与所有人文社会学科一样，媒介史的教学和研究对于这个学科而言是基础性的内容，它虽然不具备这个学科目前更为看重的应用性和操作性，但显然，不了解媒介发展变迁的历史过程和基本规律，媒介的从业者、研究者、学习者就会像失去记忆一般，不但对媒介的现实无法理解和把握，对媒介的未来也无从预测和判断。在信息化、数字化、数据化浪潮引发的媒介变革令人应接不暇的当下，这一点显得尤为重要。

除此之外，贝克尔这个比喻的动人之处还在于，他将个人的生命体验带入自己的表述，让人们对一个看似耳熟能详却未必真正明白的道理产生切身的体会。好的知识传递总是融入了传受双方个体感悟的互动过程。在写本书电视这一章的时候，我重读了我的博导朱羽君先生当年那些倍受读者欢迎的著作，她将离休之前出版的自选集题名为《对电视的生命感悟》，我想她在用自己长达半个世纪的教书治学经历提示我们，如果在与学生的交流中，不能带动他们对生活、生命、时代产生切身的体会和感悟，那么教学就只会成为单向、肤浅的知识传授，而不会形成发人深省的鲜活互动。

从未及而立到将近不惑，在与以"80后""90后""00后"作为代际标识的数字时代的原住民们年复一年的交流碰撞中，媒介史的教学和研究让我这个"70后"成为最大的受益者。在媒介大潮的波峰浪谷里，"70后"其实是处于谷底两头不靠的一代人，既没有赶上大众媒介一呼万应的黄金时代，又在数字浪潮扑面而来之时以新时代的移民身份天然地感到惶惑和犹疑，如此好像总也赶不上趟儿，这成为这一代人在身份和心灵上难以摆脱的焦虑。也许正因为如此，越是身处一个创新辈出、观念迭代的时期，越是让人体会到培根（Francis Bacon，1561—1626）所说的"读史使人明智"。读史的过程总会让人不自觉地与自身的命运和当下的现实相联系，以历史的多面镜映照自身，除了令人悲哀地觉察到自己的浅薄、浮躁、渺小，也让人因此意识到个体生命可以借助历史经验的势能超越现实的峰谷，找到变得丰厚、沉静、博大的可能。

在书房和课堂里待得久了，我也常常抬起头、站起身，借考察讲学和调研创作之际去实地感受这个时代的媒介变迁。在媒介的历史与现实之间进进出出，我越来越深刻地感受到，当前媒介研究的主要理论、概念和方法都来自西方，在中国新闻传播学科新建和发展之初，这些引入的"新学"还能够适应和指导中国媒体发展和舆论建设的方向。但是，当媒介的发展进入全新的数字时代时，再用产生于电子时代的传播理论就很难理解和阐释当前的媒介图景；当中国的崛起已经逐渐影响世界的发展时，用根植于西方工业时代以来的社会变迁、已沦为"旧学"的理论来指导信息时代的东方实践，就真的是"东辕西辙"了。

实际上，西方有远见的学者已经在做出这样的努力，即在人类文明的整体框架内去重新发现、理解和判断信息、媒介和传播在整个人类发展史上的地位与作用。作为存身于唯一未曾中断的文明体之内，有着源远流长的文化传统支撑的中国媒介研究者，是否应该在这个时代更为自信地转过身来：立足中国，面向全球化的世界，面向全人类的历史。经年以后，也让中国的媒介研究发展出"东学西渐"的可能？

就在这样的疑惑和希望中，我在跟跟跄跄地试图跟上新媒介日新月异变化步伐的同时，也开始回过头去重新打量那些曾经对人类历史产生重大影响的旧媒介，尝试着回到历史的现场，去寻找和揣摩这些媒介与当时社会发展及文明进程的关联。最终凝结成这本小书，希望在梳理媒介发展变化历史的同时，在媒介系统的标尺和人类文明的视野中去判断其位置与功用。从每一章的标题上大致可以发现，每一种媒介至少是一对复杂关系的结合体。媒介与人一样都存在于关系之中，而"媒介与文明"是本书希望呈现的、最大的一对关系。

显然，面对如此宏大的命题，除了必然显出作者的心有余而力不足，本书的出版仅仅意味着：一切才刚刚开始。

崔　林

2017 年 5 月

目 录

第一章 口语：智能时代与全感传播 …………………………… 1
  第一节 智能时代的开启 ………………………………………… 1
  第二节 语言的产生 ……………………………………………… 3
  第三节 口语的优势 ……………………………………………… 5
  第四节 口语的局限 ……………………………………………… 8

第二章 延伸：时空突围与传播偏向 …………………………… 12
  第一节 口语的突围 ……………………………………………… 12
  第二节 时间型媒介 ……………………………………………… 16
  第三节 空间型媒介 ……………………………………………… 18
  第四节 媒介的延续 ……………………………………………… 21

第三章 文字：抽象符号与文化启蒙 …………………………… 25
  第一节 文字的沿革 ……………………………………………… 25
  第二节 文字的媒介特征 ………………………………………… 33
  第三节 文字与轴心时代 ………………………………………… 39

第四章 邸报：传播奇迹与静态纸媒 …………………………… 57
  第一节 延续千年的传播奇迹 …………………………………… 57
  第二节 相对静止的媒介形态 …………………………………… 63
  第三节 朝政传播范式 …………………………………………… 65
  第四节 邸报与 Newspaper ……………………………………… 68

第五章 报刊：政党"喉舌"与独立媒介 ………………………… 72
  第一节 报纸的诞生 ……………………………………………… 73
  第二节 政党报纸 ………………………………………………… 79

— 1 —

第三节　商业报纸 …………………………………………… 87

第六章　电报：电讯革命与新闻垄断 ……………………………… 114
第一节　电报发明与电讯革命 ……………………………… 114
第二节　通讯社的创立 ……………………………………… 119
第三节　电讯垄断与世界通讯格局 ………………………… 124

第七章　广播：无远弗届与声响幻境 ……………………………… 131
第一节　从无线电报到大众媒介 …………………………… 131
第二节　抒情表意的声响幻境 ……………………………… 141
第三节　旧媒介的新生 ……………………………………… 150

第八章　电视：大众巅峰与人际拟态 ……………………………… 153
第一节　从发明到普及 ……………………………………… 153
第二节　电视产生的冲击与改变 …………………………… 160
第三节　中国电视的发展沿革 ……………………………… 168
第四节　电视的媒介特性 …………………………………… 177

第九章　网络：数字连接与虚拟生存 ……………………………… 183
第一节　网络的发展历程 …………………………………… 184
第二节　网络的媒介特性 …………………………………… 198
第三节　互联网与数字文明 ………………………………… 203

第十章　手机：移动交互与智慧文明 ……………………………… 207
第一节　手机的发明与普及 ………………………………… 208
第二节　手机的媒介特性 …………………………………… 213
第三节　随身携带的智慧文明 ……………………………… 218

第一章　口语：智能时代与全感传播

地球——这颗围绕太阳不停旋转的蓝色行星，在有着5,000亿个由10亿颗恒星组成的浩渺星系中，不过是沧海一粟，但是，它是迄今为止人类在宇宙中唯一的居所。

如果说我们目前还不能确知宇宙是否真的诞生于150亿年前的一次大爆炸，但是对于我们栖身的这颗蓝色星球的年龄，则大致能确定是在46亿年。大约在250万年前，人类最原始的先祖开始出现在地球上。

250万年的漫漫岁月，是人类这一物种所经历的全部时光，然而在地球46亿年的历史长河里，它不过是电光火石的一瞬，不过实际上，在这弹指一挥的250万年中，对人类而言真正具有决定意义的时刻直到5万年前才出现。正是因为这一时刻发生的某种变化，人类才真正与其他动物种群分离开来。

让人类进化发生如此决定性变化的，就是我们再熟悉不过而且每天都在使用的口语。

第一节　智能时代的开启

对于我们每天的生活而言，使用口语是再平常不过的事情。从早起问候到睡前晚安、从打打招呼到互诉衷肠、从吹牛谈天到唇枪舌剑、从闭门讨论到公开演讲等，说话是一种不大会引起我们注意的基本能力。然而，当我们将视野拓展到人类在地球上繁衍生息的全过程，口语的发明就成为整个人类历史上"前所未有的大事件"，因为会说话的人类意味着"一股新的生物学和地理学意义上的力量崛起了"[1]。

---

[1] 凯利.科技想要什么[M].熊祥，译.北京：中信出版社，2011：27.

一、人类的扩张

口语的诞生明显加快了人类在地球上的扩展速度。人类学的研究表明，在口语发明之前，从非洲发源的那群古人类用了 150 万年才缓慢扩展到南欧，与之相比，他们会说话的后代只用了 5,000 年就扩展到欧洲，并在 15,000 年之后到达亚洲。其扩展速度达到每年 1 英里，历经不到 1,500 代就成为这一星球上分布最广泛的动物种群。在 1 万年前农耕文明的历史即将拉开帷幕时，人类的数量出现了爆发式的增长，从数万人猛增至约 800 万人。

口语的使用让人类的进化过程明显提速。根据《科技想要什么》一书的作者凯文·凯利（Kevin Kelly，1952—）的说法，在过去的 1 万年里，人类基因进化的平均速度比此前快了 100 倍。在人类把狼驯化为狗，并开始养牛、种植谷物时，人类自己的身体特征也逐渐改变：牙齿不断缩小，肌肉变得纤细，体毛渐渐褪去。

这种进化过程与此前生物界的进化全然不同。与其他物种主要通过遗传基因的演化来适应环境的改变不同，"人类进化靠的是向后代传递两种信息——遗传信息和语言信息"[①]。语言让人类能够带着目的且经过思考之后再进行发明创造，而交流与合作又加快了学习和创造的过程。因此，这种进化过程不再像过去那样任由环境改变生物的基因，而是通过改变所处的环境以适应其基因。

历史学家勒芬·斯塔夫罗斯·斯塔夫里阿诺斯（Leften Stavros Stavrianos，1913—2004）把这种进化称为"文化进化"，以区别于以往的"基因进化"。他认为，"基因进化"通过基因突变起作用，如果一个物种的基因突变符合自然选择的要求，它就会在生物史的几千年里成为地球上占据统治地位的物种；"文化进化"则通过引入新工具、新思想或新制度，一夜之间就可能改变整个社会。[②] 当初人类在非洲、亚洲、大洋洲等地开始出现时，也许并不起眼，然而经过不同的进化过程，这种直立行走、会说话的动物今天已经成了这颗蓝色星球上最具统治力的物种之一。

二、信息的力量

在查尔斯·罗伯特·达尔文（Charles Robert Darwin，1809—1882）和弗里德里希·恩格斯（Friedrich Engels，1820—1895）看来，除了直立行走，制作工具和使用

[①] 林文刚.媒介环境学：思想沿革与多维视野[M].何道宽,译.北京：北京大学出版社，2007：259.
[②] 斯塔夫里阿诺斯.全球通史：从史前史到 21 世纪（第 7 版）（上册）[M].吴象婴，梁赤民，董书慧，等译.北京：北京大学出版社，2006：6-7.

语言是人类与其他动物种群最主要的区别。实际上，制作工具是对能量的处理能力，使用语言是对信息的处理能力，人类社会的发展正是随着这两种能力的提升而不断跃进。长期以来，我们更为重视工具和能量对人类历史的影响，对人类历史的分期就是以工具和能量为视角的，比如石器时代、青铜时代、铁器时代、蒸汽时代、电力时代等。

当信息在当今人类社会中发挥的作用越来越大时，人类不再以工具和能量来标识自己所处的历史阶段，而是将当前的历史时期命名为"信息时代"，并开始重新审视信息在人类社会发展过程中所具备的力量。历史学家斯塔夫里阿诺斯说："在百万年来人类与时空、自然力与飞禽走兽竞争的历程中，语言让我们能据以思考并占尽上风，人类发现资讯才是威力最大的武器。"[1] 传播学者保罗·莱文森（Paul Levinson, 1947—）也认同这样的观点，他在《软利器》一书中说："显然，抽象语言（含言语和思维）是人类生存的必要条件：没有抽象语言就没有人类。"[2]

凯文·凯利则更加明确地指出，自然生命和人类创造的技术系统的本质都在于信息。在他看来，无论生命的定义是什么，其本质都不在于DNA、机体组织或肉体这样的物质，而在于看不见的能量分配和物质形式中包含的信息。"随着科技的物质面罩被揭开，我们可以看到，它的内核也是观念和信息。生命和科技似乎都是以非物质的信息流为基础的。"[3]

显然，信息史观正在成为人类审视历史的崭新视角。信息及其依存的媒介是人类生存的基本环境，当我们用这样的观念和视角来打量人类走过的历史进程，就会发现信息、传播、媒介在人类历史中的作用显得愈发重要。

第二节 语言的产生

令人遗憾的是，人类的语言交流从何时开始，我们现在还无从知晓。在漫长的蒙昧时期，人类的生存状态可能就像班固在《白虎通义·号》中的描述："古之时，未有三纲六纪，民人但知其母，不知其父，能覆前而不能覆后。卧之，起之吁吁，饥即求食，饱即弃余，茹毛饮血，而衣皮苇。""吁吁"是呼喊的意思，可能正是在"饥即求食"的生存欲求中，人类经过上百万年的进化，才终于从难以交流的混沌暗夜走向语言沟通的清澈黎明。

---

[1] 施拉姆. 人类传播史[M]. 游梓翔，吴韵仪，译. 台北：远流出版事业股份有限公司，1994：70.
[2] 莱文森. 软利器：信息革命的自然历史与未来[M]. 何道宽，译. 上海：复旦大学出版社，2011：2.
[3] 凯利. 科技想要什么[M]. 熊祥，译. 北京：中信出版社，2011：11.

一、语言的起源

对于"语言是如何产生的"这一问题,传播学者威尔伯·施拉姆(Wilbur Schramm,1907—1987)在《人类传播史》中将其比喻为"孩子何时首次认出自己的母亲"。在他看来,孩子何时认出自己的母亲,在时间上没有一个明确的临界点,语言的产生也是一样,只是在一个时机成熟的时候就自然而然地产生了。哲学家汉斯-格奥尔格·伽达默尔(Hans-Georg Gadamer,1900—2002)则用"一支正在溃逃的部队是如何停住的"来类比语言诞生的过程:"显然不是由于第一个士兵停住了或是第二个、第三个士兵停住了。也不能说相当数目正在逃跑的士兵停住时这支队伍就停住了,显然也不能说是在最后一个士兵收住脚步时停住了。因为部队并不是在最后一个士兵停住时才开始停止前进。从开始停止到完全停止是一段很长的时间……关于一般知识的情况也是如此。"① 在施拉姆与伽达默尔看来,语言的诞生是一个从量变到质变的漫长过程。

总体而言,关于语言的起源,到目前为止主要有"神授说""人创说""劳动创造说"等几种说法。"神授说"认为语言是神赐予人类的,比如印度婆罗门教《吠陀》中就认为语言是神赐予人类的一种特殊能力,中国苗族的传说中也流传着山神创造了人并传授其语言的故事。

"人创说"则认为语言并非神的赐予,而是人类自己创造的。"人创说"也有多种不同说法。其中,"摹声说"认为语言起源于人类对外界各种声音的模仿;"社会契约说"认为语言起源于人们的彼此约定;"手势说"认为人类在使用有声语言之前曾经历过一个手势语言的阶段;"感叹说"认为人类的有声语言是从抒发感情的各种叫喊声演变而来;"劳动叫喊说"认为人类的有声语言从人的劳动叫喊声发展而来。

在达尔文提出进化论的基础上,恩格斯认为语言起源于劳动。在他看来,劳动引发了产生语言的社会需要,为语言的产生提供了心理条件;劳动也改善了原始人的发音器官,为语言的产生提供了必要的生理条件。

二、传播的高峰

尽管到目前为止没有任何一位语言学家、历史学家、哲学家或传播学者能够说清语言产生的具体时间和地点,但毫无疑问,口语的产生形成了人类传播史上的第一座高峰。

在口语产生以后,人类运用自身具备的发音能力,来实现对对象的指认、思考的

---

① 伽达默尔.哲学解释学[M].夏镇平,宋建平,译.上海:上海译文出版社,1994:14.

外化和意义的表达。从家长里短的对话到波澜壮阔的史诗，从"起之吁吁，饥即求食"的原始欲求到"关关雎鸠，在河之洲"的长歌短吟，人们力图用语言来表述充满意义的场面，并以此表达自己的意图与思考。直到今天，口语仍然是人类社会生活中使用最为广泛、频繁的传播方式。

对此，语言学家爱德华·萨丕尔（Edward Sapir，1884—1939）在《语言论》中说，"我们不得不相信语言是人类极古老的遗产，不管一切语言形式在历史上是否都是从一个单一的根本形式萌芽的。人类的其他文化遗产，即使是钻木取火或打制石器的技艺，是不是比语言更古老些，值得怀疑。我倒是相信，语言甚至比物质文化的最低级发展还早；在语言这种表达意义的工具形成以前，那些文化发展事实上不见得是一定可能的。"[1]

第三节 口语的优势

在整个人类的传播史中，口语传播是最原始的传播方式。《传播革命》一书的作者弗里德里克·威廉姆斯（Friederike Williams）绘制过一个"传播史表盘"，他以表盘刻度上的24小时代表从西方晚期智人克罗马努人到现在的360个世纪，即表盘上的一天等于360个世纪。在这个表盘上，口头传播出现在这一天的开始，手写阶段出现在大约20时的地方，直到22时38分才进入印刷阶段，而电子传播阶段则开始于一天即将结束时的23时57分。

令人惊叹的是，在其他的传播手段相继诞生之后，口语传播不仅没有消亡，而且始终发挥着不可替代的作用。若是将印刷术和电子传播技术从人类社会中抽离，这将会给人们的生活带来诸多不便，但是不影响人的功能的完整性。但是，倘若一个人丧失了口语传播的能力，他就不能算作一个功能健全的人。口语传播之所以能够如此历久弥新，经过千年、万年仍然无法被替代，正是因为这种传播方式具备难以超越的优势。

一、即时交流

口语传播的第一种优势在于传播者与接收者处于相同的时空，反馈非常及时。传播学者哈罗德·拉斯韦尔（Harold Lasswell，1902—1978）曾经提出，传播是传者通

---

[1] 萨丕尔.语言论[M].陆卓元，译.北京：商务印书馆，1985：19.

过某种媒介将一定内容传递给受者并产生了某种效果的过程,在这个过程中,信息接收者对传播者的反馈决定了传播效果。在口语传播过程中,传者发出的信息几乎同时就能传到受者那里,并能马上得到反馈,口语的传播效果极其明显。而且,由于信息的交流是双向的、互动的,口语在交流过程中不存在传者和受者之分,它是一种真正的即时交流。

基于口语传播的这种优势,传播学者李彬在《全球新闻传播史》中说:"处在口语传播阶段的人,他们的传播机能相对来说更为健全,而处在其他传播阶段的人,则由于有所凭借而使某种机能日趋退化,正如有空调暖气的人远不如自然环境中的人强健一样。"[1]实际上,口语传播是每个社会个体在现实生活中交流能力的基础,一个人的口语交流能力将对其传播能力产生至关重要的影响。

二、媒介即人

口语传播的第二种优势在于媒介即人自身,它基于人自身的发音能力,以及将声音传递出去的能量。

口语是一种极其便捷的传播方式,其信号源于人自身的发音器官,对于信息的编码只是在人脑内部进行,不需要外化为其他符号,因此,人们说话时往往可以不假思索地脱口而出。它借助无所不在的空气即可传播,不需要借助其他人为制造的物质平台。正因为它如此方便,直到现在,这种基于人自身的能量和能力的口语传播仍是人类使用最为普遍的传播方式。

三、语言智慧

口语传播的第三种优势在于其传播符号。口头语言这种符号体系使人类能够通过声音元素的变化与组合来实现复杂的信息传递与交流,其间处处渗透人类对口语要素进行编码的智慧。这种智慧,正是人类传播得以不断发展的智力支撑。在传播学者郭庆光看来,"口语最初仅仅是一种将声音与周围事物或环境联系起来的符号,人类认识世界和改造世界的社会实践逐渐提高了它的抽象能力,它成了一种能够表达复杂含义的声音符号系统。"[2]

经过几万年的不断锤炼推敲,口语传播已经形成非常严密的编码系统,无论是在符号体系还是在艺术表达上都已达到极高的境界。世界各地都散播着口头传播的优秀

---

[1] 李彬.全球新闻传播史(公元1500—2000年)[M].北京:清华大学出版社,2005:46.
[2] 郭庆光.传播学教程[M].北京:中国人民大学出版社,2011:24.

文化结晶，在有着悠久历史的文明古国尤其光耀璀璨。

在具有口头传播传统的古希腊，口头传播文化是其文化遗产中引人注目的一部分，其中最著名的是《荷马史诗》。这部再现了古代希腊社会图景的鸿篇巨制，辞章华丽，妙语迭出，精彩生动的用词和比喻处处可见。它最初只是基于古代传说的口头文学，最终靠着乐师的口口相传才流传下来。除了《荷马史诗》，古希腊还有很多能体现其口语传统的作品。

> 晚星带回了，
> 曙光散布出去的一切。
> 带回了绵羊，带回了山羊，
> 带回了牧童回到母亲身边。

这是古希腊女诗人萨福（Sappho）的诗歌作品之一——《暮色》。在古希腊，女诗人萨福的诗歌是古希腊口头传播传统的集中体现。萨福的诗用当地口语创作，通过一边弹琴一边吟唱的方式表达，西方诗歌史把这种独特的诗体称为"萨福体"。

古典学研究者瓦纳尔·耶格尔（Werner Jaeger，1888—1961）说，萨福穷尽了个人感情于各个角落。在"萨福体"的格律中，每一节分为四行，每一行中长短音节在相对固定中略有变化，前三行有点像荷马时代的六韵步诗体，第四行则音节简短，显得干脆明快。相传，萨福同时代的雅典统治者梭伦（Solon，约公元前640年—公元前558年）也是一位诗人，当他偶然听到萨福的诗篇时说："如果我学会了她的音律，可以死而无憾了。"可见当口头传播的优势被发挥到极致时，它能释放出无与伦比的艺术魅力。

作为世界上唯一没有中断且持续至今的人类古文明，中国也有大量的口头传播作品。除了家喻户晓的诗歌作品集《诗经》、脍炙人口的民间传说"梁祝"之外，在中国的西藏、四川、内蒙古、青海等地区广为传唱的《格萨尔王传》也是口语传播的代表作品，这部多民族共同传唱的史诗被称为"世界上唯一的活史诗"。

> 美丽的姑娘在岭国，
> 她往前一步能值百匹骏马，
> 她后退一步价值百头肥羊；
> 冬天她比太阳暖，
> 夏天她比月亮凉；
> 遍身芳香赛花朵。
> 蜜蜂成群绕身旁；
> 人间美女虽无数，
> 只有她才配大王；
> 格萨尔大王去北方，

如今她正守空房。

这是这部史诗《霍岭大战》对格萨尔王王妃珠牡的描述，语言通俗明了、优美流畅，人物形象栩栩如生。《格萨尔王》之所以被称为"活史诗"，其"活"就"活"在口头传播的魅力上。由于它的创作方式是口头创作，因此内容通俗易懂、琅琅上口；又由于它的传播方式是口口相传，选择的各种传播要素在传播过程中易于触发人的情感，所以使这种带着情感的记忆能够更长久地留存。

口语的传播过程要求其内容和形式便于传唱、易于记忆，这促使口头语言的内部结构不断优化。对此，加拿大传播学媒介环境学派的代表人物哈罗德·伊尼斯（Harold A.Innis，1894—1952）在《帝国与传播》中说："口语传播的力量，隐含着一种适合它自身结构需要的创造力。吟游诗人创造了一种六音步诗行的史诗，这种史诗韵律严密而且富有弹性，适合口语的灵活变异。"[1] 它有助于传播内容的传递和记忆，因此，韵律成为口语传播重要的结构方式，并逐渐成为一种稳定的语言艺术形式。随着时间的推移，特别是在文字产生以后，韵律作为一种语言艺术形式被不断丰富完善并传承至今。

正是因为口语具备的种种传播优势，基于口语的人际传播才成为人类传播的基础，所以迄今为止，口语依然是使用最为广泛、效果最为明显的传播方式。

第四节　口语的局限

当然，口语传播并非万能，也并不完美。如果口语的出现能满足人类对交流的一切需求，那么其后的诸种媒介和传播方式就再无出现的必要了。口语虽然方便且反馈及时，却也受到多种条件的限制，使得人与人之间的沟通几乎处于一种处处被掣肘的状态。

一、空间的限制

口语传播受到的第一重限制在于空间范围的限制。在能够将人的传播能力延伸开来的媒介诞生之前，口语传播只能在同一空间进行而无法超越。由于口语信号的发送和传递完全基于人自身的能力和能量，而人的发声能力是有限的，因此，口语所能到达的空间范围很小。

口语传播受到的空间范围的限制在很大程度上影响了当时人类的社会生活。柏拉

---

[1] 伊尼斯.帝国与传播[M].何道宽，译.北京：中国人民大学出版社，2003：58-59.

图（Plato，公元前427—公元前347）在他那个时代断言："一个城市的大小应以站在市中心广场高喊一声可以被听到的范围为宜。"而在声音达到的范围以外，要依靠口语的方式来完成信息的交流是无法实现的。正如《古诗十九首》中所描述的情景，"盈盈一水间，脉脉不得语"，在空间的束缚和阻隔面前，口语传播几乎无能为力。

二、时间的限制

口语受到的第二重限制在于时间范围的限制。口语传播是稍纵即逝的，人与人之间的对话"来无影，去无踪"，和时间一样不可逆转。在缺乏外在媒介的阶段，口语传播只能在同一时间进行，无法延续，也无法保存。

口语稍纵即逝的特性，使其具有随意性、不稳定性，直接后果就是可信度的降低与约束力的缺乏。口语对实际行动产生的效果更多取决于传播主体的主观因素。"在口语社会里，道德信条即关于个人举止和公共言行正误的文化传统，唯有仰赖口语的某些特征才能够被保存下来，才能够正常运行。"[①]

司马迁在《史记·季布栾布列传》中写道："得黄金百，不如得季布诺。"季布是西汉著名的官吏，为人仗义、诚实守信。季布的承诺必然会兑现，其价值之高是百两黄金都不能与之相提并论的。"季布诺"的可信度如此之高，原因在于其讲究诚信。在中国的成语中，既有"信口雌黄""信口开河"，也有"言而有信""一言九鼎""君子一言，驷马难追"，这些与口语传播的可信度相关的成语都是在客观条件约束下，口语传播对实际行动发挥作用的表现。

三、语种的限制

如果说时间和空间是口语受到的自然维度的限制，那么口语在实际传播过程中还受到各种社会维度的限制，其中最为明显的就是语言种类的限制。

远古时期，交通不便，世界各地的人们无法实现自由流动，一个地方的语言不可能在全世界范围内普及，因此只能在本地或邻近地区"各自为营"，于是就形成了各种语言的差异。直到目前，全世界还有不下三千种语言和重要的方言土语。根据语言间的亲属关系，世界上的语言可分为若干个语系，主要有汉藏语系、印欧语系、乌拉尔语系、阿尔泰语系、阿非罗—亚细亚语系、伊比利亚—高加索语系、达罗毗荼语系、马来—波利尼西亚语系、非洲语系、美洲语系等。语系之下又按亲属关系的远近分为

[①] 林文刚.媒介环境学：思想沿革与多维视野[M].何道宽，译.北京：北京大学出版社，2007：260.

若干个语族，语族之下是语支，语支之下是语种。

即使是同一语种内部，也会因区域的阻隔而划分出不同的方言区。方言在世界各地都是普遍存在的。剑桥大学历史学教授彼得·伯克（Peter Burke，1937—）在《语言的文化史》中谈到这一问题时说："人们在很早以前就认识到了说同一语言的方式在不同的地区并不一样。'方言'（dialect）一词源于希腊语。典型的古希腊方言包括爱奥尼亚方言、多立斯方言、阿提卡方言。"①

在国土面积辽阔的中国，现代汉语方言可分为七大方言区：北方方言区（官方方言区）、吴方言区、湘方言区、赣方言区、客家方言区、闽方言区和粤方言区。在日本这样国土面积相对狭小的国家，也有关东腔、关西腔之分。在英国，英格兰中部以伯明翰为中心的地区的英语鼻音很重，被称为Brummie；英格兰西北部的利物浦地区的口音粗糙生硬，被称为Scouse；英格兰东北部纽卡斯尔地区的口音语调起伏很富音乐感，被称为Geordie；苏格兰人的英语中多个元音有变异，发"r"音时不太卷舌，被称为Jock。这些都可以被称作方言。伯克在谈到地方口音时说："也许可以断言，因口音的不同而实行的社会歧视至少可以追溯到16世纪末以前。'地方口音'一词就是从那时开始被使用的。"②

人类其实很早以前就认识到了语言种类的限制对社会生产和生活的影响。《圣经·旧约》里有这样一个故事：人类的祖先最初讲的是同一种语言，他们在底格里斯河和幼发拉底河之间发现了一块肥沃的土地，于是在那里定居，修建了城池。后来，他们的生活蒸蒸日上，决定用砖和泥修建一座可以通到天上去的高塔，叫作巴别塔。直到有一天，高高的塔顶已冲入云霄，上帝耶和华知道了此事。上帝到人世间一看，又惊又怒，认为这是人类虚荣心的象征。上帝心想，人们能建起这样的巨塔，日后还有什么办不成的事情呢？于是，上帝想出了一个绝妙的方法——让人世间的语言发生混乱，使人们互相言语不通，于是塔就再也建不起来了。

巴别塔的故事有多个层面的深刻寓意：从传播的层面来看，一方面，这个故事试图从宗教层面对不同语言的产生作出解释；另一方面，故事也反映了人类在很早的时候就已经意识到语言的差异给生产、生活带来巨大影响。人们语言相同，沟通顺畅，就能够很快建立起通天之塔，相反，一旦人们因语言的差异而产生交流的障碍，分歧就会产生，人与人之间的合作就受到影响。③

---

① 伯克.语言的文化史：近代早期欧洲的语言和共同体[M].李霄翔，李鲁，杨豫，译.北京：北京大学出版社，2007：50.
② 伯克.语言的文化史：近代早期欧洲的语言和共同体[M].李霄翔，李鲁，杨豫，译.北京：北京大学出版社，2007：57-58.
③ 林文刚.媒介环境学：思想沿革与多维视野[M].何道宽，译.北京：北京大学出版社，2007：266.

在古代，由于交通工具不发达，世界各地之间往来并不密切，语系、语族、语支和语种的差异并不是当时口语交流的主要矛盾。而同一语种内部的方言差异造成的交流不便，成为各国，尤其是中国这样幅员辽阔的国家亟须解决的问题。为了弥合这一裂口，确立统一的官方语言成为大势所趋。

在中国，"雅言"是最早的古代通用语，相当于现在的普通话。孔颖达在《正文》中说："雅言，正言也。"我国最早的"雅言"以周朝地方语言为基础，周朝的国都丰镐（今西安西北）地区的语言为当时全国的雅言。《论语·述而第七》中说："子所雅言，《诗》《书》、执礼，皆雅言也。"孔子当时在鲁国讲学，他的三千弟子来自四面八方，孔子就是用雅言来讲学的。

《尔雅》是中国最早的一部解释词义的书，是中国古代的词典，也是儒家经典之一，被列入十三经。其中"尔"是近正的意思；"雅"是"雅言"，是某一时代官方规定的规范语言。"尔雅"就是使语言接近于官方规定的语言。可见在当时，获得一种能克服方言障碍的统一语言已经成为沟通交流的必要条件。研究口语文化的埃里克·哈弗洛克（Eric Havelock）说："讲演尤其是诗歌，是口语社会里管理生活的钥匙。"

官方语言可以看作是古代人们对口语传播所受语种或方言限制的一种人为弥合。当然，并不是每个国家、地区都拥有这种弥合语言差异的能力，它必须建立在交通设施进步的基础上。若是没有强大的交通体系支撑，即使制定了官方语言，也会因无法普及而难以发挥实效。在当时，只有强大的中央集权国家才具备建立较为庞大的全国性交通系统的能力，进而拥有普及官方语言的物质条件。

回头去看，我们发现，无论是时空的限制，还是语种的差异，口语所受到的限制隐藏在其优势的背后。中国古代哲学经典《周易》中说："一阴一阳之谓道。"卡尔·马克思（Karl Marx，1818—1883）也说："任何一个东西其实都包含着它的正反面。"优势与局限的相辅相成，才构成了口语传播的魅力，发掘了人类传播的潜力。实际上，也正是为了弥补口语传播的诸多不足，突破口语受到的诸多限制，人类才发明了其后的种种传播媒介。

在人类学会说话以后，这种不同于其他地球物种的智能生物，运用已经变化为手的灵巧前肢，制造出各种各样这个星球上原本不存在的工具和器物，从而在不同区域创造出各具特色的文明形态。与此同时，人类也运用智慧、利用当地的物质条件来突破口语传播所受到的种种限制，从而创造出各种传播方式与媒介形态。人类文明的诞生、汇聚，必然包含着传播延展、媒介演进的过程。由于传播、媒介在人类文明中的重要性，传播、媒介的演化必然也影响了相应文明的形成过程与凝结方式。因此，在这个意义上，媒介不仅是人类文明的载体，也在一定程度上影响了人类文明的性质。

第二章　延伸：时空突围与传播偏向

在口语传播受到各种限制时，作为智能生物的人类开始寻找各种方式试图突破时空的束缚，从而在更为广阔的时间和空间中实现信息的传播。

其实古人对口语的传播规律早已有所体察。两千多年前，战国末期思想家荀子在《劝学》中说："顺风而呼，声非加疾也，而闻者彰。"先秦时期的人们已经发现，顺着风向呼喊，尽管声音的传递速度并没有变化，却可以使远处的人听得更为清楚响亮。这是因为正向流动的空气改变了声波的扩散方向，使得更多的音波向听者的方向聚合。这就跟人们向远处的人呼喊时，把双手放在嘴边来"扩音"一个道理。

初唐的虞世南有另外的发现。这位境界高远的诗人在其诗作《蝉》中写道："居高声自远，非是藉秋风。"不需要借助秋风之力，只要站在高处呼喊，声音自然就能够传递到更远的地方，这是因为高空阻碍声音传递的因素减少。

显然，古人在试图克服口语传播所受的限制时，已经获得相当多的朴素经验。不过，无论是注重凭借外力的顺风，还是强调发声位置的居高，都还无法使口语传播大范围地突破时空限制，实现较为自由的传递。

第一节　口语的突围

在没有任何传播工具的口语传播时代，人类要跨越空间传播信息，能够依靠的只有自身的另外一种能力：行走（或奔跑）。在几万年的历史长河中，为了突破这样的限制，人类付出了令人惊叹的努力，也付出了令人震撼的代价。

一、突围的代价

一个著名的例子是马拉松长跑的缘起。公元前490年，希腊与波斯在马拉松平原展开决战，在无外援的情况下，雅典军队最终以少胜多。为了将胜利的消息尽早传递给雅典城的居民，通信兵斐力庇第斯（Pheidippides）受命跑回雅典，与同胞们分享胜利的喜悦。他不顾路途的遥远和饥渴、伤痛，穿越了42.195公里的距离，一刻不停地跑到雅典城，到达以后，他只向自己的同胞高呼了一声"欢呼吧，我们胜利了"就倒地身亡了。①

这个残酷的故事表明：在口语传播阶段，人们要跨越空间，竟然要付出生命的代价，长途奔跑的过程需要消耗大量的体能。这是人类凭一己之力跨越空间传递口语信息所达到的极限，它让人类用生命的代价表达出能量与信息之间的转换关系。人类现在仍然在用马拉松长跑的方式纪念忠诚的斐力庇第斯，实际上，这是在向口语传播时代人类跨越空间所能达到的极限致敬。

显然，斐力庇第斯之所以不惜牺牲自己来实现一句简单口语信息的传递，是因为这句话对雅典城里留守的人们至关重要。2,500年前，信息已经显示它对于一个城邦、一个国家的重要性，这种重要性实际上一点也不亚于其在当今信息社会中的地位。在人类几千年的文明史中，战争胜败这类军事情报在传递时的特殊要求，也促成了后来各种媒介技术的出现和提升，即使是互联网的诞生，也受到了这种动因的影响。

不过，即使是以生命为代价，人类的口语传播半径也只能达到40多公里。在完全依赖人类自身之力的时代，要想让口语信息突破成百上千公里的大范围空间，显然是难以想象的。而出人意料的是，人类竟然在一个地方将它变成了现实。

在被西班牙征服之前，如今被称为拉丁美洲的这片地域400多年来被不断扩张的印加帝国统治。与所有扩张中的帝国一样，印加也需要一个高效的信息传递系统，但这个强大的中央集权帝国既没有文字也不懂骑马。为了准确而快速地传递信息，印加国王命人修建了一条笔直的石板路，从基多到库斯科，跨越整个国土，总长2,400公里，与北京到海南的直线距离相当。安第斯山脉的翻山越岭之处，都被建造了台阶。

在这条口语时代的信息高速公路建成之后，人类文明中最壮观的口语接力开始了。传递口语命令的人在这条石板路上不停穿梭，交替不断。一个人跑了20多公里后，另一个人就赶上他，在他旁边跑，他仔细地给新来的人说清要传送的消息，并让他复述以明确消息的内容且记下来，再分头开始下一次的传递。消息就这样在这个帝国口耳相传，10天之后，一条口语信息可以到达2,400公里外的终点。② 就目前所知，这应该

---

① 吴霓.奥运会大观[M].北京：海洋出版社，1989：11.
② 让纳内.西方媒介史[M].段慧敏，译.桂林：广西师范大学出版社，2005：15-16.

是人类完全依靠自身之力传递口语信息所能到达的最大范围。

我们来算一道简单的数学题：用10天时间跨越2,400公里的距离，口语信息的传递速度达到了平均每小时10公里。用经济学的成本视角来看这个结果，则意味着要突破2,400公里的距离，需要消耗10天（240小时）的时间，这是口语信息突破空间所耗费的时间成本。当然，伴随这个过程的还有持续不断的体能消耗。

在马拉松之战中，斐力庇第斯以生命为代价来传递一句战争胜利的消息，正是想尽早尽快地让雅典城中的人们知道战争的结果。后来的马拉松长跑以最短时间内跑到终点为胜，也是因为消耗的时间成本最小。在此后人类传播的历史长河中，如何能够减少时间成本的消耗，尽早尽快地将信息传递给对方，并尽可能减少这一过程中发生的能量消耗，成为推动媒介技术不断发展、人类传播不断延伸的基本动因之一。

就口语而言，这种人类在5万年前开始掌握的传播方式本来就因受到时间的限制而难以保存信息，当人类试图使口语信息突破空间限制的时候，时间又在另一个层面隐蔽地限制着人类的自由。而在后面的探讨中我们还将看到，空间对时间也会形成对应的限制。时间和空间这一对宇宙间最恒定的矛盾体，在人类试图突破自身受到的某种限制时，相互纠缠、相互裹挟，形成对人类传播和行动自由的多重束缚。

而人类之所以成为人类，在于能够用自己聪慧的大脑和灵巧的双手改变自然界以更有利于自己的生存。在口语交流受到来自各种维度的限制之后，如何借助外在的传播工具来突破这种种束缚，就成为人类文明发展过程中不断要面对和解决的重大命题，各种传播媒介也正是在这种诉求中不断被创造出来，最终形成了当今信息无处不在、媒介无处不在的"信息社会"。

二、媒介的诉求

纵观人类媒介变迁的历程，我们发现，当人类刚刚试图突破口语的限制之时，人类传播的基本诉求就已浮出水面。无论是发生在古希腊还是印加帝国的故事，都显示人类传播在突破限制时的一种基本诉求——自由度，即尽可能减少突破限制时的时空成本和能量消耗，以在最大的时空范围内实现信息的传递。而在印加帝国创造的口语传播奇迹中，每次信息接力时的复述显示了人类信息传播的另一种诉求——保真度，即最大限度地减少传播过程中的信息损耗，尽可能原汁原味地将信息传递给对方，以求对方能够接受和了解传者的真实意图。

在马歇尔·麦克卢汉（Marshall McLuhan，1911—1980）等媒介研究者看来，"媒介是人的延伸"，媒介的发展不过是人类作为生物不断演化的一个方面而已。在人类刚刚开始突破口语受到的限制、实现人的"延伸"的过程中，我们发现，自由度与保真度、时间与空间、信息与能量这些人类信息传播的基本矛盾已经浮现。在此后的人类传播史和文明史中，这些矛盾因子将构建出媒介演化过程的基本框架与坐标、范式与机制，并在此基础上形成贯穿人类传播演进和文明发展的基本脉络。

三、传播的偏向

在人类突破自身局限创造各种传播媒介的过程中，时间与空间这两种自然维度成为各种媒介首先必须跨越的障碍。在四五万年的历史长河中，人类不断地与时间和空间交手，但在以互联网为代表的数字媒介出现之前，人类还无法在时间和空间两个层面同时获得自由。传播学者伊尼斯在观察历史后认为，在时间和空间这两种维度上的不同诉求和优势形成了媒介的基本性质。因此，在《传播的偏向》一书中，伊尼斯将媒介分为"时间型媒介"和"空间型媒介"两种类型。

"根据传播媒介的特征，某种媒介可能更加适合知识在时间上的纵向传播，而不适合知识在空间中的横向传播，尤其是该媒介笨重而耐久，不适合运输的时候；它也可能更加适合知识在空间中的横向传播，而不适合知识在时间上的纵向传播，尤其是该媒介轻巧而便于运输的时候。所谓媒介或倚重时间或倚重空间，指的是对于它所在的文化，它的重要性有这样或那样的偏向。"[①]

媒介在时间或空间上的偏向贯穿了整个人类媒介发展的历史。结绳和岩画有利于克服时间，但不利于克服空间；烽烟和旗鼓则擅长突破空间，但不利于跨越时间。石碑、泥板、甲骨、金器都很耐久，它们承载的文字具有时间上的永恒性质，容易传承，但它们不容易移动，不利于空间上的传播。相比较而言，莎草纸、竹简和纸张更为轻巧，容易运输，能够远距离传输消息。

近现代出现的媒介首先致力于空间上的突破。报纸借助电报和邮政，成为跨越空间能力很强的媒介。广播电视将地球变成了鸡犬之声相闻的小小村落。直到互联网等数字媒介出现，人类才第一次在信息传播上实现时间和空间上的双重自由，也正是因为这种自由，信息才开始跟能量一样，逐渐显现它对社会的控制力。在当今人类的生产、交换、流通、分配、消费、交往等主要社会活动中，信息的地位越来越重要，以至于我们生存的时代被称为"信息时代"。

媒介在时间或空间上的偏向不仅仅影响了媒介自身的性质，在伊尼斯看来，这种偏向还影响了各种文明的基本特征。时间型媒介有利于知识的代代传承和宗教的发展，维护权威，有利于帝国的稳定；空间型媒介则有利于远距离传播，便于帝国的扩张，

---

① 伊尼斯. 传播的偏向[M]. 何道宽，译. 北京：中国人民大学出版社，2009：27.

但不能长久。由此，伊尼斯认为："一种新媒介的长处，将导致一种新文明的产生，任何媒介无论对于社会形态还是社会心理都会产生十分深远的影响……我们对其他文明的理解，在很大程度上，就有赖于这些文明所用的媒介的性质。"①

第二节　时间型媒介

为了突破口语传播受到的时间与空间限制，人类开始借助人自身以外的种种介质来对信息进行外化、物化或固化，以实现在更广阔的空间、更久远的时间中传递信息的目的。"人类传播的发展过程，不外乎是一部人类在生产劳动和社会实践中不断扩展自身的传播能力、不断发现和创造新的传播媒介、不断使社会信息传播系统走向发达和完善的历史。"②

在这样的历史过程中，一些人在日常生活中经常接触的物质和器具成了延伸信息的最初选择。绳索、岩壁、木板、竹片、龟甲、兽骨、羊皮、陶器、烟火、旗帜、鼓声，这些器物渐渐被人们赋予了超越其生产、生活的常规用途的传情达意的全新功能。在这些渐次出现的媒介形态中，那些擅长将信息保存下来，能够超越时间的媒介类型就被称为时间型媒介。

一、岩画

在文字发明以前的漫长历史中，岩画是最具代表性的时间型媒介。"它最早出现在非洲、亚洲和欧洲，2万年前出现在澳洲，1.7万年前出现在巴西，1万年前到达南美洲大陆的最南端。"③它们依附山崖或洞穴的庞大石壁，和千年不化的岩石一起穿越时间，与天地同寿而不朽。这是人类先祖留给后人的珍贵文化遗产。

目前，全世界已有120多个国家发现了岩画，这种史前艺术形式在欧洲、非洲、亚洲等地都有广泛的分布。欧洲的岩画集中分布于地中海沿岸地区，早期岩画内容以狩猎为主，晚期岩画内容以复杂经济活动为主。非洲的岩画艺术风格多变，内容多种多样，包括古代水牛、牧养公牛、马、骆驼等。亚洲的岩画以印度和中国为代表。印度岩画主要分布于印度中部文迪亚山脉的丘陵地带，其内容主要包括野生动物、人和动物的轮廓、狩猎奔跑等各种剧烈运动、农耕时代的部落生活情景等。中国的岩画按

---

① 伊尼斯.传播的偏向[M].何道宽，译.北京：中国人民大学出版社，2003：28.
② 郭庆光.传播学教程（第二版）[M].北京：中国人民大学出版社，2011：17.
③ 熊澄宇.媒介史纲[M].北京：清华大学出版社，2011：21.

内容可分为南方、北方两大系统：北方地区的岩画以内蒙古阴山岩画为代表，内容多为动物、人物、狩猎活动及各种符号；南方地区的岩画中有表现采集、房屋、村落、宗教仪式等情景的内容。

岩画使口语传播中无踪无影的信息找到了实体的依附，使它在时间的洪流中不被磨灭。格奥尔基·瓦连廷诺维奇·普列汉诺夫（Георгий Валентинович Плеханов，1856—1918）曾在《论艺术——没有地址的信》中举过一个例子：德国科学家思巴恩（Spahn）在巴西河岸上看到古代的土人画的一条鱼，于是按图索骥，在河中打到了鱼。河岸上的图画穿越了时间和文化的区隔，向这个后来的陌生者传递了非常实在的信息，并直接获得行动的成果，信息传播的效果非常明显。正如安德烈·巴赞（André Bazin，1918—1958）所说："倘若人们在我们对绘画的盲目赞叹中没有看到用形式的永恒克服岁月流逝的原始需要，'绘画便实在太无价值'了。"[①]

与口语传播不同的是，岩画用线条和形象这样的非语言符号来传递信息。由于口语具有稍纵即逝的特点，要想让它跨越时间和空间就必须找到一种外化的符号，而在文字尚未产生的时期，人们无法找到能与口语所一一对应的精密语言符号，因此只能借助具备一定抽象能力的非语言符号来表意。

在传递信息的过程中，岩画所依附的载体——岩石、洞穴，也传递出一定的信息。在《人类传播史》的作者威尔伯·施拉姆等人看来，置身于黑暗洞穴之中的法国拉斯科洞穴岩画，其重要的传播机制就在于长者可以要求学生爬过深坑与狭窄的通道，看见栩栩如生的巨大兽类而铭记在心，从而达到教育的目的。在拉斯科洞穴中，岩画是传播的核心，而洞穴本身也对传播效果有重要影响，如果将同样的岩画转移到其他洞穴里或洞穴外，则可能达不到同样的传播目的。洞穴作为媒介，在承载岩画之外，其自身的位置、形式、材质等也传递出丰富的潜信息，为后人还原远古社会的生活提供了宝贵的素材。因此可以说，岩画这种媒介在万年以前，就向人类昭示了媒介发展的重要规律：媒介自身也是信息。

值得注意的是，无论是在山崖上，还是洞穴中，很明显岩画都是通过对空间形式的占用来实现对时间这一维度的超越。如果这些岩画被破坏、被风化，那么万年以后的人类就不可能了解如此丰富的信息。

二、时空互为成本

从结绳到岩画，这些媒介都需要通过占据一定的空间来实现对时间的跨越，它们

[①] 巴赞. 电影是什么？[M]. 崔君衍, 译. 北京：商务印书馆，2017：7.

向我们显示了人类传播的另一条重要规律：跨越时间需要占据空间。在以后传播发展的长河里我们将一如既往地看到，信息的传递如果不是即时的，那么它就需要一定的空间来记录和保存，在这里，空间反过来成为跨越时间的成本。

在进入文字文明之前的漫长岁月里，人类在克服时空束缚上的种种努力已经使得一条传播的基本规律浮出水面：要使信息跨越空间必须花费时间，要使信息跨越时间必须占用空间，它们合起来构成人类传播发展中的一对基本矛盾：时间与空间互为成本。

正是在解决这种时间与空间的二元对立中，媒介技术不断更新前行，从而不断在时间与空间层面提升传播的自由度。从人类将口语意义外化为物的那一刻起，他们就已经开始寻求怎样减少这种成本。实际上，人类后来在传媒技术上不断取得的进步和突破，不过是使新的技术充当了这种成本的替代物，以使得耗费的时间或空间成本不断减少：跨越空间消耗更少的时间，跨越时间占用更小的空间。因此，从技术的角度来说，人类传播的自由度正是以这种成本的多少来衡量的，所耗费的时间或空间成本越小，自由度越高。

实际上，伊尼斯所说的"传播的偏向"正是以媒介的时空依赖为基础的。擅长跨越空间的媒介必须依赖于时间的消耗，擅长跨越时间的媒介依赖于空间的占据，正是在时间与空间的相互纠缠和彼此倚仗中，人类在不断拓展信息传播范围的同时，不仅发展出不同类型的传播媒介，也以这些不同偏向的媒介为载体，发展出各具特色的文明形态。

第三节　空间型媒介

"此时相望不相闻，愿逐月华流照君。"在唐代诗人张若虚《春江花月夜》的诗句中，远隔两地的人们彼此遥遥相望，却无法传情达意。于是，远在夜空能被双方看见的"月华"就成为一种远距离传输信息的媒介，寄寓了古人跨越空间距离进行交流的愿望。这一充满浪漫想象力的诗句，反映出人类对于借助传播媒介跨越空间传情达意的诉求。

相对于时间型媒介而言，空间型媒介是以时间的消耗来换取对空间距离的跨越，从而实现信息的远距离或大范围传播。在古代，最具代表性的空间型媒介有烽烟、旗帜、鼓声等，这些媒介的主要用途是传递军事号令。

一、烽烟

烽烟主要用于示警。"烽火连三月,家书抵万金""南国烽烟正十年",都是脍炙人口的描述战争场面的诗句。在《全球传播》中,有这样一段关于烽火的描述:

> 在某个遥远的、四面楚歌的岛屿上,战士们固守城墙,孤注一掷,杀得昏天黑地;当太阳一落山,一串烽火的火焰升起,射入云霄,以向邻近的居民报警,使援军乘船赶来。①

作为一种特殊的传播媒介,烽火以其迅速跨越空间的优势,在世界各地的战场与边塞广泛使用,成为军事攻守中不可或缺的一项工具。中国北宋官修的军事著作《武经总要》中对烽火的设置方式有非常明确的记载:

> 烽燧,军中之耳目,豫备之道,不可阙也。唐兵部有烽式,尤为详具。
>
> 今之边塞所置,则颇为简略而易从。唐李筌所记法制,适与今同。今以唐式录为前,而今法次之,庶参考用焉。唐法:凡边城堠望,每三十里置一烽,须在山岭高峻处。若有山冈隔绝,地形不便,则不限一数,要在烽烽相望。若临边界,则烽火外周筑城障。

显然,此时的人们已经探索出烽烟传播的基本模式。即便到了不再使用烽烟的年代,人们形容战争时仍然经常使用"狼烟四起"这个成语。在战争中使用的传播媒介已经成为战争的代名词,这从一个侧面说明了传播媒介在军事活动中的重要性。而之所以称烽烟为"狼烟",不仅是一种形容,而且是由技术上的特征决定。"古之烽火用狼粪,取其烟直而聚,虽风吹之不斜。"②以狼粪为燃料,烟柱不易被风吹散,能冲上高空,从而能够将战争的信号传递到更远的地方,或者在同样的距离内将信号传递得更为清晰。"狼烟"是在传播范围更大、传播效果更好的诉求下做出的技术选择。

二、旗鼓

旗帜、鼓声在战争中主要用于指挥进退。旗帜的信息传递功能在于它能够高高地升起,让较大范围的人都能看见,从而实现信息对空间的跨越。鼓声传递信息的方式是因击鼓产生的声音信号,由于鼓所能产生的音量远远大于人的嗓音,而鼓声在符号层面又比口语要单纯,因此能够在较大范围内有效传递军事活动的号令,"击鼓前进,

---

① 伽摩利珀.全球传播[M].尹宏毅,译.北京:清华大学出版社,2003:9.
② 陆佃.埤雅[M].北京:中华书局,1985:125.

鸣金收兵"也成为古代战争起止的基本模式。在《三国志·蜀志·赵云传》中，有这样一段记述：

> 成都既定，以云为翊军将军。裴松之注引《赵云别传》："云入营，更大开门，偃旗息鼓，公军疑云有伏兵，引去。

这就是成语"偃旗息鼓"的由来。实际上，与烽烟一样，旗鼓也已经成为战争的明显标识。"旗鼓相当"指的是旗帜和鼓声等传播媒介的规模体现了战争双方的阵容力量。因此，一旦将旗鼓隐藏起来，就会产生信息传递和辨识的混乱，会明显影响军事活动的进程。

无论是烽烟还是旗鼓，都能跨越空间实现信息传递，但与口语在符号方面的成熟系统相比，它们所传递的信号的表意能力却是极其有限的。如果没有事先的约定，谁能知道一缕烽烟、一面战旗、一阵鼓声传达的是什么意思呢？正是为了弥补这种缺陷，人们建立起关于这类传播媒介的符号系统，并详尽而周密地制定了使用规则。

以木鼓为例。据约翰·卡灵顿（John Carrington）对凯莱民族民俗的研究，木鼓语言共有170个句子，分成4个主要类别：物体和动物的名称；通告村寨生活的重大事件（召集人来跳舞、参加体育比赛、宣布举行成年仪式，婴儿降生——特别是双胞胎的落生、马驹的出生、死亡、传染病的流行等）；要求人们提高警惕、注意防范；在暴风雨前召集人们返回村寨等。[①] 符号体系的建立使得旗鼓等空间型媒介的使用有了更大的灵活度，它们在军事之外的日常生活中也有了广泛的应用。

三、误用的后果

然而，烽火、旗鼓这些看似简单的传播媒介一旦登上人类社会生活的舞台，就将对人类的政治、经济、军事、文化产生深刻的影响，如果忽视其重要性，或者在使用中稍有不慎，就会让一个国家、一个城邦付出难以承受的代价。

古希腊关于爱琴海得名由来的传说是再好不过的例子：

> 再如德泽（即忒修斯，引者注），在战胜克里特岛的食人怪物后忘记了张起白帆换下出发时所用的黑帆，而这些白帆是用来从远处告知其父厄热（即爱琴，引者注）胜利喜讯的——这个不合时宜的通信故障导致他父亲投海自杀，那片海今天以其父的名字命名为爱琴海。[②]

这一传说是在克里特岛上的米诺斯文明与雅典文明之间的冲突中产生的。据说，

---

① 潘诺夫.信号·符号·语言[M].王仲宣，何纯良，译.北京：生活·读书·新知三联书店，1991：114.
② 让纳内.西方媒介史[M].段慧敏，译.桂林：广西师范大学出版社，2005：14.

克里特岛上的米诺斯文明当时更为强大,雅典被迫向以修建了迷宫著称的米诺斯国王连年供奉。爱琴国王的儿子忒修斯(Theseus)请缨去克里特岛,岛上一位对他心生爱慕的公主给他提供了剑和线球;他用剑杀死了食人怪物米诺牛,线球让他得以逃出迷宫,当他们兴高采烈地返航时,却忘记了事前跟父亲关于换帆的约定,导致爱琴国王投海自尽。

这则传说中,真正酿成悲剧的,是帆的颜色所传递的信息,也即让-诺埃尔·让纳内(Jean-Noel Jeannenry)所说的"通讯故障"。显然,换帆所传递信息的重要性被雅典英雄忒修斯忽视了,也许在口语传统备受后世传播学者推崇的古希腊,忒修斯更习惯于当面向自己的父亲报告喜讯,他们更习惯于口语的传播方式,而不是使用能够跨越空间的白帆、黑帆——这种利用单一传播通道来传递信息的方式非常脆弱,一旦失误,产生的就是极其严重的后果。

另一个发生在古代中国的故事是更典型的例子,也就是几千年来为人们津津乐道的"烽火戏诸侯"。下面是《史记·周本记》中的记载:

> 褒姒不好笑,幽王欲其笑万方,故不笑。幽王为烽燧大鼓,有寇至则举烽火。诸侯悉至,至则无寇,褒姒乃大笑。幽王悦之,为数举烽火。其后不信,诸侯益亦不至。

在周幽王荒淫误国的历史教训之外,从传播的视角来看,这实际上是"狼来了"的周幽王版本。由于烽火的战争示警作用被周幽王儿戏般地"废除"了,因此,后来即便是真的发生了战争,诸侯们看着浓黑的烽烟也不再派兵出战,狄戎长驱直入,西周从此灭亡。

尽管有历史学者考证出西周末年尚未建立烽火制度,他们认为"烽火戏诸侯"是史家的杜撰,但这则家喻户晓的故事蕴含了相当丰富的历史信息,它与爱琴海的故事一起提醒我们,即使在古代社会,媒介也异常重要,对媒介的误用或是滥用将会产生非常严重的后果,可以祸国殃民,也可以倾朝覆国,显示媒介对于国家安全、经济社会的重要性。

第四节 媒介的延续

如果你是一个考古学家,你可以横穿欧亚非,寻访人类最古老的岩画,但不论这些岩画多么令人震撼,也没有人在现实生活中将它作为传播媒介了。如果你是某原始部族的酋长,你可以通过击鼓的方式,召集整个部落的人外出狩猎或劳作,但在多数人类生存的都市和乡村中,这种古老的声音已经不再响起。

一、模糊与清晰

在人类近现代化的过程中，报纸杂志、电报电话、广播电视等各种媒介如雨后春笋般地出现，烽烟、旗鼓等这些古老的传播方式已经很少使用了。那么，用烟的方式来传递信息，这种看似古老的方式如今还在使用吗？显然，除了荒岛求生式的影视剧中人们用烟来示警或求救，日常生活中还真是少见了，但这并不意味着这种方式就不存在了。

让纳内在《西方媒介史》中记述了这样一段亲身经历：

1978年，我和圣-歇日旁边的法国使馆的一名外交官，一起去圣-皮埃尔广场观看教皇让-保罗一世的选举。

烟冒出来的颜色在我看来是不太明确的。与我一起去的法国外交官仔细看了一下，以他的职位威信断言这是黑色的，那个晚上不会有结果，然后回家了。而我却在广场上，我比他更喜欢热闹。

一刻钟之后，红衣主教出现在阳台上，公布了新教皇的名字。

原来，灰烟代表白色而不是黑色……

显然，在各种现代媒介齐备的1978年，用烟来传递信息的方式依然存在，而且还是用来发布对于西方社会而言极其重要的教皇选举信息，这说明这种媒介在人类历史中的生命力。

作为历史学家的让纳内后来成为法国传播部长和国家图书馆馆长。不过，这个在当年就见多识广的人与另一个阅历丰富的外交官在这样一个新闻发布的场合显然都不太自信，对于烟传递的信息，两位都无法准确地获得。那么为什么如此重要的信息，在各种现代媒介早已登台亮相之后，还要用烟这种我们看起来有点儿戏的方式来发布呢？

要更为清晰地了解这一点，我们需要跟另一种我们更为熟悉的信息发布方式作个比较，这是2005年教皇选举的新闻：

新华网罗马4月19日电（记者丁莹）梵蒂冈城消息：来自德国的枢机主教约瑟夫·拉青格（Joseph Alois Ratzinger，1927—2022）19日在罗马教皇选举中当选第265任天主教罗马教皇，称为本笃十六世。

拉青格1927年4月16日出生，1977年任枢机主教，1981年任罗马教廷的信理部部长。

枢机主教团115名枢机主教18日下午开始进行选举新教皇的秘密投票。上任教皇约翰-保罗二世本月2日因病在梵蒂冈去世，终年84岁。

在上面这条用"倒金字塔"格式写就的新闻稿中，要传递的信息非常清晰，谁在什么时间干了什么，背景是什么，都一清二楚，不会像让纳内记述的那样，广场上的烟让"围观"的人们无法准确判断到底要传递什么信息。

然而，用烟来发布信息之所以在教皇选举这么重要的场合中依然存在，正是因为它的"模糊"。模棱两可的信息才会充满神秘感，才会保留仪式感，这种效果正是宗教信息发布所需要的。

显然，只要人类需要，作为传播媒介，原始而"模糊"的烟火依然有其存在的价值，这也提醒我们，信息传递的方式与其要达成的目的之间有着极强的互动关系，"清晰""准确"并不是信息传递的唯一标准。

二、实物与符号

实际上，在人类的历史长河中，媒介的种类、样式与存在方式是非常丰富多彩的。在历史名著《希腊波斯战争史》中，被称为西方"历史之父"的古希腊历史学家希罗多德（Herodotus，约公元前480—公元前425）记叙了这样一个关于信息传播的有趣故事：2,500年前，波斯皇帝大流士（Darius）征讨位于波斯西部的斯奇提亚时，斯奇提亚人派遣一个使者给大流士送去一份礼物，这份礼物是1只鸟、1只鼠、1只蛙和5支箭。波斯人问来人这些礼物代表什么含义，使者便说，他并没有听到什么特别的吩咐，如果波斯人足够聪明的话，他们自己就可以猜出这些礼物的含义。

大流士认为，这表示斯奇提亚人带着土和水向他投降。他的理由是：老鼠生活在土里，和人吃着同样的东西；青蛙则生活在水里；而鸟和马则是很相像的。他又说，箭是表示斯奇提亚人放弃了武力。但是他的一个属下、英勇的戈布里亚斯（Gobryas）的意见和大流士的意见恰恰相反，他认为这些礼物的意义是："波斯人，除非你们变成鸟飞到天上去，或是变成老鼠隐身在泥土中，或是变成青蛙跳到湖里去，否则，你们都将会被这些箭射死，永远无法回到家里去。"大流士听后尽管很不高兴，但不得不承认波斯军队已陷入窘境，他最终决定撤出斯奇提亚。最后，事实证明戈布里亚斯的推断是正确的。[1]

鼠、蛙、鸟、箭作为客观存在的事物，在这个故事里，都可以成为传递某种特殊信息的载体。在文字已经出现之后，这些实物依然作为信息传播方式发挥作用。麦克卢汉曾告诫我们：新媒介的出现并不意味着旧媒介的消亡。不过，与文字相比，这些实物不像语言符号一样具备能指与所指的确定关系，它们在所指上的不明确和不稳定，

---

[1] 希罗多德. 希罗多德历史[M]. 王以铸，译. 北京：商务印书馆，1959：316.

使其无法像文字一样，成为通用的信息传播方式。

显然，传播媒介的发展变化是有延续性的。在媒介进化论者保罗·莱文森看来，媒介的演化类似于生物的进化，是一种优胜劣汰的结果，不过与"物竞天择"的自然界不一样的是，媒介的进化源自人的选择。"每一种媒介都像一个生物有机体，其运行功能都由我们进行选择，而不是由自然来进行选择。我们选择媒介的依据是：它们在多大程度上延伸我们生物有机体传播的能力，在多大程度上维持我们面对面交通的能力或前技术传播的能力。"[1]

---

[1] 莱文森. 软利器：信息革命的自然历史与未来[M]. 何道宽，译. 上海：复旦大学出版社，2011：1.

第三章 文字：抽象符号与文化启蒙

享誉世界的意大利符号学家昂伯托·艾柯（Umberto Eco，1932—2016）讲过一个印第安仆人的故事。这位仆人受主人的吩咐去送一篮无花果和一封信，但在半路上却将篮子里的东西吃掉一大半，将剩下的送到了收信人手中。这个人读了信，发现无花果的数目与信上所说的不符，于是就责问仆人为何将果子偷吃了，并且告诉了他信上是这样说的。然而这位印第安仆人却矢口否认有这事（尽管证据确凿），并且不断诅咒那张"纸"，认为这张纸是在说谎。

之后不久，这位仆人又被支使送同样的东西到同样的地方——同样一篮果子以及说出了果子确切数目的信。他又故技重演，在路上吃掉了大部分的果子；但这一次，为了防止受到上次同样的指责，他在吃果子之前首先将那封信拿出来藏到了一块大石头下面，他相信，如果这封信没看到他吃果子的话，它就不可能出卖他。然而这一次他又失算了，他受到了比上一次更加严厉的指责；他不得不老实承认自己的错误，同时对纸所具有的"神性"赞叹不已。①

这位印第安仆人让生活在文字文明中的人哑然失笑，他不知道的是，真正使纸具有"神性"的其实是文字。

第一节 文字的沿革

一、文字的命运

大约在五六千年前的奴隶社会初期，文字在各大古文明中渐次出现，成为与口语

---

① 艾柯，柯里尼. 诠释与过度诠释[M]. 王宇根，译. 北京：生活·读书·新知三联书店，1997：51-52.

一样能够改变人类文明演进方向的信息交流方式。"几千年来，人类有几种独立发展的古老文字体系。其中最著名的为埃及的圣书体、美索不达米亚的楔形文字以及中国的汉字。基本上，它们都是以图画式的表意符号为主体的文字体系。"① 然而，这些都以象形方式出现在各大古文明中的文字，在文明变迁的漫漫历程中，却遭遇完全不一样的命运。

1. 楔形文字

6,000多年前，美索不达米亚的苏美尔文明中出现了世界上最早的文字。这种文字用削成三角尖头的芦苇杆或木棒当"笔"，刻写在泥板上，然后将泥板烘干，以便于保存。由于落笔处较为宽深，提笔处较为细窄，这种文字就被称为楔形文字。人们研究了它的内容后发现，这种文字是经营管理的一种工具，而不是为了智力游戏或文学活动才发明的。正如《全球通史》中所说，文字不是一种深思熟虑后的发明物，而是伴随对私有财产的强烈意识而产生的一种副产品。②

苏美尔文明在4,000多年前衰亡后，楔形文字由古巴比伦王国继承下来并得到更大发展，但随着这些古文明的消失，楔形文字的读解方法也失传了，在很长的时间里，人们都无法知晓这些符号的含义。直到1835年，一个偶然的机会，英国学者罗林森（Sir Henry Creswicke Rawlinson，1810—1895）发现了伊朗哈马丹郊外贝希斯顿村附近一块大岩石上的铭文，并把它制成了拓本带回欧洲。这就是著名的贝希斯顿铭文，它用三种文字写成：楔形文字、新埃兰文字和古波斯文。经过8年的研究，罗林森终于破译了其中的古波斯文，在将古波斯文与楔形文字对照以后，他又读懂了楔形文字，楔形文字的秘密终于被解开。

罗林森研究后发现，这片铭文与波斯皇帝大流士有关。公元前522年，波斯皇帝冈比西斯（Cambyses）率大军远征埃及时，波斯境内发生了叛乱，冈比西斯在返回途中突然病死。群龙无首之际，波斯贵族大流士用计谋取得了皇位并平定了叛乱。为了称颂自己的功绩，大流士让人将他平定叛乱的经过刻在了贝希斯顿村外的大岩石上。洋洋自得的大流士不会想到，这些铭文将会成为后世破解楔形文字的钥匙。

2. 古埃及文字

古埃及文字的命运与楔形文字有着惊人的相似，甚至还要更为曲折离奇。这种文字5,000多年前在尼罗河流域出现，存活了3,500年以后，在1,500年前随着罗马帝国

---

① 许进雄. 中国古代社会——文字与人类学的透视[M]. 北京：中国人民大学出版社，2008：1.
② 斯塔夫里阿诺斯. 全球通史：从史前史到21世纪（第7版）（上册）[M]. 吴象婴，梁赤民，董书慧，等译. 北京：北京大学出版社，2006：60.

的入侵而灭绝。

罗马帝国入侵埃及以后，基督教要消灭所有异教徒的东西，包括文字，代之以由24个希腊字母外加6个埃及俗体字母（为补足希腊字母所无法拼出的埃及语言特殊发音部分）所构成的所谓科普特文。而11世纪回教力量兴起进入埃及以后，跟基督教一样，又把科普特语和文字一并废除，于是，古埃及文字彻底地沉睡了。[①] 随着古埃及文字读法的彻底失传，18世纪之前的古埃及历史再也无人能读懂。

1799年，拿破仑·波拿巴（Napoléon Bonaparte，1769—1821）率军远征埃及。一位名叫夏布尔（Bouchar）的军官在罗塞塔城修筑防御工事时，发现了一块黑色的玄武岩断碑，碑上用两种文字、三种字体刻着同一篇碑文，最上面的是古埃及象形文字，中间是古埃及草书体象形文字（也称俗体字），下面是希腊文字。这就是如今被收藏在大英博物馆内、被称为"罗塞塔碑"的著名石碑。

罗塞塔碑提供了希腊文与古埃及文字之间的翻译通道，古埃及文字从此得以解码和辨识。碑上刻写的是一封写于公元前196年的感谢信，由埃及孟菲斯城的僧侣们写给当时的国王托勒密（Ptolemaic）。托勒密是埃及第十五王朝法老，他登上国王宝座后，取消了僧侣们欠交的税款，为神庙开辟了新的财源，并对神庙采取了特殊的保护措施。在得到这一系列好处后，僧侣们写了这封歌功颂德的感谢信。为了让那时统治埃及的希腊人、埃及本地官僚和一般民众能够看懂，碑文就用两种文字的三种字体刻在了这块黑色玄武岩上。当时刻写这些碑文的僧侣们无法想到，这些碑文竟然会成为后世解读古埃及文字最关键的解码器。

古埃及文字是极为幸运的。在刻写罗塞塔碑文的托勒密王朝，使用的是演变后的科普特语，可以回溯到原始的古埃及文字。尽管科普特语在11世纪被废除，然而基督教科普特教派却用分毫不差的祈祷文将它保留了下来。而终身致力于破译古埃及象形文字、被人们称为"埃及学之父"的法国人让·弗朗索瓦·商博良（Jean François Champollion，1790—1832）又对科普特祈祷文相当熟悉。于是，在历史的峰回路转中，古埃及文字及其承载的悠远古埃及文化得以被人类了解。

3. 文字的存废

与苏美尔人和古巴比伦人的楔形文字、古埃及人的象形文字一样，中南美洲的玛雅文字、克里特岛上米诺斯文明的地中海线型文字B如今都已被破解出来，而古印度文字、地中海线型文字A等一些古老的文字则没有这样幸运，它们至今都还无法破译。当然，尽管一些文字现在已经可以读懂，但这些文字存身的古文明没有延续下来，这

[①] 唐诺.文字的故事[M].上海：上海人民出版社，2010：50.

些文字也不再使用。

从这个角度来说,中国的汉字算是这个世界上最幸运的文字。这种文字和它存身的中华文明一直延续至今而没有中断,正如《中国古代社会》一书的作者许进雄所言:"今天,其他的古老文字体系或已湮没,或为拼音文字所取代。只有中国的汉字仍然保存其图画表意的特征,没有演变到拼音的系统。这种特性对于有志探索古代中国文化者是极大的方便。"[①] 正是因为这样的幸运和方便,下面我们探讨文字载体的沿革之时,就可以用汉字及其载体来作为主要的探讨对象。

二、载体的沿革

"上古结绳而治,后世圣人易之以书契。"《易·系辞下》中的这句话,反映了古代传播发展到文字媒介的进化过程。而文字从起源到发展成精密、稳定的体系,也经历了一段漫长的旅程。在这一过程中,承载文字的媒介如一条支流密布的大河,从最初单一的源头繁衍出大小支流,逐渐蔓延、覆盖到越来越大的范围。

1. 早期的载体

在文字的诞生期,几大古文明都找到了适应其地域特征的文字载体。苏美尔人和巴比伦人将楔形文字写在泥板上,古埃及人将象形文字写在莎草纸上,古印度人在棕榈树叶上写佛经(《旧唐书》记载:"天竺国书于贝多树叶以记事。"贝叶即棕榈叶,写在上面的佛经即著名的贝叶经)。古代的中国人则在龟甲和兽骨上刻写汉字,这就是甲骨文。另外,铸在青铜器上的金文,以及陶器、砖瓦、兽皮、石刻等也是早期文字的重要留存方式。

2. 竹简

在中国的文字载体中,竹简的地位举足轻重。"人生自古谁无死,留取丹心照汗青",这是南宋民族英雄文天祥《过零丁洋》中的诗句,他希望自己为国尽忠,死后仍可光照千秋,青史留名。古时在竹简上记事,先以火烤青竹,使水分如汗渗出,便于书写,免于虫蛀,故称汗青。古人通过这种方式,使竹简能够长久贮存,上面的文字也就能跨越时空,千载相传。被称为汗青的竹简,也成为历史的代名词。

竹简主要在春秋战国、秦汉时期使用。春秋战国时期,诸子百家争鸣,文化空前繁荣。由于此时文字的传播以竹简为主要载体,因此,竹简在中国甚至成为知识和文

---

① 许进雄. 中国古代社会——文字与人类学的透视[M]. 北京:中国人民大学出版社,2008:1.

化的象征。《庄子·天下》中批评惠施"多方,其书五车,其道舛驳,其言也不中"。惠施是战国时期名家的代表人物,庄子说他懂得许多方面的学问,他的著述多达五车,但他的学说却杂乱无章,他的言谈也多偏颇不当。这个典故后来演化为成语"学富五车",用来形容一个人读书很多、学识渊博。显然,庄子所说的"五车书"是以竹简作为载体的。

不过从另外的角度来看,竹简还并不是理想的文字载体。"五车"其实反映出竹简占据的空间成本很大,搬动它要消耗的能量也很多。《史记·孔子世家》中说"孔子晚而喜《周易》……读《周易》,韦编三绝",孔子晚年喜读《周易》,把串联竹简的牛皮带子翻断了很多次。这个故事在赞美孔子勤勉治学的同时,其实也说明竹简在传播文字的过程中有诸多不便。

3. 纸张

继竹简之后,中国又出现了书写于织物上的缣帛。竹简与缣帛都已接近于今天的书籍形式。然而,在造纸术发明以前,文字还只是一个比较纯粹的时间型媒介,它被刻在不易风化的岩壁上、不易腐烂的甲骨上,或者是烤制定型的竹简上,用以长久保存。这时的文字媒体跨越空间的能力并不强,如果要使它在空间上发生位移就必须耗费大量的能量。

根据迄今的考古发现,造纸术的发明不晚于西汉初年。到了公元105年,东汉宦官蔡伦改进了造纸术并使之成为成熟的技术,蔡伦也被认为是造纸术的发明家。这一被列为中国古代四大发明的技术使文字得到前所未有的解放,这种解放不仅是时间上的,也是空间上的。纸张使文字这种符号从此可以只用很小的空间成本跨越时间,同样也为缩小跨越空间所需要的时间成本提供了便利。由于纸张可以保存、便于携带、易于制造、廉于购买,从而使人类对信息的传达更为自由和灵活。

随着造纸术的产生,纸张逐渐成为文字传播的主要载体,并由此衍生出很多种跨越空间的文字传播方式。其中较具代表性的是信鸽。唐朝政治家和诗人张九龄不但用信鸽来传递书信,还给信鸽起名"飞奴"。五代后周的王仁裕在《开元天宝遗事》中记载:"张九龄少年时,家养群鸽,每与亲知书信往来,只以书系鸽足上,依所教之处,飞往投之,九龄目为飞奴,时人无不爱讶。"元代李东有的《古杭杂记》中,也有"万鸽飞翔绕帝都,朝昏收放费工夫;何如养取云边雁,沙漠能传二圣书"这样的描述,可见信鸽传播在当时的盛况。

国外其实也同样有着"飞鸽传书"的悠久历史。古埃及、古罗马都有用鸽子传信的记载,古代中东地区有个统治者苏丹·诺雷丁·穆罕默德(Sultan Noredin Mohammed),他在巴格达和帝国各城之间建立起一个信鸽通讯网,形成了著名的信鸽邮局。到了近代，信鸽更是成为成熟的传播系统，著名的滑铁卢战役的结果据说首先就是由信鸽传递的，这条信息让罗斯柴尔德家族抢先买进大量英国公债，成就了这个当时最大的商业帝国。

在中国古代，为了传递公文书信和军事情报，官方建立了驿站系统，以供传信者或来往官员途中食宿、换马所用。与印加帝国石板路上的口语接力不一样的是，在中国的条条驿道上奔驰的是快马，而传递信息的载体也变成了文字。秦始皇统一中国后设置"十里一亭"，到了汉初就"改邮为置"，即改人力步行递送为骑马快递，并规定"三十里一驿"。到了开放的唐代，国际交流频繁，各国使节和官员公差往来大为增加，朝廷干脆改驿为馆驿，以突出其迎来送往的"馆舍"功能。"一骑红尘妃子笑，无人知是荔枝来"，使用的就是驿路系统。

造纸术在中国发明以后，很快传到了邻近的朝鲜、越南、日本等地，中亚和印度随后也掌握了这项技术。阿拉伯世界直到8世纪中叶才开始了解这项文字传播的关键技术，西方则到12世纪中叶才在阿拉伯人的帮助下开始建立造纸厂。总体而言，中国在造纸术上领先西方达千年之久。

很长时间以来，受阿拉伯学者的影响，包括著名印刷史家托马斯·弗朗西斯·卡特（Thomas Francis Carter, 1882—1925）在内的很多学者都认为，造纸术向阿拉伯世界的跨文化传递始于一场战争。公元751年，唐朝节度使高仙芝率领的军队在中亚的怛（音"达"）罗斯城与黑衣大食相遇，两军对峙五日，由于友军倒戈，唐军大败，高仙芝只身逃脱。

论及此战，不少史家都会提起几名唐军战俘，他们是造纸的工匠。怛罗斯之战前，造纸术一直是中国人掌控的机密技术。被黑衣大食军队俘虏的几位纸匠改变了这种局面。怛罗斯之战后，造纸业便开始在距离较近的撒马尔罕兴起，造纸技术逐渐在中东普及。

不过，近年来的研究否定了这种说法。在一些学者看来，怛罗斯之战前，造纸术已经传入中亚。有学者进一步提出："中国造纸术经怛罗斯之战，西传欧洲的首站，为今日乌兹别克首都撒马尔罕，此说为历来阿拉伯学者所主张，而中国史书对此事只字未提"，并认为"传入撒马尔罕的造纸术，来自大唐统治的拔汗那首府浩罕，中国造纸术离开中国边境后的第一站应为浩罕"。①

欧洲人则是通过阿拉伯人了解造纸技术的，最早接触纸和造纸技术的欧洲国家是一度为阿拉伯人统治的西班牙。公元1150年，阿拉伯人在西班牙的萨狄瓦建立了欧洲第一个造纸场，自此，造纸术开始在欧洲传播。到了1797年，法国人尼古拉斯·路易

---

① 陈大川. 怛罗斯之战与撒马尔罕纸[C]. 中国造纸学会第十二届学术年会论文集（上）. 2005: 11.

斯·罗伯特（Nicholas Louis Robert）成功发明了用机器造纸的方法，从蔡伦时代起中国人持续领先一千多年的造纸术终于被欧洲人超越。

4. 印刷

印刷术的发明使得文字传播脱离了传统手书抄写的状态，使得文字的复制变得更加稳定和便捷。这项对后世产生深刻影响甚至改变了整个人类命运的技术同样首先在中国发明。

隋唐时期，中国的雕版印刷技术已经成熟。1900年，公元868年雕版印刷的《金刚经》在敦煌千佛洞被发现，这是目前世界上发现的有确切日期的最早的印刷品。这部经卷图文精美，雕刻的刀法细腻，浑朴凝重，说明当时刊刻印刷的技术已经达到了相当纯熟的程度。到了11世纪中叶的宋仁宗庆历年间，平民发明家毕昇发明了用胶泥活字印刷的技术，北宋科学家沈括在他所著的《梦溪笔谈》里，专门记载了毕昇的活字印刷术，这项技术比西方要早400多年。

1450年，德国美因茨的金匠约翰·古登堡（Johannes Gutenberg, 1398—1498）制成了西方第一台印刷机。1455年，他印刷了著名的《42行圣经》，这是《圣经》第一次以印刷品的形式出现，这部长达1,282页的印刷版《圣经》成为一个全新时代的醒目谕示。

1462年，德国美因茨发生了一场大火，古登堡的印刷厂在大火中被烧毁，印刷工流落到欧洲其他城市。对古登堡而言，1462年的这场大火是一个灾难，但是大火中印刷工流散各地，却点燃了印刷术在欧洲扩散的燎原之火。印刷术在西欧的传播与应用可谓迅速。从15世纪中叶谷登堡发明金属活字印刷术，到印刷术在西欧普及，仅仅用了半个世纪的时间。到1500年左右，欧洲已有超过250个地方建立了印刷厂。①

印刷术在全球范围的扩散与普及使得人类信息交流的普遍性达到新的高度，尤其重要的是，它是开启西方近代社会大门的钥匙。美国学者伊丽莎白·爱森斯坦（Elisabeth Eisenstein）用了15年时间潜心研究印刷术的历史影响，在她看来，印刷术是欧洲中世纪和近代最重要的技术发明，由此引发的传播革命对欧洲近现代的历史产生了重大影响。② 人文主义、文艺复兴、宗教改革、启蒙运动以及科学革命这些西方近代化过程中最关键的社会变革，都与印刷术有着莫大的关联。正因为如此，爱森斯坦将印刷术视为西方社会近代化这一巨大社会转型过程的变革"动因"。

---

① Asa Briggs and Peter Burke, 2002, A Social History of the Media: From Gutenberg to the Internet, Polity Press, Cambridge, p.15.
② 爱森斯坦.作为变革动因的印刷机：早期近代欧洲的传播与文化变革[M].何道宽, 译.北京：北京大学出版社, 2010: 5.

而在近来的研究中人们进一步发现，印刷术对西方近代化过程的影响比已知的还要深刻。比如印刷术的普及提高了识字率，提供了更多的受教育机会，促进了知识分子阶层的产生；同时，印刷术作为一种新的信息技术，促进了文化产业的形成，影响了西欧科技革命的广度和深度，加速了技术扩散。印刷术还深刻地影响了西方近代化过程中"民族－国家"的形成，而"民族－国家"的形成不仅是西方近代化过程的最重要表征，也是西方近现代以来的社会结构及由此决定的国际秩序的基石。

在中国和西方，印刷术的命运大相径庭。中国是世界上最早发明印刷术的国家，然而，在作为印刷术发源地的中国，印刷术却为何并未像西方那样成为社会变革的动因，也并未对当时的中国社会产生与西方近代化过程类似的影响？这其中的原因相当复杂。

在伊尼斯看来，汉字与西文在符号构成上的不同是影响印刷术传播的重要原因，"汉字需要政府支持的大规模经营，相反，字母表却允许私人企业小规模的管理。"[1] 除此以外，技术层面的原因也被广泛讨论，作为中国活字印刷的标志性技术，毕昇在北宋时期发明的胶泥活字印刷术与谷登堡的金属活字印刷术在技术水平层面存在的差距，也影响了其社会作用的发挥。

而在更多的研究者看来，以社会需求、社会条件作为主要构件的背景范式才是中西印刷术不同命运的决定性因素。具体而言，谷登堡发明金属活字印刷术之时，西欧正处于中世纪行将结束、近代化正在开始的历史进程之中，充满活力、扩张主义的商业文明正在崛起，[2] 14世纪开始的文艺复兴在西欧星火燎原，教育的发展与普及提升了阅读的能力和需求，宗教改革的不断开展直接刺激了对《圣经》的需要。正是这一系列社会需求与社会条件的具备，使得谷登堡的印刷术成为"应运而生"的发明，并在西方近代化的社会巨变中推波助澜，在各个社会层面、各种社会运动中扮演了"变革动因"的角色。

与谷登堡印刷术的"应运而生"相比，毕昇的发明可谓"生不逢时"。毕昇发明活字印刷术之际，唐宋以来的中国正处于封建社会的高峰期，以农业为基础、发展缓慢的内向型社会保持着中华文明的连续性和王朝更迭的周期性，[3] 这种社会状态无法为印刷术提供类似于西方近代化的社会条件。而在毕昇发明活字技术的北宋，雕版印刷正值黄金时期，作为新技术的活字印刷一诞生，首先遭遇的是传统雕版印刷商的强烈反

---

[1] 伊尼斯.帝国与传播[M].何道宽，译.北京：中国人民大学出版社，2003：155.
[2] 斯塔夫里阿诺斯.全球通史：从史前史到21世纪（第7版）（下册）[M].吴象婴，梁赤民，董书慧，等译.北京：北京大学出版社，2006：369-371.
[3] 斯塔夫里阿诺斯.全球通史：从史前史到21世纪（第7版）（下册）[M].吴象婴，梁赤民，董书慧，等译.北京：北京大学出版社，2006：359.

对。中国一直以来重文学、重书法、重手抄、轻实利的文化体系和传统也无法为活字印刷提供相应的社会需求。

显然,印刷术在西方与中国的不同命运由生产方式、社会运动、意识形态、文化传统、消费需求以及来自已有技术和既得利益的挑战等一系列社会因素决定,这一系列社会条件与社会需求构成了同一种媒介在不同社会产生不同影响的背景范式。

5. 电子与数字

尽管"仓颉作书,天雨粟,鬼夜哭"的说法未必可信,但文字的确是一项伟大的发明,它具有无与伦比的适应性,无论人类后来的媒介技术发生了多少次变化更迭,文字传播始终与时俱进。造纸术的发明使得文字得到时间上和空间上前所未有的解放;印刷术的发明使得文字传播脱离了传统手书抄写的状态,文字的复制变得更加稳定、快捷和方便;电报在19世纪30年代的发明更是使文字成了一种克服时空束缚的全能符号。

电报发明之后,文字传播在跨越空间方面的能力大大增强:它现在不仅能以非常小的空间成本穿越时间(纸张),而且能以非常小的时间成本跨越空间,成了一种真正自由的符号。不过由电报所宣告的电力传播时代的来临并不是文字传播的顶峰,因为文字同样能适应最近的信息技术革命。现代数字技术使得文字占用的空间更小,它只需要占据非常小的虚拟空间即可实现信息的跨时空传递,并可以非常便捷地复制。

从文字媒体沿革的角度来看,从造纸术到计算机,所有的这些技术所努力实现的只不过是提升文字传播跨越时间和空间的性能而已,换句话说,它们都在减少或替代文字传播所需要耗费的时间与空间成本。因此,无论是印刷术的时代还是电报的时代,抑或现在的电脑时代,都可以被称作文字的时代。文字并没有因为各种新技术的发明而退居传播的二线,它始终是传播的主角。

第二节　文字的媒介特征

口语使得人们可以即时有效地传递丰富的信息,但其稍纵即逝的特性使得信息只能实时传递而无法保留,标识与岩画使得信息获得了穿越时间的能力,但其所能表达的信息往往过于简单或模糊。直到文字系统的出现,人类才第一次获得了准确记载大量信息的能力,借助于不同的书写介质,人类的记忆得以在时间的长河中被保留。

一、文字的优势

1. 跨越时间

文字让人类用一些线条的组合就可以将信息外化和固定在石碑、竹简、纸张之上，它非常稳定，经得起时空变迁的考验。与容易受到传播过程影响的口语相比，文字无论是经历时间还是穿越空间，都不太容易发生改变。元曲《看钱奴买冤家债主》第二折中写道："不要闲说，白纸上写着黑字哩。若有反悔之人，罚宝钞一千贯与不反悔之人使用。"这与我们平时所说的"口说无凭，立字为据"是一个意思。文字能够弥补口语传播在约束力上的欠缺，口语传播的内容一经文字固化，就成了有形的实物，不再无踪无影，转瞬即逝。

文字一旦与承载它的载体结合，就有了不可动摇的意义，除非在传播途中遭到毁灭，否则它必将"忠诚"地将传播者的意图转达给他的传播对象。"文字如同明矾，它让有声的语言以及无声的思索和想象可能沉淀下来，有了文字，人类的思维和表述便挣脱开时间的专制统治，可以不再瞬间飘失在空气之中，从而开始堆积，让思维和表述有了厚度；它让抽象的长时间思维从此有了中途的歇脚反思之处，有了可回溯修补的航标，从而，思维得到整补，可放心大胆地再往前走，再深入，一再越过原有的边界，而不虞迷失回不了头。"①

正因为如此，文字对人类社会能够产生极强的约束力，人类文明的发展正是在这种约束力中不断前行。公元前 18 世纪，巴比伦王国的一位皇帝汉谟拉比（Hammurabi）用楔形文字把一部法典镌刻在石柱上，这就是著名的《汉谟拉比法典》，这部古老的法典有 282 条，涉及人类社会生活、政治、军事等诸多方面，有婚姻、借贷、家庭等相关条例，还有对官吏的管理、偷盗的惩罚、商业之间的契约等。实际上，时至今日，我们依然生活在由文字确定的秩序之中，大到国家的法律规章，小到个人之间的合同契约，都只能借助文字来完成。

2. 自由符号

文字跨越时间的方式与岩画相近，都是通过依附于某一能历时良久的实体来实现。不同的是，岩画未能实现能指与所指的分离，而文字则实现了这一点。文字符号拥有庞大、周密的表意系统，在一定大小的空间内可以包含更大量的信息，传达一定量的

---

① 唐诺.文字的故事[M].上海：上海人民出版社，2010：21.

信息占用更小的空间，因而可以使用体积小、重量轻的物体作为媒介，更方便实现对空间的跨越。正是这种跨越空间的能力，使文字传递信息的能力与此前的媒介相比有了质的飞跃。

文字与口语一样都能自由地进行记录、表达、传递，是因为它们都是非常成熟的语言体系，这不仅意味着在符号层面，文字与它指代的事物本身是互相分离的，用符号学的概念来解释就是：它们实现了能指和所指的分离。更重要的是，据符号学开创者弗迪南·德·索绪尔（Ferdinand de Saussure，1857—1913）的研究，这种能指与所指之间的组合关系是任意的："能指和所指的联系是任意的，或者，因为我们所说的符号是能指和所指相联结所产生的整体，我们可以更简单地说：语言符号是任意的。"[1] 比如，要传达某一棵"树"的信息，并不需要在形象上与它一致，无论是汉字的"木－又－寸"组合，还是英文的"T-R-E-E"组合，都能表达相同的含义。

因此，文字与口语在传递信息、表达含意的时候非常自由。正是在符号上的优越性使得文字能够将鲜活的场景和复杂的哲思浓缩于由看似简单的线条组成的字词中，并使千百年以后的人们能够很容易理解当时的情景和前人的思考。

3. 逻辑思维

文字在生活中作为可靠的传播工具被人们所依赖，逐渐成了思想的载体与交流的平台。文字对思想的掌控使它超越了最初简单的传播与契约功能，在更高的层面上发挥着至关重要的作用。在威廉·莎士比亚（William Shakespeare，1564—1616）的《亨利六世中篇》中有这样一段对白：

狄克：第一件该做的事，是把所有的律师全部杀光。

凯德：对，这是我一定要做到的。他们把无辜的小羊宰了，用它的皮做成羊皮纸，这是多么岂有此理？在羊皮纸上乱七八糟地写上一大堆字，就能把一个人害得走投无路，那又是多么混账？[2]

从这段对话中可以看出，统治者对通过文字进行思想传播的人是多么的憎恨与恐惧。统治者为了巩固自己的统治，必然会加强思想控制，而控制了文字就相当于掐住了民众思想的主动脉。中国古代的统治者显然也是意识到了文字对掌控思想的重要性，早在第一位中央集权的帝王时期，文字就被给予了极大的重视："一法度衡石丈尺，车同轨，书同文字。"（《史记·秦始皇本纪》）也许正如《塔木德经》所云："一字的增删都可能意味着世界的毁灭。"

---

[1] 索绪尔. 普通语言学教程[M]. 高名凯，译. 北京：商务印书馆，1980：102.
[2] 莎士比亚. 莎士比亚全集（6）[M]. 朱生豪，译. 北京：人民文学出版社，1978：184.

正是逻辑思维的力量让文字不仅重新塑造了人与人之间的社会关系，还雕刻出人类全新的精神世界。大约 2,500 年前，大多数主要宗教相继创建，孔子、老子、佛陀、琐罗亚斯德、《奥义书》的作者们和犹太教创始人生活的年代相距不超过 20 代人。这就是历史学家卡尔·西奥多·雅斯贝尔斯（Karl Theodor Jaspers，1883—1969）所称的轴心时代。1963 年人类学家杰克·古迪（Jack Goody）和伊安·瓦特（Ian Watt）发表一篇题为《文字及其应用的后果》的著名文章，在他们看来，古代社会与文化的变革应归功于文字的应用，而民主政治的兴起、逻辑与理性思维的开端以及批评史学的兴起都是文字使用的后果。

二、文字的局限

1. 占用空间

从自由度的角度来看，文字以跨越时间、留存信息为胜，因此必然依赖于对空间的占用。在现代数字技术出现之前的历史长河里，文字媒体占用空间的问题难以解决，成为文字在自由度方面巨大的障碍。

相对于早期的石碑、泥板、甲骨、竹简，造纸术发明以后，文字占用的空间已经小了很多，但纸张和书籍占用的空间依然是人类面临的难题。唐代学者陆质以对《春秋》的独到研究闻名于世，柳宗元对他的治学严谨深表敬佩。陆质去世后，柳宗元在《文通先生陆给事墓表》中写道："其为书，处则充栋宇，出则汗牛马"，形容陆质的书籍存放时可堆至屋顶，运输时可使牛马累得出汗。这则典故后来演化为成语"汗牛充栋"，用来形容著作或藏书极多。

为了更好地搜集、整理、收藏图书以便于人们查阅，人类建起了图书馆，如何管理图书馆还成为一门专门的学问：图书馆学。现今已发掘的古文明遗址中保存最完整、规模最宏大、书籍最齐全的图书馆是亚述文明的巴尼拔图书馆。世界上最知名的古代图书馆要算埃及的亚历山大图书馆，建成于公元前 4 世纪，比巴尼拔图书馆晚 400 年。馆内收藏了贯穿公元前 400 至前 300 年时期的手稿，拥有最丰富的古籍收藏，是举世闻名的古代文化中心，3 世纪末被战火吞没而让无数人扼腕叹息。目前世界上最大的图书馆是美国国会图书馆，馆藏量达 1 亿 2,800 万册，书架的总长超过 800 公里。中国最大的图书馆为中国国家图书馆，在世界十大图书馆中位列第 3，建筑总面积达 25 万平方米。图书馆成为知识的海洋，甚至成为知识的象征，从另一个角度看，这正是文字媒体占用空间的明证。

2. 难以移动

在现代通信技术出现之前，文字跨越空间的能力是非常有限的，受到种种因素的限制与阻隔。"岭外音书绝，经冬复历春"（李频《渡汉江》），这是受到地域因素限制。"鱼书欲寄何由达，水远山长处处同"（晏殊《寓意》），这是受自然距离的限制。这些都表明，在缺乏现代通讯条件下的文字传播工具，会受到自然、地理、社会等多方面因素的限制，跨越空间能力十分有限。

《汉书·苏武传》中有这样一段记载：

> 数月，昭帝即位。数年，匈奴与汉和亲。汉求武等，匈奴诡言武死。后汉使复至匈奴，常惠请其守者与俱，得夜见汉使，具自陈道。教使者谓单于，言天子射上林中，得雁，足有系帛书，言武等在某泽中。

这就是以"鸿雁"代称书信的由来。在中国古代，经常用来指代书信的词语还有鲤鱼。如汉乐府诗《饮马长城窟行》中写道：

> 客从远方来，遗我双鲤鱼，呼儿烹鲤鱼，中有尺素书。

古人把书信称为鸿雁、鲤鱼、鱼书雁帛等，是因为鸿雁能飞越崇山峻岭，鱼能横渡江河湖海，书信也因此能够突破空间的束缚，跨越万水千山，实现信息的传播。古人还常常把书信结成鲤鱼形状，作为一种更直观的表意方式。实际上，鸿雁和鲤鱼更多的是古人在文字传播受到限制的情况下，借以表达远距离传播信息的愿望的媒介。

3. 信息损耗

文字在符号上的自由与任意性也产生了另一方面的传播困境。文字是通过对符号能指与所指的分离来传情达意的，因此，文字信号对所指对象信息的传递便不那么具体鲜活。文字更长于抽象和概括，它需要依靠信息接收者的经验和想象来完成对信息的复原。因此，无论多么优秀的作家，无论他的文字多么"绘声绘色""栩栩如生"，也终究与所表达的那个时空发生的具体场面隔着一层"纸"。

> 你站在桥上看风景，
> 看风景的人在楼上看你。
> 明月装饰了你的窗子，
> 你装饰了别人的梦。

这是卞之琳《断章》中的诗句，这些诗句的意义和诗歌本身的意境都晦涩而朦胧，引人遐想。有人开始解释这首诗，着重"装饰"的意思，认为其表现了一种人生的悲哀。卞之琳自己则说，"'装饰'的意思我不甚着重，正如在《断章》里的那一句'明月装饰了你的窗子，你装饰了别人的梦'，我的意思也是着重'相对'。"

与此相似的是唐代诗人李商隐的一系列《无题》，千百年来仁者见仁、智者见智，没有哪一种解释能够让所有人信服。由于诗人早已作古千年，它们的主旨也成为千古之谜。"一千个读者心中有一千个哈姆雷特"，文字需要依靠信息接收者的经验和想象来完成对信息的复原，而信息接收者的经验与思维方式，与作者本人必然有差异，因此，文字存在引起歧义的风险。

语言转化为文字的过程是一个使信息具备跨越时空能力的过程，同时也是一个信息损耗的过程。人类在更广袤的空间和更久远的时间范围内实现信息传递的同时，还希望信息在传递到另一端时能够保持原汁原味，而不是在跨越空间和时间的旅程中变质变味。问题在于，这种对于保真度的追求与实现传播自由的技术往往是矛盾的。在人类传播的进程中，一种技术的产生并非只带来积极的一面，它往往是一把双刃剑，在推动传播获得更大自由度的同时，也会带来信息的损耗：使得信息不再那么保真了。

文字在替代口语实现人类跨时空交流的时候，将口语交流中的多种非语言符号损耗掉了。美国学者雷·伯德惠斯特尔（Ray Birdwhistell）估计，在两个人传播的场合中，有65%的社会含义是通过非语言符号传递的。在口语传播中，可以运用语音、语调、语气、表情、手势等非语言符号，沟通双方互相理解＝语调（38%）＋表情（55%）＋语言（7%）。公式中的"语调"和"表情"均为非语言符号，这个公式表明了人际传播中非语言符号所能传递的信息远远大于语言。从口语传播到文字传播的演变过程中，表情、姿态、语调等大部分非语言符号被损耗掉了，在机械印刷大范围代替手抄之后，个性化的书写这一唯一幸存的非语言符号也大量消失。抽离了非语言符号的文字，就如同江河湖海的水被蒸馏、净化成纯净水，简单明了，但也更加单调。

语音、语调是非语言符号中的重要因素，在文字传播中常常容易丧失。在一些具体的传播过程和环境中，语音、语调的损耗不仅会削弱信息的保真度，使传播效果受损，更有可能使传播内容彻底失真。比如下面这句话，虽然写成文字只有一句话，按重音的不同读法却可以表达出四种不一样的意思：

- 今天我不去我们学校。（强调时间仅限于今天，别的时间可能会去）
- 今天我不去我们学校。（强调行为主体是"我"，别人可能都会去）
- 今天我不去我们学校。（强调"我"的今天行程安排）
- 今天我不去我们学校。（强调对地点的限制，"我"可能会去其他学校）

中国古典诗词讲究格律，这种形式主要是为了形成音韵上的美感。押韵、对仗、平仄等，都是形成和传递诗词意味、意境的基本要素，如果缺少这些元素，追求语言上和谐性的中国古典诗词几乎就完全失去了味道。而在诗词以外，中国传统的文字传播中非常重要的形式是对联，在山海关孟姜女庙的前殿有这样一副对联：

海水朝朝朝朝朝朝朝落

　　浮云长长长长长长长消

　　这副对联相传是南宋状元王十朋所撰写，它利用了中国汉字一字多音，一字多义的特点，叠音叠义，描绘了海水涨落、浮云长消的自然景象。语音在表意上起了灵魂性的作用，若是不了解其间的语音变化，只是单看文字，则难解其中奥妙。

　　文字传播中非语言符号损耗的另一种现象是方言。方言中携带的大量非语言符号只有方言区域内的人才能解读，若转换成文字可能会失去原汁原味，或是让人不知所云。2007年，在大陆轰动一时的古装情景喜剧《武林外传》引来台湾各家电视台争夺版权，最后由八大电视抢到播映权，在该台的晚8点黄金时段播出，但是开播一个月，收视率仅为0.07%。台湾观众普遍认为不好笑，很多观众抱怨"看不懂"，主要原因就在于观众对片中的方言不理解。

　　在人类传播不断拓展、媒介不断丰富的过程中，为了弥补文字的不足，人们发展出形式各异的传播方式和媒介类型。这正是莱文森所说的"补偿性媒介"的基本机制："我们不愿意忍受偷窥者汤姆的冲击，所以我们发明了窗帘。我们不甘心让电视屏幕上喜欢的形象飞逝而去却袖手旁观，所以我们发明了录像机。我们不愿意在文字的沉重压迫下洒汗挥毫，让语词从构思那一刻起就被拴死在纸面上，于是我们就发明了文字处理机……"①

第三节　文字与轴心时代

　　文字的产生为文化和思想的繁荣做了重要准备。公元前800年至公元前200年之间，尤其是公元前600年至公元前300年间，"最不平常的事件集中在这一时期"②。在此期间，无论是中国、印度还是中东与希腊，一切最伟大的精神成果几乎同时而又彼此独立地发展起来。在《历史的起源与目标》一书中，德国思想家雅斯贝尔斯首次将这一时期称为"轴心时代"。虽然此前两河流域和古埃及等地也曾有过辉煌的古文明，但如此丰硕的精神成果集中涌现却是这一时期独一无二的文化现象。

　　如雅斯贝斯所言，正是在这个时代，"我们同最深刻的历史分界线相遇，我们今天所了解的人开始出现"③。轴心时代发生的地区大概是在北纬25度至35度区间，这意味着中国、印度和希腊等文明在这期间都以"突破"其早期文明为前提，开启了各自文

---

① 莱文森.数字麦克卢汉[M].何道宽，译.北京：社会科学文献出版社，2001：287-288.
② 雅斯贝斯.历史的起源与目标[M].魏楚雄，俞新天，译.北京：华夏出版社，1989：8.
③ 雅斯贝斯.历史的起源与目标[M].魏楚雄，俞新天，译.北京：华夏出版社，1989：8.

明后来的发展方向，从而形成了不同的宗教伦理观和文化模式。

　　轴心时代萌发出的人类文明成果与新的、更为广泛使用的文字息息相关。在古希腊和印度，远在轴心时代之前都曾使用过文字，但随着战乱和文明的衰落，原有的文字都被湮没于历史之中。古代中国虽然不曾经历文明的中断，但文字的发明、使用相对较晚，在轴心时代之前人们也主要将文字书写于甲骨、青铜器之上，并为贵族垄断，使用范围有限，字符数量也有限。约公元前9世纪到公元前8世纪，希腊字母文字开始在爱琴海地区流传开来，而印度雅利安人的婆罗米文字则出现并广泛应用于公元前7世纪到公元前6世纪。春秋战国时期的中国，随着简牍和绢帛被用作主要的书写材料，以及各诸侯国各自为政，在形体结构和书写风格上多有差异的文字逐渐发展而来。

一、轴心时代的基本特点

　　春秋战国时期的中国，诸侯割据、战乱频仍，与社会大动荡、大变革相伴的却是思想上的空前活跃。孔子、老子、墨子等诸子蜂起，形成儒家、道家、墨家等各种思想学术流派，史称"百家争鸣"。孔子终其一生主张仁政与礼治，他开创了儒家学派，秉承着有教无类的理念，培育了三千弟子、七十二贤人；老子用朴素的辩证法探究万物的本源与规律，其"无为而治"的治国理念对后世产生了深远的影响；墨子在兼并战争频繁爆发的社会中高呼"兼爱""非攻"，反对战争，提倡平等博爱。春秋战国时期的思想家们用自己的"最强大脑"点亮智慧之光，这些思想在漫漫历史中始终滋养着中华民族的精神世界，并随着时代不断发展，时至今日仍对中华民族的民族性格和民族精神产生着深刻影响。而在同时代的世界其他地方，对文明史产生重大影响的思想家和哲学家也或早或晚地出现了。

　　公元前7世纪到公元前2世纪的印度，是《奥义书》和佛陀的时代，13部经典的《奥义书》创作于这期间，它们记载了不同僧侣学派对《梵书》的深奥注解、不同的哲学家和圣人们对自我的探索以及灵性的深奥知识，"探究了一直到怀疑主义、唯物主义、诡辩派和虚无主义的全部范围的哲学可能性"[①]。近公元前5世纪末时，来自释迦国的乔达摩·悉达多（Siddhartha Goutama）剃去须发出家，成为一名隐修者，然而通过当时流行的禅修和苦行却无法获得觉悟，于是他放弃苦行，并在不久后开悟成为"佛陀"，此后说法教化，佛教由是发展起来。而在中东，从阿摩司（Amos）和以赛亚（Isaiah）的预言到耶利米（Jeremiah）的预言再到"以赛亚第二"，先知纷纷涌现于该时期。

---

① 雅斯贝斯.历史的起源与目标[M].魏楚雄，俞新天，译.北京：华夏出版社，1989：8.

这个时期的希腊，圣人与哲学家如云。戏剧创作硕果累累，三大悲剧作家埃斯库罗斯（Aeschylus，公元前525年—公元前456年）、索福克勒斯（Sophocles，公元前496年—公元前406年）和欧里庇得斯（Euripides，公元前480年—公元前406年）横空出世，用笔写就悲剧的光辉，净化人们的情感。对世界本质的探讨层见叠出，泰勒斯（Thales）声称万物源于水，赫拉克利特（Heraclitus，约公元前544年—公元前483年）则认为火是万物的本原，毕达哥拉斯（Pythagoras）将一切的构成归为数，留基伯（Leucippus，约公元前500年—约公元前440年）和德谟克利特（Demokritos，约公元前460年—公元前370年）却认为万物都是由原子构成的。思维和理性在这一时期的古希腊熠熠生辉，苏格拉底（Socrates，公元前469年—公元前399年）闪着睿智的目光要人们"认识你自己"，亚里士多德（Aristotle，公元前384年—公元前322年）终其一生追寻真理与知识，实践着"吾爱我师，吾更爱真理"。不只是文学与哲学，数学、物理学、天文学等科学也在古希腊结出辉煌的成果。

实际上，对"轴心时代"这一独特文明阶段的关注并非始于雅斯贝尔斯，早在1856年，彼得·恩斯特·拉索尔克斯（Peter Ernst Lasaulx）在其《历史哲学新探》中就写道："公元前600年，波斯的琐罗亚斯德、印度的乔达摩·释迦牟尼、中国的孔子、以色列的先知们、罗马的努马王，以及希腊的爱奥尼亚人、多利亚人和埃利亚人的首批哲学家，全都作为民族宗教的改革者几乎同时出现，这不可能是偶然的事情。"[①]

他肯定了世界几大地区在大约同时期涌现出众多哲人与改革者的独特性，但未进一步探求"不可能是偶然"的背后原因。

诸多中国学者也曾将目光聚焦于这个特殊的时期，王国维把中国的这一时期概括为"能动时代"，他说："国民之智力成熟于内，政治之纷乱乘之于外，上无统一之制度，下迫于社会之要求，于是诸子九流各创其学说，于道德政治文学上，灿然放万丈之光焰，此为中国思想之能动时代。"[②]

而先于雅斯贝尔斯轴心时代理论发表的1949年，闻一多在1943年就在《文学的历史动向》中说："人类在进化过程中蹒跚了多少万年，忽然这对近世文明影响最大最深的四个古老民族——中国、印度、以色列、希腊——都差不多在同时猛抬头，迈开了大步，约纪元前一千年左右，在这四个国度里，人们都歌唱起来，并将他们的歌记录在文字里，流传到后代。在中国，《三百篇》里最古部分的《周颂》和《大雅》，印度的《黎俱吠陀》，《旧约》里最早的《希伯来诗篇》，希腊的《伊利亚特》和《奥德赛》都约略同时产生……中国和其余三个民族一样，在他开宗的第一声歌里，便预告

---

① 雅斯贝斯.历史的起源与目标[M].魏楚雄，俞新天，译.北京：华夏出版社，1989：15-16.
② 王国维.论古今之学术界[M]// 姚淦铭，王燕.王国维文集（第三卷）.北京：中国文史出版社，1997：36.

他以后数千年间文学发展的路线……我们的文化大体上是从这一刚开端的时期就定型了。文化定型了，文学也定型了……"①

闻一多也注意到了中国、印度、以色列和希腊这四个不同地区民族在精神创造上的同时性，但相比而言，他的目光更多地聚焦于文学方面，未涵盖哲学与宗教等精神领域。

从现象层面而言，轴心时代可谓世界精神觉醒的一个奇迹。在此以前，两河流域、尼罗河流域、印度河流域和黄河流域都已产生了各自的文明，但人类自我意识尚未被发现，精神长期处于停滞或缓慢发展之中。

爱德华·伯恩斯（Edward Burns）等人在《世界文明史》中也指出了这一特殊的现象："由于一些无法解释的原因——或许仅仅由于巧合——在古代世界的三个相隔很远的地区，在大约同一个时候都开展着高度的哲学活动。当希腊人正在探讨物质世界的性质、印度思想家正在思考灵魂和神的关系时，中国的圣人正试图去发现人类社会的基础和贤明政治的根本原则。"②

虽然不同文明的精神觉醒所侧重的并不完全相同，但在总体状态上却表现出明显的共同特征，雅斯贝斯将这个时代的新特点归纳为："世界上所有三个地区的人类全都开始意识到整体的存在、自身和自身的限度。人类体验到世界的恐怖和自身的软弱。他探询根本性的问题。面对空无，他力求解放和拯救。通过在意识上认识自己的限度，他为自己树立了最高目标。他在自我的深奥和超然存在的光辉中感受绝对。"③

在经历了长时期的沉寂后，人类的反思能力似乎突然间觉醒，思想和意识的力量被发掘，"交流"不再仅限于物质所需，而被拓展到精神领域。人类开始探寻世界的本原和自我的限度，开始运用思想与理智去确立规则与目标。人们相互交流思想与感受，夹杂着探讨、说服和精神冲突，从而形成不同的思想派别。轴心时代的精神火花并非昙花一现，直至今日，它们仍是人类哲思与宗教的源头。

轴心时代的思想觉醒虽然在不同的地区发生，但这些地区却表现出明显的"轴心时代"特征。春秋战国时期的中国，周王室衰微，诸侯群雄纷争，战乱不断，各国都在竞争中渴求强大，各种改革、变法接连不断；而在希腊与近东，小国与城邦林立，不同城邦之间也经常发生斗争与冲突；彼时的印度，也有许多邦国与城市。与统一和相对稳定的古老文明相比，冲突与竞争在某种程度上带来了活力。

至于轴心时代的先贤圣哲们，观其人生，离不开游历的主题。孔子周游列国，宣传自己的主张，推行仁政。除了孔子，庄子、孟子、韩非子等都曾游历各国，实际上

---

① 乐齐.精读闻一多[M].北京：中国国际广播出版社，1998：252-253.
② 伯恩斯，拉尔夫.世界文明史（第一卷）[M].罗经国，陈筠，莫润先，等译.北京：商务印书馆，1987：191.
③ 雅斯贝斯.历史的起源与目标[M].魏楚雄，俞新天，译.北京：华夏出版社，1989：9.

春秋战国时期的思想家们为了学习、宣扬自己的思想以及寻求实现政治抱负的机会，往往四处游历。古希腊的哲学家们也并非坐而论道，泰勒斯和毕达哥拉斯曾游历埃及，柏拉图在苏格拉底被诬告处死后逃离雅典，游历了埃及、北非的昔勒尼、意大利岛南部的城市塔林敦和西西里岛的城邦叙拉古等多地。在印度，佛陀的一生都在四处云游，修行与游历是寻求开悟的重要方式。

同时，无一例外，这些先贤圣哲们都受到人们的普遍尊重，在当时的社会中起着重要的作用。春秋战国时期的中国，谋略与治国思想对争霸战争的胜利与国家的强盛有着重要意义，因此，统治者们往往渴求人才，礼贤下士。即使孔子主张的"仁政"并不符合争霸战争的需求，国君们往往敬而不用，但这也并不影响人们对孔子的尊重。在希腊，知识广博的人受到尊敬和赞扬，苏格拉底、柏拉图等都有着众多的学生，哲学家在社会中有着较高的声誉，柏拉图在其《理想国》中甚至认为应该由哲学家来统治和管理国家。而亚历山大帝国的开创者亚历山大大帝（Alexander the Great，公元前356年—前323年），其老师正是伟大的哲学家亚里士多德。在印度，诸多"隐修者"是印度精神追求的核心人物，他们研修知识也实践修行，被当作圣者，受人尊重。

值得注意的是，这些地区在轴心时代都已进入著述的时代。文字经历了一定的发展后，不再仅仅被用于经济活动或占卜凶吉，加之读书写字的能力从统治特权阶级逐渐扩大，文字被用来创作文学作品与记录思想。于是，这一时期诞生了至今仍然闪耀着智慧光辉的伟大作品，如古希腊的戏剧作品、柏拉图的《理想国》、亚里士多德的《诗学》等。在中国，众多由本人或其门徒写就的，记录诸子思想的著作也不断涌现，如记叙了孔子言行思想的《论语》、墨家思想的《墨子》和道家思想的《庄子》等。而在印度，人们对宇宙真理和"梵"与"我"的探求，也被记录于《奥义书》之中，从而得以流传。

轴心时代随着各个轴心地区建立起强大的帝国而结束。中国的秦始皇通过征服战争，先后灭韩、赵、魏、楚、燕、齐六国，建立起中国第一个中央集权的大一统国家。印度的月护王旃陀罗笈多（Chandragupta Maurya）创立了孔雀王朝，阿育王（Emperor Asoka，公元前303年—公元前232年）统一了整个南亚次大陆和今阿富汗的一部分地区，孔雀王朝成为第一个基本统一印度的政权。而在西方，出现了疆域辽阔却昙花一现的亚历山大帝国和繁荣强盛的罗马帝国。

不过，轴心时代的精神却从未中断与其后历史的联系，那些轴心时代率先迸发出智慧光芒的先贤圣哲们，也成为后人学习和崇拜的典范。"时至今日，人类一直靠轴心期所产生、思考和创造的一切而生存。每一次新的飞跃都回顾这一时期，并被它重燃火焰。"① 轴心时代的创造为我们留下了丰硕的精神成果，凯伦·阿姆斯特朗（Karen Armstrong）认为，"在人类有文字记载的历史中，轴心时代是在知识、心理、哲学和宗教变革方面最具创造性的时期之一。直至创造现代科学技术的西方大变革发生之前，没有任何历史阶段可与之相提并论。"②

二、轴心时代的社会形态

人类精神的首次觉醒几乎同时集中出现在几大区域绝非巧合，它离不开特定的社会背景。经历了古代文明的长期积淀，公元前800年到公元前200年之间，轴心期国家在社会形态上出现了诸多相似之处，这些相似之处对于唤醒沉寂的思想起着不可或缺的作用。

（一）铁器的使用

公元前6世纪以后，在希腊、印度、中国这三个古文明地区，铁器已经开始广泛应用于农业生产，铁器的使用使得轴心时代的人类生产力明显进步。

轴心时代的古中国是一个农业社会，铁器和牛耕的使用使生产力提高，农业经济得到快速发展，剩余产品增加。而定居农业与生产力提高产生的剩余粮食，为自身不直接从事农业生产的专门人才的产生提供了条件。管仲说"士农工商四民者，国之石民也"，而这其中，士阶层的出现为中国轴心时代的到来奠定了必要的阶级基础。费孝通称"士"阶级为文字造下的阶级，彼时"文献却不是大家可以得到的，文字也不是大家都识的。规范、传统、文字结合了之后，社会上才有知道标准规范知识的特殊人物，称之为君子，为士，为读书人，为知识分子都可以。"③ 而正是这个阶层的出现与不断壮大，开启了春秋战国时期思想的争鸣。处于乱世的人开始思考宇宙人生，开始构想社会的理想状态。

在古印度的列国时代，铁器使用普遍，农业生产品种和产量都有较大的提高，水稻的种植相当普遍；畜牧业仍然比较受重视，手工业分工更加专门化，佛经中提到的手工业匠人就有18种之多，例如木匠、锻工、皮匠、画匠、织工、象牙工、宝石匠等。至公元前6世纪，在北印度，特别是恒河的中下游地区，出现了一批大城市。这里既是商业贸易的中心，也是各种手工作坊的集中地。商业在各城市的市场进行，城市之

---

① 雅斯贝斯.历史的起源与目标[M].魏楚雄，俞新天，译.北京：华夏出版社，1989：14.
② 阿姆斯特朗.轴心时代：塑造人类精神与世界观的大转折时代[M].孙艳燕，白彦兵，译.海口：海南出版社，2017：2.
③ 费孝通，吴晗.皇权与绅权[M].上海：上海书店出版社，1948：17.

间有商路连接。①

希腊经济的发展则有所不同,希腊山峦重重,找不到可供发展大规模农业的大片肥沃土壤,不能提供建立地区性帝国所需要的地缘政治基础,但希腊多数城邦都享有直通大海的便利,大大促进了航海、商业与贸易的发展。这种不断向外扩展的外向型的发展模式最终被认为是以希腊为代表的西方古典文明高度发展的有力杠杆。②古希腊城邦经济种类繁多、部门齐全,大体上分为采矿业、农牧业和地产业等。造船业是古希腊城邦经济中比较发达的行业,由此带来了发达的航海贸易和强大的海军实力。雅典城邦的制陶业同样也很发达,制陶业属于手工业的一种。手工业在公元前 6 世纪到公元前 4 世纪呈现了新的变化,行业门类变得更多、更有组织,也更加专门化。城邦手工业品增加,剩余产品积累增多,促进了交换的发展,因此商业成为重要的部门。商品交换关系的扩大和新商路的开辟,促使国际贸易关系不断发展,使古希腊日益成为欧洲商业贸易中心。③商业的发展使得工商业阶层实力日益壮大,也带来了重公平、法则和个体的观念,为古希腊精神的觉醒创造了条件。

生产力的发展带来了社会分工与阶级的分化。人类利用铁器发展农业,生产效率的提高为他们带来了剩余粮食,而粮食的剩余则允许一部分人摆脱繁重的农业劳动,可以专门从事脑力劳动。《孟子·滕文公上》中,孟子驳陈相"贤者与民并耕而食,饔飧而治"时说,"然则治天下独可耕且为与?有大人之事,有小人之事。且一人之身,而百工之所为备,如必自为而后用之,是率天下而路也。故曰,或劳心,或劳力;劳心者治人,劳力者治于人;治于人者食人,治人者食于人;天下之通义也。"可见,生产力的提高带来体力劳动和脑力劳动的分离,从事体力劳动的人成为被统治阶级,生产粮食养活统治阶级;而从事脑力劳动的人则可不从事农耕,专心治理国家、探索真理。

同时,经济的发展和铁质兵器的使用,也扩大了古代战争的规模。生产力的提升满足了征服战争的需要,这不仅由于铁器等金属冶炼技术的发展直接带来了军备武器的发展进化,还由于在以剩余粮食为基础产生的社会分工中出现了职业军人。"通过税收建立剩余粮食储备,除了养活国王和官员,还能养活其他专制的专门人才。与征服战争关系最直接的是,剩余粮食储备可以用来养活职业军人。"④而拥有更先进武器和更强大军队,还不是在征服战争中取得胜利的一切。当军事竞争关系到国之存亡而备受

---

① 李桂芳."轴心时代"的中印文化之比较研究[J].中华文化论坛,2014(9):155-159.
② 高蓬劲.解读轴心时代的中国与希腊——社会结构的变迁与民族精神的形成[J].文学界(理论版),2012(3):268-269.
③ 吴高君.古希腊城邦经济研究[J].北方论丛,2003(2):34-37.
④ 戴蒙德.枪炮、病菌与钢铁:人类社会的命运[M].谢延光,译.上海:上海译文出版社,2016:62.

重视时，战略战术、合纵连横等谋略和思想层面的东西便显得尤为重要。

生产力的提升与古代战争规模的扩大，都进一步拓展了人类活动的区域和范围，进而开阔了人类观察、了解客观世界的视野。在生产力落后的时代，人们受制于自然，往往通过采集狩猎以维持生存。而随着生产力的提升，人类走向农耕与定居，与自然的关系也越来越多地由依赖转向开发与改造。手工业发展起来，商品交换日益频繁，商业成为社会中的重要行业。农业生产力的提升也使得土地成为重要的资源，统治阶级为了开疆拓土，各城邦国家彼此征战不断，这些都促使人类的活动范围不断扩大，人类认识世界的能力不断提高。这种认识既包括对人类自身的认识，即认识到人与自然界的区别以及人的本性，也包括对自然界和人类社会的认识。

（二）政治分裂的时代

轴心时代的各个地区在社会政治形态上也存在着相似的特点。这一时期，罕见统一的大帝国，但共同存在着诸多小国小城。政治总体上处于分裂，局部的战争与繁荣并存，各国之间存在着竞争关系。

轴心时代的古希腊正处于城邦社会当中。城邦的形成是古希腊各地民族经济文化发展的必然结果，城邦的主要特点是政治上的独立与经济上的自由发展，呈现样态为城市经济与村落经济相结合的经济实体。在古希腊雅典，随着手工业和商业的发展，氏族组织日益受到破坏，在这样的背景下，雅典历次改革不断削弱原有的氏族制度，逐步建立起以地域为单位的公民集体。雅典经济社会生活的这些变化导致一系列政治变革，从传说中的忒修斯改革，经梭伦改革、克利斯提尼（Cleisthenesis）改革，到伯里克利（Pericles，约公元前495年—公元前429年）时代，历经数百年的不断演进，雅典逐步建立起城邦公民政体。①

列国时代的印度大陆上君主政体和共和政体并存，存在16个国家，"除少数是共和国外，绝大多数是君主国。共和国中实行的有些大概是寡头政治，有些可能是君主制。"这同样是古印度文明形成的重要时期，佛教正产生于此时。从佛经的记载看，某些所谓的共和制也不过是"数相集合讲议政事""君臣上下和顺""奉法晓不违礼度"，能否称为真正的共和国都是问题。伴随着古印度列国时代的社会动荡、社会生产力的发展，各种新思潮和新宗教如雨后春笋般产生了。

轴心时代的中国，同样出现了列国纷争的局面。此时正值西周王室衰落、井田制崩溃、分封制瓦解的阶段，孔子所说的"礼崩乐坏"出现了。各诸侯国之间互相攻伐，

---

① 李学智. 古典文明中的地理环境差异与政治体制类型——先秦中国与古希腊雅典之比较[J]. 天津师范大学学报（社会科学版），2013（2）：10-18.

战争持续不断,小国被吞并,"春秋五霸"和"战国七雄"的局面先后出现。传统已经失去了原本的意义及其神圣性,这就促使当时的思想家不得不重新思考传统的意义所在,并寻求新的解释。

与早期的氏族部落相比,小国小邦开始逐渐淡化人们的血缘宗族联系,"约公元前800年以后的世纪中,血缘关系在印度、希腊和中国都经历了一个削弱或解体的过程,"①人们的交往不再仅仅限于血缘组织之内,而是在更广阔的地域范围内。但同时,相对于强有力的中央政权,小国城邦的力量又往往不足以形成禁锢。在这种分裂的局面下,人们却获得了难得的自由,既开始摆脱血缘关系的天然束缚,又不受统一的强大力量的禁锢。春秋战国时期的中国,周王室衰微,分封制遭到破坏,为了加强地方管理,诸侯国君往往设置非世袭制的"郡""县"官员。在印度,早期占据着重要地位的血缘关系也开始在部落逐渐发展为国家的过程中被淡化。在希腊,氏族部落发展为城邦。城邦成为构建理想政治的单位,亚里士多德认为城邦是社会团体发展的终点,"等到由若干村坊组合而为'城市(城邦)',社会就进化到高级而完备的境界,在这种社会团体以内,人类的生活可以获得完全的自给自足。"②可见,在三个地区,地域组织的国家与城邦都开始取代血缘组织的氏族部落,这一改变解放了人自身,也解放了思想。

随着以血缘为纽带的组织形式逐渐削弱,以及政治分裂、诸国并立,阶级间和地域间的流动开始变得活跃起来。在中国,作为历史上的大分裂时期,阶层间的流动障碍在春秋战国时期开始被打破,兼并战争形成了统治者对人才与治国方略的渴求,于是思想成为唯一的标准,出身则在一定程度上被忽略,"如弦高以商人而却秦师,吕不韦以大贾而为秦相,则商人已干政矣。"③养士之风盛行,上层权贵往往礼贤下士,不拘一格网罗人才。在这一状况下,诸多来自各个阶层的思想家与谋略家凭借自己的理论游说于诸国之间,渴望施展政治抱负。官职也不再仅仅世袭而来,《左传·哀公二年》载"克者,上大夫受县,下大夫受郡"。相似的情况也出现在印度,佛教不分出身种姓地收容各阶层弟子,"人们一入僧伽组织,其出身所属种姓似乎也不再强调了。"④同时,诸国并立使沙门们可以自由游历,"不统一,权力不集中意味着脱离寡头控制权的解放,使学术思想自由化成为可能。它使哲学家们能够独立于政府之外,因为假如发现一个政府不合口味,他们用不着留在它的疆域之内,他们可以迁移。"⑤在古希腊,工

---

① 刘家和.古代中国与世界:一个古史研究者的思考[M].武汉:武汉出版社,1995:580.
② 亚里士多德.政治学[M].吴寿彭,译.北京:商务印书馆,1965:7.
③ 蒋伯潜.诸子通考[M].上海:上海古籍出版社,2013:23.
④ 刘家和.古代中国与世界:一个古史研究者的思考[M].武汉:武汉出版社,1995:3.
⑤ 渥德尔.印度佛教史[M].王世安,译.北京:商务印书馆,2000:42.

商业的迅速发展使得财富为人们所追捧,传统世袭贵族的权力逐渐没落。梭伦改革不再按出身而按财产将公民分为四个等级,财产多寡不同的等级,其政治权利也有所不同。这一改革扩大了民主势力,为雅典民主政治的发展奠定了基础。同时,彼时的希腊,城邦之间的斗争时有发生,特别是公元前4世纪开始,社会矛盾日益尖锐,对理想政治的追求与社会的矛盾也进一步激发了思想的活力。

(三)精神觉醒的萌芽

与生产力发展和社会组织形式变迁相伴的,是人类精神的觉醒。在生产力低下的时期,人们改造自然的能力有限,对自然的依赖程度高。在这样的情况下,生存是人类的第一要义,人尚未能认识到自身的独特之处。而随着生产力的发展,人类开始改造自然,在这一过程中,人类逐渐探索自然与自身,尤其是开始探索自我内心,以及业已改变的客观社会,原始崇拜开始发展为哲学与宗教。

原始社会,人类仍处于蒙昧时代,爱德华·伯纳特·泰勒(Edward Bernatt Tylor, 1832—1917)指出,"万物有灵"是处在人类最低阶段的部族的特点,①即认为每种生物都有灵魂。正因如此,原初人们不强调动物与人之间的区别,甚至动物与植物之间的区别也是微弱的。比如原始社会普遍存在的图腾崇拜,"在图腾崇拜下,一个人类的部落与一种动物类,结合在一种给予他们一个共同生命的社会的和仪式的整体之中。"②而随着人类社会的不断发展,人类精神也逐渐开始觉醒,重要的表现即人对自身的发现。

夏商时期,人们常通过占卜的方式来预测凶吉,指示行动。传说商汤灭夏后,大旱五年,汤于是命人占卜,得出需燎人祀天,即将活人放在柴堆上烧以祭上天,于是决定以身祭天,其诚意感动上天,终降下大雨。传说或许并不完全属实,但可见鬼神在人们的心中有着重要的地位,人们通过占卜沟通鬼神,以祭祀的方式求取神灵眷顾,有时甚至以人为牺牲品。而到了春秋战国时期,孔子却说"务民之义,敬鬼神而远之"(《论语·雍也》),《论语·先进》中,季路问事鬼神,子曰:"未能事人,焉能事鬼?"可见,此时人的存在与价值已经开始为人自身所认识与肯定。

在古希腊,原始氏族社会诞生了丰富多彩的神话,这些神话在后世看来是充满想象力和浪漫色彩的文学与艺术作品,然而在当时,却是希腊人的精神世界。古希腊人的神话体系中,神祇众多,各司其职,而对神的崇拜和祭祀,也是古希腊人生活中重要的组成部分。古希腊人常把诸多功绩或尚无法解释的事物归于神,他们对神的崇拜以及对人神关系的认识也经历了不断发展变化的一个过程。公元前11世纪到公元

---

① 泰勒.原始文化:神话、哲学、宗教、语言、艺术和习俗发展之研究[M].连树声,译.上海:上海文艺出版社,1992:414.
② 史密斯.人的宗教[M].刘安云,译.海口:海南出版社,2013:354.

前9世纪，也就是轴心时代开始的前夕，从《荷马史诗》中可以窥见，虽然神仍具有绝对的力量，如可以决定战争的胜负和人的命运，但人文主义已开始觉醒，人的尊严与价值得到肯定。而第一次实现以神为中心到以人为中心的转变则正是轴心时代，公元前5世纪普罗泰戈拉（Protagoras）说"人是万物的尺度"，公元前3世纪阿基米德（Archimedes，公元前287年—公元前212年）说"给我一个支点，我能撬动地球"，人的主体性与能动性得到了充分体现。

在古代印度，对人的发现体现在其祭祀仪式的变化上。早期吠陀时代，祭祀仪式被看作可以沟通人神，仪式的执行与其结果有着重要的关系，因此祭祀仪式往往极其烦琐，甚至采取马祭、人祭等杀生祭祀的方式，而执行祭祀仪式的祭司"婆罗门"也因此享有重要的地位。而轴心时代前夕，祭祀已有简化的趋势，"人们所关注的焦点不再是一个祭典的外在执行过程，而是它的内在意义"。同时，相比之前《吠陀》中多为教义、祭祀仪式等方面的记载，轴心时代早期的《奥义书》中，对宗教教义的解释已具有明显的哲学思辨色彩，"《奥义书》的焦点是阿特曼（atman），即自我，与梵同一"，这种转变标志着"崇拜者不再将其注意力指向外在于自身的迪弗，他转向了内心"①。

从血缘氏族部落到国家城邦的变化，使得原有的宗族血缘纽带难以维系，社会伦理秩序亟待建立与完善，以适应新的社会组织形式。农业的发展带来了工商业的兴盛，进而促进了城市的繁荣，最终带来精神领域的进步。手工业在这一时期发展壮大，对外贸易和本地贸易更加频繁。经济的发展产生了富人阶层，他们拥有大量财富，却不能掌握与其财富相适应的政治权力，所以他们就利用现有的各种方式去争取。在精神领域就表现为部分学者企图建立一种较为稳定的社会秩序。

在希腊，工商业者为了更好地发展工商业，在公元前8世纪到公元前6世纪发动了大殖民运动，这引起了社会进一步的变革。柏拉图、亚里士多德等希望能出现可以稳定的理想国。社会越动荡，这种在精神领域上的表现就越强烈，成就也就越显著。

在印度，生产力的发展，使当时的中下等人通过努力经营获得了相当的经济实力，开始反抗上层等级。社会上要求权利的人越来越多，这带来了剧烈的社会动荡，此时，想要制衡这种动荡的力量出现了。印度佛教的出现也是为了能摆脱已经腐朽的种姓制度，恢复最初稳定平和的状态。婆罗门教与现实社会的变迁不相适应，它成了各种新思潮、新宗教的首要攻击目标。释迦牟尼竭力宣传"众生平等"和"生死轮回"等思想，宣传打破种姓制度、反对婆罗门压迫的思想。佛教经过阿育王的大力推广，发展成为世界上最有影响力的宗教之一。②

---

① 阿姆斯特朗.轴心时代：塑造人类精神与世界观的大转折时代[M].孙艳燕，白彦兵，译.海口：海南出版社，2017：146.
② 李桂芳."轴心时代"的中印文化之比较研究[J].中华文化论坛，2014（9）：155-159.

在中国，封建经济的发展为文化的繁荣创造了物质条件。私学的兴起造就了一大批具有丰富知识和阅历的文士，各诸侯国新兴贵族的养士风气为学术文化的繁荣提供了舞台。这些文士对宇宙万物提出种种解释，对现实变革发表不同看法，对种种时弊提出改革方案，对治国提出不同理念，出现了百家争鸣的现象，儒家、法家、墨家、道家等逐步形成了自己独特的文化与思想，中国思想文化史上由卜巫的宗教迷信文化向以人为中心的理性人文文化的历史转型实现了。

三、轴心时代的文字媒介

相似的社会形态在一定程度上解释了轴心时代几个地区几乎同时迎来思想觉醒的秘密，然而轴心时代的真正产生，离不开文字的发展。虽然距离苏美尔人最早使用文字已经两千多年，但正是到了轴心时代，文字才逐渐摆脱其诞生伊始的种种限制，从极少数特权阶层过渡至越来越多的人。尽管所用文字不同，但这一时期，几大地区的文字都已担负起记录和传播知识的任务，而随着文字的应用逐渐拓展，它也深刻影响和改变着人类的思维方式。

（一）轴心时代的文字发展

赫伯特·乔治·韦尔斯（Herbert George Wells, 1866—1946）说："文字是在庙宇里开始的。"[1] 文字诞生之初是统治阶级的特权，它为宗教活动和社会管理提供了卓有成效的工具，从而使小型社区成长为大型的国家，又使国家强化而成为帝国。城邦基本上是文字的产物，但文字的广泛传播加深了城邦之间的鸿沟，促进了希腊文明的瓦解。有研究者认为，如果说汉字是中国文明在黎明期的"亲子"，那么，希腊文字则是希腊文明中途的"养子"，这是希腊文字的一个重要"胎记"。公元前13世纪以后，希腊半岛北部野蛮的多利亚人开始向伯罗奔尼撒进犯，毁灭了迈锡尼文明，整个希腊地区陷入混乱状态。线形文字在战乱中被废弃，希腊人堕入了没有文字的"黑暗时代"。直到公元前8世纪左右，希腊人才在腓尼基字母的基础上创建了自己的文字——希腊文。希腊人从此才重见"光明"[2]。"希腊史学之父"希罗多德说过，希腊人原来没有字母，是腓尼基人把字母带给他们的。所以说，希腊文字不是一套原生、自产的符号，而是一套漂洋而来的"类音符"。

---

[1] 韦尔斯. 世界史纲：生物和人类的简明史[M]. 吴文藻，谢冰心，费孝通，等译. 北京：人民出版社，1982：220.

[2] 林玮生. 希腊神话与中国神话文本差异的文字学解读[J]. 西南民族大学学报（人文社科版），2007（9）：201-202.

古希腊人有着丰富的口头传统，如著名的《荷马史诗》就是作为口述文学口耳相传。而字母表正适应了古希腊这一传统，仅用数量有限的字母即可表示丰富的口语发音。于是，"约公元前850年至公元前775年，字母文字便在爱琴海地区的希腊人中间流传开来"①，而文字在古希腊逐渐普及之际，正是古希腊轴心时代发轫之时。

与古希腊相似，印度轴心时代的到来同样与文字的推广相伴而行。不过，与古印度文明中的文字不同，这一时期的文字有了更广泛的识读与使用基础。

至19世纪70年代，考古学家在印度就已经挖掘出了4,000多个刻有符号的石碑，他们发现早期的符号出现于公元前3200年。在公元前2800年之前，这种图文符号就得到了充分发展，并广泛出现在人们生活之中，而它的鼎盛时期则出现在公元前2400年前后。其中一些符号非常抽象，而另一些又表现出明显的象形文字的特征。例如，这些符号中有像鱼的，也有像瓶子的，而像瓶子的这个图文就具有多达10种象征意义。古印度符号代表的意思难以捉摸，不管它们是否是一种文字，但很明显是一种交流形式。而公元前18世纪，随着古印度文明的突然衰亡，这些古印度象形文字符号也随之消亡。

大约公元前第二个千年纪的中叶，雅利安人移入印度，这开启了古印度文明的另一个篇章，但早期移入印度的雅利安人并没有文字，其经典《吠陀经》，最初是用梵语以口口相传的方式传诵，并未成文。到了大约公元前7世纪至公元前6世纪，雅利安人的文字才产生，即早期婆罗米文。

到公元前6世纪至公元前5世纪，婆罗米文字逐渐普及。正规的婆罗米字母，主要用于书写梵文著作。后来统治印度的佛教反对专用一种特权阶级所掌握的梵文，主张兼用各地人民的活语言写成民间文字，这也许是印度多语言、多文字并行的原因。②阿育王是第一个将佛教戒律刻在岩石、岩洞等载体上的人。根据阿育王的这些诏令，我们可以确信，到阿育王时代，婆罗米字母已经发展完善并完美地应用于书写中。公元前5世纪末期印度次大陆的西北部正处于波斯帝国的统治下，这时期一种与婆罗米文字并行存在的早期印度文字形成了，叫作佉卢文字。而佉卢文没有什么后继文字，最后被婆罗米文字取代。阿育王的碑铭上同时有婆罗米文字和佉卢文字。

中国在春秋战国之前已有成熟的甲骨文和金文等文字，但其使用范围极其有限。刻在龟甲兽骨上的甲骨文多用于占卜、书写卜辞，而铸在青铜器上的金文则用于祭祀和记录天子贵族之事。彼时，学在官府，接受教育、能够使用文字的机会局限在贵族和掌管祭祀礼仪的官吏手中。到了春秋战国时期，在"礼崩乐坏"、政治权力下移的政

---

① 费希尔.书写的历史[M].李华田，李国玉，杨玉婉，译.北京：中央编译出版社，2012：109.
② 北京大陆桥文化传媒.记录世界变迁的七大文字[M].北京：中国发展出版社，2006：125.

治格局中，各种新兴文化崛起，"学在官府"被打破，"学在民间"的局面出现了，士阶层逐渐成为主导思想的重要力量。

与社会政治变革相伴的是文字的演变。一方面，"学在民间"和士阶层的崛起使得贵族垄断的受教育权被打破，文字不再是贵族的特权，而为广大知识分子所掌握；另一方面，对于这些国家来说，政治制度强化了文化上的区域性分野。学术上，百家争鸣，各地变法不断，各色各样的地域文化特色形成，但这同样制约着各地的发展。文字上的表现则是各地域"言语异声、文字异形"现象。李学勤在《战国题铭概述》一文中，将战国文字分为五个大系：秦、楚、齐、三晋、燕。齐系文字去宗周文字形体稍远，而自己的地域风格趋向成熟，主要表现为字体修长、线条平行、笔力刚健和笔画舒展。楚系文字表现出反叛性和革新性，与宗周文字大不相同，更加瑰丽、奇崛，体态修长、婉转多姿且富有极强的修饰意味。燕系文字的书写风格以短直挺健的线条为主，结构外形方正，构形较为稳定。三晋文字风格在大致继承周王室的基础上有所变异，加了些许装饰符号，形体修长。秦系文字对西周文字的继承最为正统，从西周宣王时期的金文到秦国的石鼓文再到小篆，甚至到里耶秦简，直到汉隶。一些秦国文字器物如秦公簋、商鞅方升、新郑虎符均表现出秦系文字朴实无华的文字特征。① 各国文字各成特色的发展，充分表明此时文字发展速度之快。由于各国之间往来频繁，文字虽有所变化但系出同源，故此时的文字交流未遭遇严重阻隔。

随着秦始皇统一六国，颁布"书同文"策令，春秋战国时期发展出的各种风格的文字逐渐减少，小篆最终成为统一的文字。

（二）轴心时代的文字载体

与文字的不断演化发展和其适用范围逐渐扩大相对应的，是文字主要载体的变化。文字的书写需要依靠一定的载体，而载体的特点对文字的使用与发展也有着重要的影响。

石头与陶器是较为古老的文字载体，仰韶文化西安半坡遗址中曾发现大量陶器上的刻画符号，证明早在文字产生之前，新石器时代的人们便已经在陶器上进行刻画。两千多年前，古埃及人就在石头上刻写象形文字，中国商代的妇好墓中也出土过石磬刻文，而在文字产生的早期，古印度的哈拉巴遗址就出土过公元前两千多年的石头印章。石头作为书写载体具有悠久的历史。

在轴心时代，这些古老的文字载体仍然为人们所使用。石头是当时印度重要的文字载体。阿育王时期遗留下石刻碑铭35件，是印度文化史上宝贵的古文字记录。约公

---

① 高兴全."不统于王"的春秋战国地域文字[J].中国书法，2015（4）：102-107.

元前261年，阿育王率兵南下征伐羯陵伽。关于发动这场战争的原因，佛教文献记载的是受到羯陵伽国的威胁，阿育王不得不为之。而一般学者认为，这是阿育王继承其父的事业，为了帝国扩张而进行的一场侵略战争。[①]羯陵伽战争后，阿育王的精神世界发生了转折性的蜕变，这可以从其13号诏书中得到有力的证据："从羯陵伽国被占领以来，天佑王（阿育王）就热心信奉佛法，喜爱佛法，并且推行佛法救令。这就是天佑王对征服羯陵伽一事忏悔的表现。因为征服了最难征服的强国，有许多的生灵被屠杀或者被俘虏，所以天佑王总是感到痛苦、悲伤。天佑王尤其感到悲痛悔恨的事，就是在羯陵伽国内居住的沙门、婆罗门和其他宗派的信徒们，以及向来遵从长者、父母、恩师、亲戚、朋友、知己、同事和善待奴仆而素有坚固信心的居士们也因此次战争遭受了屠杀……天佑王认为根据佛法而得来的胜利，才是真正最高尚的胜利。"[②]为了这个理想，阿育王转而信仰佛教，并且希望将"非暴力"的信条传播到世界其他地方。为了让世人了解佛教的基本信念，阿育王不仅向印度各地派出了传教使者，也向海外派出了众多传教使者。为了长久保存佛教戒律，阿育王将它们刻在石碑、岩石、洞窟等不朽的材料上。所以，"羯陵伽战争是阿育王生平事业的转折点，并且对印度历史及整个东方世界产生了深远的影响。"[③]

中国战国时期的石器文字包括石刻铭文和盟书。石刻铭文早在商代的石磬、石簋上就已出现。石头简单易得，而且所刻之字同样经久长存。陕西凤翔出土的《石鼓文》，是刻在十块圆形石鼓上的铭文，它主要记载了秦王狩猎的场景，因此又被称为《猎碣》。陶器作为中国的文字载体历史已久，早在大汶口文化中就被发现，殷商时期也有少量陶文。春秋战国时的陶文，多依附于玺印文字，此外还有契刻、墨书于陶器之上的铭文。依据陶文内容，它又可以分为官陶、私陶、记事陶三类。

在古希腊，制陶业是城邦经济中蓬勃发展的手工业部门。雅典的陶器形制精美，很多陶绘都取材于日常生活和神话故事，内容丰富。在古希腊雅典等城邦，一项特殊的制度被施行——"陶片放逐法"，即公民可以在陶片上写上那些不受欢迎或可能对城邦民主政治产生危害的人名，通过投票表决将符合放逐条件的人予以政治放逐。

冶金技术的发展，为文字带来了一种新的载体，即金属载体。轴心时代三大文明的文字载体，既有自己的独特之处，又有相通之处。无论是东方还是西方，轴心时代的生产力都得到明显提高，这得益于铁器的使用。在中国的春秋战国时期，铁器的广

[①] 刘宁.阿育王的佛教信仰及其对中国的影响[D].西安：西北大学，2009.
[②] 宇井伯寿.阿育王时代的佛教附录：阿育王法救刻文[M]//现代佛教学术丛刊，北京：北京图书馆出版社，2005：187.
[③] 马宗达，赖乔杜里，达塔.高级印度史（上册）[M].张澍霖，夏炎德，刘继兴，等译.北京：商务印书馆，1986：110.

泛使用促进了社会经济的新发展，经济的发展又使劳动的分工进一步加强并使体力劳动和脑力劳动的分工成为可能。在地中海地区，新的铁制工具使得人们能够制造更大、性能更好的船舶，从而使航海的距离更远、贸易的规模更大、开拓的殖民地也更多。①

公元前700年，古罗马小亚细亚西部的吕底亚人开始在贵重金属块上加盖印戳以保证其质量和重量。在印度中部一个名叫"爱兰"的小村庄，人们发现了一枚公元前4世纪至公元前3世纪的古币，上面刻着自右而左的婆罗米文字，可见金属古币也是印度文字的一种载体。

古中国出土了大量的铜器文字。商周时期是青铜器的时代，这一时期出现了大量铸于青铜器上的金文。这些文字载体在西周时期以礼器和乐器为主，到春秋战国时期其范围更广泛一些。春秋战国时的铜器铭文中用于歌功颂德的逐渐减少，到战国中期以后"物勒工名"铭文的器物增多，铭文也比较短。这时期铜器铭文中比较有代表性的有中山王三器、商鞅方升、秦公簋、越王勾践剑。此外，货币文字也可以归为铜器文字，因为大部分钱币是使用铜制作的。金属也是玺印的主要材质之一，玺印和兵符多用于政治和军事，与符节一样是可以当作凭证的重要信物。

除此之外，还有一些柔软的书写载体。石头、陶器和金属作为文字的载体，虽然极大增强了文字克服时间束缚的能力，使得文字及其所记录的信息可以流传千古，但其书写往往耗费大量时间与劳力，所记录信息有限并且不便移动，因此其很难成为获取知识的途径。相比而言，一些轻便的载体更加易得易写，适应了文字的传播需求，从而有着更为广泛的应用。

在希腊，羊皮、纸草、蜡板等也是较为常见的文字载体。羊皮纸以绵羊皮为主，也包括山羊皮，一些小牛皮纸被统称为羊皮纸。羊皮纸页面比较大，比莎草纸卷轴更易于翻检。羊皮纸是将牛羊生皮放进石灰水里，浸透、去毛，在架子上撑开晾干，然后用化学药品打磨，经过上蜡、切块等步骤后制成的。羊皮纸什么都可书写，耐用而且方便——运输、书写、阅读翻检都便利，它还可以消抹文字后重新书写。羊皮纸两面光滑，都能书写，比莎草纸更加实用，但价格昂贵。因为轴心时代还未出现印刷术，当时的典籍都是手抄版，所以典籍数量不多。

此外，莎草纸也是重要的书写载体。公元前3世纪，有位名叫菲尔培底亚斯（Phelps）的雅典少年，因争夺王位而被放逐至埃及。一次他在古尼罗河畔看到当地人制造莎草纸就学会了这种方法，他回国后因为掌握这一技术得到赦免。此后，莎草纸

---

① 斯塔夫里阿诺斯.全球通史：从史前史到21世纪（第7版）（上册）[M].吴象婴，梁赤民，董书慧，等译.北京：北京大学出版社，2006：85.

的制造方法就逐渐由希腊经意大利传入欧洲。[①] 公元前 7 世纪，莎草纸已经成为埃及向希腊出口的大宗商品并改变了希腊文化的口述传统。莎草纸是当时古埃及一项重要的出口商品，被称为"法老的财产"，由法老垄断。莎草纸作为文字载体有其自身难以克服的缺陷：一是原料产地单一，只局限在尼罗河三角洲地区，制作的场所也局限在生长莎草的沼泽边上，因而极易形成垄断；二是质地薄脆易碎，稍微折叠就会破损，这使其难以承受陆路转运的长途颠簸，只能通过水路运输。

在印度，人们使用贝叶、桦树皮或棕榈叶等作为书写材料，但由于这些材料不易长期保存，因此在印度，书写只是辅助记忆的一种方式，口耳相传的传播方式仍占据重要地位。

简牍是轴心时代中国知识分子主要使用的书写材料，简的材质主要是竹子，而牍则是木质。对于简牍的使用，从发掘的实物来看，最早出现在战国时期。但根据《尚书·多士》记载："惟殷先人，有册有典"，"册"字在甲骨文中已经出现。由此可以推断，早在殷商时期，册已作为文字的载体出现。"册"是用绳皮将竹简、木牍编起来的书籍形式。简牍容易腐烂，所以目前发现的战国时期的简牍比较少。另外，春秋战国时简牍的属系主要有两个：楚国和秦国。其中，数量较多、内容较为丰富的是楚国。简牍比其他载体更灵活、方便。

在中国还有一种丝织的载体叫作缣帛书，缣帛虽然与简牍同时存在，但始终无法取代简牍。相较于其他载体，缣帛这类丝织品更不易保存。缣帛平整光滑，易于着墨，行列和字数不受限制，但缣帛产量低、成本高。也正因为缣帛珍贵，古人通常只将重要或正式的文字书于缣帛之上。《太平御览》曰："汉刘向为孝成皇帝典校书籍二十余年，皆先竹书，改易刊定，可缮写者以上素。"也就是说，直到西汉刘向（约公元前 77 年—公元前 6 年）校书时，都还要先将草稿写在竹简上，直至修改定稿后，才往缣帛上抄录，足见缣帛之珍贵。

墨子云"书于竹帛，镂于金石，琢于盘盂"，这反映了当时文字载体的丰富形态。春秋战国时期，文字的载体名目繁多，除了上述的铜器、铁器、石刻、陶文、货币、简牍、缣帛，还有金器、银器、玉刻、盟书、玺印、封泥、骨器、木器、漆器，可谓应有尽有，无所不包。

（三）轴心时代文字媒介的演变趋势

从文字发展的趋势来看，各国的文字都呈现不断简化的特点。希腊人在腓尼基字

[①] 叶燕君.从粘土版、纸草纸到羊皮纸的书——谈谈国外历史上几种主要的文献载体[J].图书与情报，1988（1）：54-57.

母基础上发展出的希腊字母，所含符号更少，但包含元音与辅音，可以表达希腊人丰富的口语。而印度使用的婆罗米文字也是一种表音文字，书写简便，与印度口耳相传的传播方式相适应。在中国，到了战国时期，虽然各国都发展出形态不同的汉字，但与金文相比，这些汉字都呈现笔画简化的特点。

文字的简化使得学习文字变得相对容易。希腊人和印度人使用表音文字，只需掌握少量字符就可以将口语转化为文字记录下来。中国掌握文字和知识的士阶层也迅速壮大，越来越多的人通过文字去识读和书写，使用文字来学习和记录知识。文字的简化同时方便了书写，口语时代，人们的记忆有限，因此信息与知识总量总是保持在与之相应的范围内。随着书写越来越方便，人们越来越多地使用文字记录知识，社会的知识总量也因此急剧增长。

就文字载体而言，从石头、陶片、金属到羊皮、莎草纸、桦树皮、棕榈叶、简牍与缣帛，其作为文字载体的时间偏向性在不断减弱，而空间偏向性开始增强。载体体积的减小和重量的减轻，使其不再受制于固定的空间，可以被人们携带和传递。

轴心时代的精神繁荣离不开思想与学说的交流，作为思想载体的文字突破空间进行传播的能力无疑也起着重要的作用。由文字载体的日益轻便化带来的传播能力提升，促进了思想的交流与传播。

同时，相较于在青铜器和石头上铸刻文字，在轻便的材料上书写更为简单便捷，单位时间内所能书写的文字明显增多，一定面积的书写材料能够容纳的文字信息也明显增多。由于书写所需的专业性和难度降低，轻便的材料与石头、青铜器相比，成本也降到了统治者和贵族以外的更多人所能够承受的范围，于是以文字形式保存的信息迅速增长。与口头传播不易记忆、传播过程中容易失真相比，文字所记录的大量信息持久而准确，给后世留下了宝贵的精神财富。

第四章　邸报：传播奇迹与静态纸媒

在世界上的几大古文明中，中华文明是唯一没有中断的文明。文字及其媒介在中华文明中的地位举足轻重，中国古代四大发明中，造纸术、印刷术这两项文字传播技术就占了两席，可见文字传播在中华文明中的重要性。实际上，中国古代文明中还有着世界上唯一一直延续的古代报纸和一个以官方邸报为主体的古代信息传播系统。

邸报是中国古代报纸的通称。自唐至清，在以官报为主、小报为辅的媒介格局中，中国古代报纸的历史长达一千多年。其中，作为古代中国报纸主体的官方邸报，在改朝换代的历史进程中从未中断，在世界文明进程中堪称传播奇迹。

不过，在长达千年的时间里，中国古代报纸长期以一种相对静止的状态存在。与近代以来报纸、广播、电视等媒介在百十年间"你方唱罢我登场"的迅速变更相比，中国古代报纸的这种"不变"同样令人称奇，发人深省。

第一节　延续千年的传播奇迹

根据目前的研究，中国古代报纸有据可考的出现时间为唐代。随着清朝的结束，中国古代封建社会寿终正寝，依托于这种中央集权统治而存在的中国古代报纸也随之消亡。以此为首尾两端，中国古代报纸存在的时间超过千年，在世界文明史上，这种一直延续的古代媒介系统仅此一家，别无分号。

总体而言，中国古代报纸形成了以官报为主、小报为辅的传播格局。官方发布的邸报为主要传播渠道，其内容主要包括中央对地方政令谕旨的传达、重大事务的处理决断、人事任免等诸多方面。官报之外，民间小报也间或有所发展，它在传播效率和范围上常常优于官报。由于朝廷认为这种传播物的存在有碍于中央政权的稳定发展，所以小报历朝历代都受到官方严格管控。

一、唐代的报状

1982年，方汉奇先生在英国不列颠图书馆馆藏的敦煌文物里，发现一份编号为S.1165（S即斯坦因）的进奏院状的实物，它是归义军进奏院于887年发出的。归义军是唐代的诸多藩镇之一，驻守沙洲，即今敦煌。正因如此，归义军进奏院的报状才得以和其他敦煌文物一起封存于莫高窟。

这份归义军进奏院状长约1米，宽约30厘米，用毛笔抄写，共60行，2,000余字。其内容就一项，即报告归义军节度使派出的人员向朝廷求取旌节的情况。旌节，是代表权力的一种权杖，犹如后世的官方大印。① 经过对这份进奏院状的考证与辨析，方汉奇先生认为，进奏院状实际上就是中国最早的邸报，而敦煌文物里所保存的这份归义军进奏院状，就是目前所见的中国最早的一份报纸。

这份归义军进奏院状并不是孤例。1986年，法国巴黎国立图书馆还发现了另一份进奏院状，编号为P.3547（P即伯希和），其发报时间为876年，比英国不列颠图书馆的那一份还要早11年。这两份进奏院状于1900年在敦煌莫高窟藏经洞出土，在1907年被英籍匈牙利考古学家马尔克·奥莱尔·斯坦因（Marc Aurel Stein，1862—1943）和法国汉学家保罗·伯希和（Paul Pelliot，1878—1945）从敦煌盗走，分别藏于两国的图书馆。

在这两份进奏院状之外，唐人孙樵在《读"开元杂报"》中也提及"于襄、汉间，得数十幅书，系日条事，不立首末……此皆开元政事，盖当时条布于外者。"② 尽管"开元杂报"的原件早已失存，但其中对唐代"杂报"的详细记载与进奏院状的实物一起，成为证实唐代已有原始形态报纸的根据。③

从内容上看，唐代报状以传报来自朝廷方面的消息为主。进奏院状由地方藩镇派驻朝廷的进奏官负责向地方传发，具有官报的性质。进奏院在公元777年（唐代宗大历十二年）由"邸"（即藩镇驻京办事处）改称而来。据《诸使中》（《唐会要》卷七十八）记载："诸道先置上都邸务，名流后使，宜令并改为上都进奏院官。"显然，由进奏官们发送的报状还不是由中央政府统一审定发布的正式官报，而属于一种由官文书向正式官报转化过程中的原始状态的报纸。

从传播方式上看，唐代的进奏院状是一种半官方的情报，由进奏官向节度使本人报送，没有复本，也不向其他机构抄送传发。其实，这种传播方式与16世纪在欧洲出

---

① 黄瑚.中国新闻事业发展史[M].上海：复旦大学出版社，2010：7.
② 孙可之.孙可之文集[M].上海：上海古籍出版社，1979：91.
③ 方汉奇.中国新闻传播史[M].北京：中国人民大学出版社，2002：10.

现的"新闻信"相近,而这种新闻信正是西方近代报纸的"远祖"。根据最近的研究,西方有记录的最早印刷的新闻纸为《来自东方的新报纸》①,在1502年出现,比中国唐代的报状晚了700多年。

二、邸报的沿革

宋代出现了在封建政府中枢部门统一管理下发行的正式官报,称"邸报"。《宋会要辑稿》载:"国朝置进奏院于京师,而诸路州郡亦各有进奏吏,凡朝廷已行之命令,已定之差除,皆以达于四方,谓之邸报。"②在唐代的基础上,宋太宗太平兴国六年(公元981年)设立都进奏院,对地方派驻京城的进奏官实行统一管理。进奏官依然承担传递信息的职责,但其传递的信息不再是自行采集,而是由中枢部门统一发布。自此,朝廷通过进奏官以邸报的形式统一向地方发布信息渐成惯例,逐渐展现"邸报闻四方"③的传播效力。邸报的传播内容包括诏令谕旨、朝廷决策、官职任免、奖惩升迁以及官僚章奏,具体内容散见于文人官员的奏折、书信之中。如《宋史》卷四百五十中记载:"臣睹陛下自郊祀庆成以来,恩数绸缪,指挥烦数,今日内批,明日内批,邸报之间,以内批行者居其半,窃为陛下惜之。"又如《宋史》卷三百八十三记载:"近观邸报,枢密院编修官胡铨妄议和好,历诋大臣,除名远窜。己而得铨书藁,乃知朝廷遽欲屈己称藩,臣未知其可。"

元朝是否存在邸报尚存争议。就目前所知,元代用书面形式进行官方新闻的大范围传播是通过皇帝的诏令和官文书,并主要通过全国上下设立的1,000多处驿站进行传播。不过,传统的研究认为元代官报的实物迄今并未发现,因此不能认为元代存有邸报。新近的研究则认为元朝尽管存在时间不长,邸报发行却未曾中断。④许有壬《哈噶斯哀辞》中的"邸报同日至"从侧面反映出元代新闻传播的时效性之强、速度之快。有分析认为,这得益于元代沿袭汉人的文化制度,特别是官报制度,使得官报这一官方信息传播系统得以延续。

明清邸报甚为相似,都承担了中央对地方传达指令、沟通重大事务的重要职能。明代邸报的发布和抄传活动主要通过三个机构:通政司、六科、提塘。其内容包括:"皇帝谕旨、宫廷消息、官员动态、军事活动以及臣僚奏疏等,还有农事、天象、灾害

---

① 陈力丹,钱婕.外国新闻传播史[M].北京:中国人民大学出版社,2012:11.
② 方汉奇.中国新闻传播史[M].北京:中国人民大学出版社,2004:12.
③ 脱脱等.宋史[M].北京:中华书局,1977:11128.
④ 孔正毅.元代"邸报"新证[J].新闻与传播研究,2010(1);孔正毅.再谈元代的"邸报"、"朝报"及"除目"问题——兼答李漫博士[J].国际新闻界,2014(1).

报道和社会新闻。"①每日以书册为主要样式发抄一本,政府官员每天可通过邸报掌握时局和官场动向。清代封建官报的发布方式、发行渠道和明代十分接近,即经由通政使司、六科、提塘三个机构。对民间新闻传播活动进行管控在清代得以延续和加强,严厉的文字狱与科刑是最有力的证据。

官方邸报是中国古代报纸的主体,自其产生之初,邸报便已确定了其作为官方信息传播工具的性质和功能。"播之纶音,传之邸报,天下皆将知之,亦皆将信之"②,随着历朝历代对官方媒体地位的不断巩固和强化,邸报成为朝廷与地方官员了解和传播政务时局的重要信息渠道,成为朝廷对地方实行管控、加强中央集权的重要工具。

三、小报的流变

官报之外,民间小报自宋代开始出现,是一种"以刊载新闻和时事性政治材料为主的不定期的非官方报纸"③。其传播时效较官报更高,传播范围也不像官报仅限于官僚系统内部,而是可以直接传至坊间。尽管小报的传播看似突破了官僚体系,但始终受到官方严控,其内容往往失真,信息传播效果有限。

据现有记载来看,小报产生于北宋,盛行于南宋。宋代周麟之在"请禁小报"的奏章中说:"小报者,出于进奏院,盖邸吏辈为之也。比年事有疑似,中外不知,邸吏必竟以小纸书之,飞报远近,谓之小报。"④可见,小报的内容虽大多来自官方,但其信息却往往是传播者通过打听、传闻等非正式渠道获得的,"其有所谓内探、省探、衙探之类,皆衷私小报,率有泄漏之禁。"⑤尽管小报作为"小道消息"且传播迅速,但其真实性往往无法保证。元代民间小报延续了宋代的发展,称为"小本",由民间刻印售卖,其内容主要是朝廷方面的政事消息。⑥

到了明代,民办报业随着小报这股潜流的汇聚开始产生。明中叶以后,抄报行、民间报房、送报人等开始出现,报业作为独立的社会行业已成雏形。民间报房的产生与官方有着密切联系,"早期的民办报房估计是从官方的提塘报房分离出来的"⑦。与宋代不同,明中期以来出现的民营报纸是受到官方允许的合法报纸,民间报业在发展过程中,将传布内容限定于官方允许的范围之内,因而获得了生存的空间。

---

① 丁淦林.中国新闻事业史[M].北京:高等教育出版社,2002:19.
② 杨廷和.杨文忠三录[M]//四库全书第428册.上海:上海古籍出版社,1987:887.
③ 方汉奇.中国新闻传播史[M].北京:中国人民大学出版社,2004:12.
④ 倪延年.中国新闻法制通史[M].南京:南京师范大学出版社,2015:47.
⑤ 赵升.朝野类要:唐宋史料笔记[M].北京:中华书局,2007:88-89.
⑥ 方汉奇.中国新闻史[M].北京:中国人民大学出版社,2009:19.
⑦ 陈昌凤.中国新闻传播史:传媒社会学的视角(第二版)[M].北京:清华大学出版社,2009:29.

清代合法的民间报纸继续发展。"北京民间报房各自抄录、刊印的邸钞"[①],统称为"京报"。"京报"一词产生于明朝中后期,自清乾隆之后逐渐兴盛。以京报为代表的民间报房的内容多来源于宫廷邸报,由相关部门传抄出来,然后进行发抄。除北京外,各省提塘也在省会设立报房,翻印京报向地方官绅出售。同时,各省省会和一些重要的府城还发行以传布地方官场消息为主要内容的辕门抄。由于官方邸报仅在官员中小范围传播,民间报房正好满足了民间对于信息的需求。

总体而言,小报的特点包括:未经官方审查,自行抄传或刻印;内容引人注目,但消息难免失真;传播及时便捷。由于小报在一定程度上冲击着朝廷的信息垄断,故自诞生以来受到官方严控。尤其在明清时期,对民间信息传播活动实行的管控极为严格。因此,历代小报虽然"屡禁不止",但始终难以"自成一派"。

四、他国的比照

世界其他文明国家和地区因为没有维持延续性,因此在社会动荡和政权转变中,古代报纸传播曾遭中断,没有出现类似中国古代报纸延续千年的情况。可以说其根源在于,四大文明地区中,除了中华文明不断延续,其他文明都出现过断层。

古罗马文明是其中一例。古罗马文明进程中,曾出现《每日纪闻》(*Acta Diurna*)这一在当时十分重要的古代报纸,它经历过恺撒(Caesar,公元前100年—公元前44年)时代与屋大维(Octavius,公元前63年—公元14年)时代,作为统治者政治宣传的管控工具,其传播力发挥过较大作用。《每日纪闻》于公元前59年问世,内容包括元老院的议事新闻、官方通报与消息,起初书写于议事厅外一块涂有石膏的特制木板之上,后来还抄写传发给各地政要,是古罗马文明中具有较强新闻传播功能的手抄报纸。这份由罗马中央政府管控的古代报纸,是西方近代报纸的源头。

在恺撒时代和屋大维时代,《每日纪闻》具有较大的传播功能,其内容一直不断丰富,包括"登载政府政令、远征军战绩、司法消息、税收情况、宗教祭祀、贵族婚丧嫁娶以及一些以趣闻轶事和煽情故事为主的社会新闻"[②]。作为官方权威的宣传工具,《每日纪闻》的传播范围不断扩大,逐渐从张贴在公告板上扩大到向各地重要人士与驻军首长等进行传抄,形成了"新闻信",随着罗马在欧洲的扩张而不断提升其传播力。

但是《每日纪闻》的寿命较短,在恺撒于公元前44年遇刺身亡后就停止刊布了一

---

① 丁淦林.中国新闻事业史[M].北京:高等教育出版社,2002:24.
② 孙宝国.古代罗马社会新闻史简论[J].东北师大学报(哲学社会科学版),2004(3):71-77.

段时间，虽然紧接着屋大维曾恢复《每日纪闻》，但也仅仅维持至公元330年，而在已知文献中，最后一次提及该报的时间为公元222年。古罗马在西罗马最后一位皇帝罗慕路斯·奥古斯图卢斯（Romulus Augustus）退位后陷落，罗马文明自此消亡。西方"长期屡遭日耳曼人、匈奴人、穆斯林、马扎尔人和维京人的侵略，因此，其旧秩序遭到破坏的程度，比亚欧大陆其他地区远为严重。"[1] 失去了文明的土壤，《每日纪闻》自然也无法延续。

在与中国相邻的古印度文明中，信息传播以诗歌、散文为主要形式，其内容以宗教为主。印度在历史上一直是多民族种族和宗教杂居混合地区，其"古代信息的闭塞造成语言的地方性流通占主导地位，缺乏全国性的通行语言"[2]，这使得新闻传播在地域上具有"隔断"性特点。

古代印度在历史上曾多次被雅利安人、希腊人、英国人等侵略，"这些侵入者中的每一个都给这块巨大的次大陆留下了痕迹"[3]，印度文明传承受到外来侵扰，文明的延续性遭到破坏。同时，印度在历史上经历了五百多年的大分裂时期（567—1173），直到莫卧儿王朝统治时期的第六任皇帝奥朗则布（Aurangzeb，1618—1707）时期才出现了手抄宫廷官报。随即，现代意义上的新闻传播仅仅在不到一百年后便相继出现。由于印度在15世纪末便成为殖民地国家，所以其现代新闻传播是"从外部植入的一种文化"[4]，1780年的第一份较正规的现代报纸便是英国人创办的。传播的地域"隔断"与宫廷官报出现较晚、时间较短的情况，使得其古代报纸传播力十分有限。

中国在王朝更迭的过程中，也曾遇到过时间较短的朝代（如元代），但没有出现如古罗马王朝更替后长达千年之久的断层现象。元朝的时间不长且政府机制并不完善，但是古代报纸传播却未曾中断。虽然就官方而言，元代以书面形式进行大范围传播官方新闻是通过皇帝的诏令和官文书，并主要通过全国上下设立的1,500多处驿站进行传播，[5] 但民间小报延续了宋代的发展。元代民间小报称为"小本"，由民间刻印售卖，其内容主要是来自朝廷方面的政事消息。[6]

因此，从全球文明的视角来看，延续一千多年的中国古代报纸，确实是有着非常独特的文化特征的媒介系统，它堪称世界文明进程中的传播奇迹。

---

[1] 斯塔夫里阿诺斯.全球通史：从史前史到21世纪（第7版）（上册）[M].吴象婴，梁赤民，董书慧，等译.北京：北京大学出版社，2006：171.
[2] 陈力丹.印度独立后新闻业发展的四个特征[J].国际新闻界，2001（5）：75-80.
[3] 斯塔夫里阿诺斯.全球通史：从史前史到21世纪（第7版）（下册）[M].吴象婴，梁赤民，董书慧，等译.北京：北京大学出版社，2006：567.
[4] 陈力丹，王辰瑶.外国新闻传播史纲要[M].北京：中国人民大学出版社，2008：171.
[5] 王剑虹.元代新闻信息传播初探[D].中央民族大学学位论文，2006.
[6] 方汉奇.中国新闻史[M].北京：中国人民大学出版社，2009：19.

第二节 相对静止的媒介形态

从媒介更迭的历史进程来看，近代以来诞生的报纸、电影、广播、电视以及互联网等媒介在短短数百年间就迅速完成形态的多次转换。就报纸而言，自诞生以来的四百余年间，经历了政党报纸、大众化报纸、精英报纸等多个阶段，但在超过千年的发展历程中，其媒介形式、内容构成及技术支撑等都未发生实质性的变化，而正是这种"不变"，使得中国古代报纸清晰地呈现一种"静态媒介"的特征。

一、形式：缺乏规范

自唐至清，中国古代官报在朝廷管控下逐步向规范化发展，但总体上缺乏统一的样式。唐代的进奏院状主要由各藩镇派驻京城的进奏官们编发，到宋太宗太平兴国六年以后，发报制度才逐渐正规、统一起来。宋代初期在京城有地方当局设立的进奏院，负责编发进奏院状，供地方官员了解朝廷信息；随后朝廷设立都进奏院，对各地方进奏院进行统一管理，进奏院状逐渐代表朝廷的利益与立场。其间还实行定本制度，即"进奏院将所编报状抄送枢密院，经该院审定，成为一种标准本，据此发抄"[1]。

明代中叶以后，邸报由手抄逐渐转向更为规范的活字印刷，形式也变为书册的样式。总体而言，宋、明、清代报纸的形式是逐渐规范的，但与近现代报纸相比，形式上乏善可陈，只是材料堆砌，无分栏、无标题、无体裁之分，也无版式和固定用纸规范。

二、内容：相对不变

与近现代报纸以职业记者采写的新闻为主要内容不同，中国古代报纸的内容主要来自官方公布的信息，尽管经历千年的发展，但内容来源的变化甚小。

西方近代报纸在诞生之初，其内容因为要适应资本主义萌芽期所不断增长的信息需求而丰富和变化。近代报纸的雏形诞生于商业资本主义萌芽快速发展的意大利威尼斯，15、16世纪，手抄小报开始在那里编织起日益密集的新闻信息传播网络，而"这些手抄信息正是我们今天报纸的雏形"[2]。其所传递的内容包括商品行情、交通航运信

---

[1] 丁淦林.中国新闻事业史[M].北京：高等教育出版社，2002：14.
[2] 让纳内.西方媒介史[M].段慧敏，译.桂林：广西师范大学出版社，2005：18.

息、战争消息与政局情况等，它迎合了当时商人、手工业主以及航海者了解最新信息的需求，顺应了新兴资本主义的发展潮流，呈现丰富多变、实用性强的特征。

而在中国古代报纸系统中占主体地位的官报内容一直较为僵化，变化不大。即使是中国古代民间的报纸，因受官方管控，其内容也主要为转抄官方信息。从上文邸报的发展历程中便可发现，这些报纸具有强烈的为政治服务的针对性，所以内容基本上没有脱离中央机关公告材料、谕旨、宫廷、官员、军事活动以及臣僚奏疏等官方内容。官报中没有专门采写的新闻，亦无广告与评论性文字，行文较为正统，缺少活力，官文书的色彩较为浓厚。而那些偶尔现身的社会新闻，也并非职业新闻人采写，往往出自向皇帝报告相关社会事件的大臣题奏。在官报体系中，自采新闻不允许自由刊发和报道，更不用说针砭时弊等评述类文稿。此外，尽管古代官方报纸在形式上逐步走向规范，但大体内容却没有太大改变。

历朝历代对报纸内容都进行严格把控。宋代建立了我国最早的新闻审查制度——定本制度，据《宋史·刘奉世传》载："熙宁三年，初置枢密院诸房检详文字……先是，进奏院每五日具定本报状，上枢密院，然后传之四方。"[①] 这一制度屡废屡复，官方对报纸内容的把控却未曾完全废止。被迫下令取消定本制度的高宗，规定由给事中进行"判报"，对旱涝、蝗灾等自然灾害和日食、地震等异常天象，兵变、农民起义、边疆暴乱等军事行动，以及上层未达成一致的朝廷机事都严格控制，禁止见报发布。[②] 而明清时期，文字狱的日益盛行，更强化了官方对报纸内容的查禁力度。

三、技术：倡旧抑新

中国古代在技术方面有着极高成就。凝结着古代中国人民智慧的四大发明，在世界文明进程中同样发挥了重大的作用。然而，与近代以来媒介不断因技术驱动而更新迭代相比，技术在中国古代报纸发展中所发挥的作用十分有限。中国古代报纸始终未发展成西方现代报纸那样以机器印刷为重要特征的大众出版物，新技术难获应用甚至受到遏制是重要的一个原因。正如马克思·韦伯（Max Weber，1864—1920）所言，"中国很早便有了印刷术，但专为印刷而设计，并且只有通过印刷才可能制成的印刷品，特别是报纸和期刊，最早仅出现于西方。"[③]

虽然古代报纸自唐有之，但目前没有史料证明唐代有过印刷报纸的情况，学界认为宋代可能有刻印版的报纸出现。但是官方报纸（除宋代外）主要为手抄，民间报纸

---

① 脱脱，等. 宋史[M]. 北京：中华书局，1985：10388-10389.
② 王润泽. 中国新闻媒介史（1949年前）[M]. 北京：北京大学出版社，2011：30.
③ 韦伯. 文明的历史脚步[M]. 上海：上海三联书店，1988：4.

自明代起有印刷。如明代顾炎武在《与公肃甥书》中所言："忆昔时邸报至崇祯十一年方有活板，自此以前，并是写本。"①

雕版印刷与活字印刷都是中国古代的技术发明，但未能在中国报业发展特别是在官报的传播中发挥较大作用。官报的传播自宋代至清代都主要沿用抄传的办法，此方法至清代甚至"被视为不可更改的传统"②。但民间报房却不同，小报作为坊间传播的印刷品，一直采用印刷传播，且宋代印刷报纸的流传范围较广，清代中后期的京报也主要用刻印。由于民间报业受中央控制发展艰难，所以印刷推广的范围十分有限，总体上看，新闻传播仍以手抄为主，因此古代报纸因印刷技术而产生的创新基本无从谈起。

一千多年的古代报业发展史中，历代官报都由官方发行，通过水陆驿站传递，而非由报馆发行，因此并没有形成独立的行业。如此一来其发行渠道可谓单一，但这顺应了封建社会朝廷对于信息的管控这一政治诉求。

第三节　朝政传播范式

纵观中国古代报纸的发展脉络，在以官报为主并为朝廷服务、小报为辅并受严控压制的媒介格局中，中国古代报纸一直以一种相对静止的媒介形态存续于朝代的更迭。总体上看，中国古代报纸呈现的长期稳定的内在一致性形成了一种特定的媒介范式。就官报而言，它是官方的信息传播渠道，从信息的发布方式到内容与受众，都在封建朝廷的管控之下，以服务政治为主要目的；而小报的发展则受到官方的严格限制，其消息大多来自官方，也有一部分通过非正式的渠道获取，内容大多失真。显然，无论是官报还是小报，中国古代报纸都与朝政信息的传播密切相关，在媒介范式上与基于大众传播模式的现代新闻媒介有着泾渭之别。

中国古代报纸的独特之处在于，一方面它作为封建社会官方信息的主要传播系统延续了千年，另一方面又并未发展成近现代报纸。因此，对中国古代报纸的研究既不能仅着眼于特定时空的具体实践，也无法与近现代报纸那样以连续的进化观进行探讨。一旦跳出传统新闻史研究范式，不再将中国古代报纸作为新闻媒介去探讨，而只将其作为一种传播媒介去考察它的媒介范式，我们可以发现：中国古代报纸是封建朝廷控制下的组织传播，其传播诉求和功能都呈现唯"朝政"是从的基本取向，这一切都迥

---

① 顾炎武.顾亭林诗文集[M].北京：中华书局，1959：55.
② 丁淦林.中国新闻事业史[M].北京：高等教育出版社，2002：29.

异于作为大众传播的现代报纸。

一、模式：组织传播

从传播模式上看，中国古代报纸与现代报纸的大众传播模式有着明显不同。美国新闻史学家埃默里父子（Michael Emery，Edwin Emery）在其著作中曾对现代报纸作了界定，认为真正的报纸必须具备使用机械手段生产、内容通俗化、面向普罗大众发行等条件，①显然，这些都是大众传播媒介才具备的基本特征。施拉姆指出大众传播媒介应具有如下特征：首先，大众传播媒介是近代的产物，其讯息传播给所有受众；其次，具有某种传播科技介于媒介组织与目标受众之间（如报纸的传播科技为印刷）。②作为中国古代报纸主体的官报不是大规模的机械生产，其受众也主要是官僚知识分子（而不是社会各个阶层的民众），其内容也不是一般公众感兴趣的。

实际上，中国古代报纸在传播模式上更符合组织传播的一般特征。凯瑟琳·米勒（Katherine Miller）在《组织传播》中指出，"组织是一个通过协调活动来达到个人和集体目标的一个社会集合体（social collectivity）（或一群人）。"③韦伯则认为，"一个组织是否存在，完全取决于有没有一个权威人物或者有没有一个行政班子的存在。"④古代中国封建官僚体系作为一个以封建统治者为权威主体的庞大组织，以邸报为主的古代报纸系统就是服务于这个庞大组织的信息传播方式。在这一系统中，传播的流向是"信息沿着组织层级结构等级链垂直流动"⑤，即由朝廷到地方自上而下垂直式的、以书面形式进行层级传播，这正是组织传播模式的典型特征。

作为一种组织传播，中国古代报纸的传播具有明显的等级性，无论其内容、发行还是读者群体，都主要限定在官僚知识分子阶层。如戈公振所言，"西人之官报乃与民阅，而我国乃与官阅也。"⑥中国古代报纸主要面向朝廷和地方官员，普通民众受限于传播渠道难以获取，而且中国古代社会总体识字率相对较低，普通大众并不具备相应的阅读能力，不具备大众化的受众基础。

---

① 埃默里·A，埃默里·M.美国新闻史——报业与政治、经济和社会潮流的关系[M].苏金琥，张黎，阮宁，等译.北京：新华出版社，1982：5-6.
② 施拉姆.人类传播史[M].游梓翔，吴韵仪，译.台北：远流出版事业股份有限公司，1994：203-204.
③ 米勒.组织传播（第2版）[M].袁军，石丹，周积华，等译.北京：华夏出版社，2000：1.
④ 韦伯.经济与社会[M].阎克文，译.上海：上海人民出版社，2010：141.
⑤ 米勒.组织传播（第2版）[M].袁军，石丹，周积华，等译.北京：华夏出版社，2000：15.
⑥ 戈公振.中国报学史[M].北京：生活·读书·新知三联书店，2011：60.

二、诉求：政治传播

古代官报从诞生之日起，基本目的就是为政治服务。报纸编发都是在国家的行政体系范围内进行；读者也主要是各级官员、在朝或者在野的士大夫等知识分子。邸报就是朝廷向地方官员传达政令的工具，与其说它是报纸，倒不如说它是庞大国家机器上的一个零件，一个政治工具。

古代报纸的组织传播模式较好地适应了古代中国政治系统在信息传播方面的基本诉求。在组织传播中，等级性是典型特征。中国古代社会等级森严、王权至上的集权统治方式决定了社会严密的等级秩序特征，这一等级秩序是通过朝廷对于地方的层层管控来实现的，邸报是这一管控系统的重要一环。

朝廷与地方的等级关系，决定了朝廷是这一系统的枢纽，是新闻传播的"输出"方，而地方主要作为"输入"方存在，其间的信息整合筛选完全由"输出"方把控。在这样的信息把控与传播过程中，朝廷"通过信息传递将组织的各部分联结成一个有机整体，以保障组织目标的实现和组织的生存与发展"[①]。

三、功能：维护朝政

邸报是封建统治者进行集权统治、巩固政权的工具。朝廷通过官报进行"内部协调""指挥管理""决策应变"，以至于"达成共识"。[②] 邸报传播机构从进奏院到提塘的变迁就能体现这种机制。

进奏院出现在唐中期，一般由政府设立的道（大小相当于今天的省）或节度使的藩镇派驻京城，费用也由地方承担。由于唐中期以后地方节度使独揽军权、财权，皇帝也忌惮三分，因此其驻京的人员和机构也受到重视。当时进奏院设在皇城要地，鼎盛时期进奏院长官竟拥有副宰相的地位。到唐朝后期，这种进奏院在长安有50多个。为了获取中央的情报，进奏院获得了地方提供的充足经费，甚至承担起银行、汇兑的职能。唐宪宗时，各地在京师的商人可将售货所得款项交付各道驻京的进奏院，由进奏院开具"文牒"或"公据"，一联交给商人，一联寄往本道。商人无论是由地方前往京城，还是由京城回到地方，身上都不用携带大量钱币，可以轻装赶路，到了再兑现，其功能类似于今天的支票。

到了宋代，朝廷将地方进奏院归并为都进奏院，实质是掌握了官方新闻的发布权，

---

①② 郭庆光.传播学教程（第二版）[M].北京：中国人民大学出版社，2011：90.

这表明当时朝廷已经认识到信息传播的重要性。枢密院代表政府扮演了"把关人"的角色，对邸报内容起到了把关作用，把关标准自然是朝廷立场，以确保邸报所传递的信息完全符合统治者的利益。宋代进奏官员最多时有一百多人，他们的主要经费是皇帝划拨的，其中最大的支出是镂刻雕版的费用。这些进奏官员定期把朝廷政令刻成雕版，由驿马送到地方，然后印成纸张文本给地方官员阅览。由于邸报印得太多太滥，甚至出现宫中私人生活泄露的情况，有进奏官因此会受到处罚。

由于进奏院的重要性和特殊性，这一机构甚至成为唐宋两代地方官员、京官和京城名士的社交场所。宋代就出现过以惩治腐败为名，打击在进奏院内集会的士人的情况。公元1044年，由于在进奏院里激烈地议论朝政，北宋诗人苏舜钦与其馆阁同僚被北宋朝廷的官员盯上了。苏舜钦等人把进奏院日积月累的废纸出售，用"鬻故纸公钱"饮酒娱乐，受到严厉查处，"同时会者皆知名士，因缘得罪逐出四方者十余人"[①]，史称"进奏院狱"或"邸狱"。

在明代，各省按照制度都派提塘官常驻京师，承担军情和各项文报的呈递下达等任务。提塘还有一项任务，就是抄传邸报。明代不设进奏院，没有进奏官，提塘官就其所从事的工作而言十分接近唐宋时期的邸吏或进奏吏。由于没有类似进奏院这样的机构，明初的提塘官们居无定所，经常住在旅店或租用民房。明代中叶以后，一些提塘官们才开始在京师购置房产或自建馆舍作为居住和办公的地点。提塘的办公地点通称提塘报房，简称报房。

清朝各省的提塘统称省塘，驻地在各省的省会。除省会外，省内一些大的州府如江苏的江宁、苏州、松江等，也都设有府一级的提塘。这两部分提塘，在兵部和地方府县的双重领导下，负责辖区内的塘务工作，是官报在当地发行工作的主要承担者。

从进奏院到提塘，中国古代官报发行机构在千年之间经历了种种变化，但从根本上说，其服务对象都是封建官僚系统，具体工作都是充当朝廷或地方官僚的传声筒，自始至终，其作为封建统治阶级统治工具的性质从未改变。

第四节　邸报与Newspaper

当我们认识到中国古代报纸与作为大众传播媒介的近现代报纸在模式上有根本的区别这一问题时，另一个问题就随之产生了，那就是：中国古代报纸还能被称为"报

---

① 资料来源：《宋史》卷四二二。

纸"吗？要回答这个问题，一方面需要了解报纸这个概念的来源，另一方面也需要理解报纸这个概念的真正内涵与外延。

一、从"新闻纸"到"报纸"

"报纸"并非中国本土既有之词，而是近代随着西方报纸的传入而产生的仿译词。19世纪上半叶，来华西人增多，他们新造了"新闻纸"这一名称，来指代彼时中国没有的西式报纸，即英文中的"Newspaper"。在这一命名过程中，"新闻"对应的是"news"，"纸"对应的是"paper"，这是一种字面上的直译。

"新闻纸"一词最初出现的时间无法确考，但至少在19世纪20年代便已经出现。1828年，英国传教士罗伯特·马礼逊（Robert Morrison）在他的《广东省土话字汇》中编入了"新闻纸"。1833年12月《东西洋考每月统记传》刊登《新闻纸略论》，言"在西方各国有最奇之事，乃系新闻纸篇也"，这一仅三百余字的短文，被认为是中文报刊中第一篇介绍西方报业的文章。1834年，叶钟进在《英吉利国夷情记略》中亦提道："澳门所谓新闻纸者，初出于意大里亚国。后各国皆出遇事之新奇及有关系者，皆许刻印、散售各国无禁。"[①] 可见，至少在19世纪二三十年代，"新闻纸"便已成为一个固定的词语，用来指代西式的报刊。但这一时期，西式报纸在中国尚处于萌芽时期，"新闻纸"这一词语也仅为少数来华西人和了解西方的中国知识分子所知，对民众而言仍是陌生的事物。

鸦片战争后，中国开始"开眼看世界"，向西方学习，国人办报活动也开始兴起，这时期出现了艾小梅创办的《昭文新报》以及王韬创办的《循环日报》等一批最早的国人自办报纸。在此期间，"新报"一词开始出现，并被一些报刊用作报名，如《香港中外新报》《教会新报》等。1883年的《万国公报》载《新闻纸论》一文，谈到"盖溯西国新报之始，从俗而言之则曰新闻纸，其实言新报则较妥"，将"新闻纸"更名为"新报"，以区别于传统的邸报，实际上意味着国人开始在中国既有的"报"的传统中来理解"Newspaper"这一西式媒介的性质了。

"报纸"一词的出现则较"新闻纸"和"新报"更晚。"根据英语Newspaper翻译的仿译词'新闻纸'，对后来（通过模仿）创造的新词'报纸'起了很大的作用。"[②] 方汉奇认为，"报纸"一词最早出现于1875年3月6日《申报》的一则题为《福州创设

[①] 魏源.海国图志[M].长沙：岳麓书社，1998：1440.
[②] 马西尼.现代汉语词汇的形成——十九世纪汉语外来词研究[M].黄河清，译.上海：汉语大词典出版社，1997：173.

华字新闻纸》的消息中；①李玲则在1873年的《申报》所刊载的一篇读者来稿《洋烟害》中找到了更早的证据。②随着"报纸"一词的普及，"新闻纸""新报"的使用频率逐渐降低。显然，从最初的"新闻纸"演变为"报纸"这一延续至今的名称，意味着人们已经逐渐认识到Newspaper这种西式媒介的内核与中国传播传统中的"报"有相通之处，已不限于二者都是以纸作为载体这个层面了。

  由此可见，"报纸"一词是近代的产物，最初所指即近代以来的西式报纸，它在中国的出现由海外舶来，而后在命名演化的过程中逐渐与中国的传播传统打通融合。因此，如果只是从字面的含义来看，强调"Newspaper"的西方基因则意味着中国古代并无"报纸"。而如果着眼于从"新闻纸""新报"到"报纸"的命名沿革，厘清"Newspaper"这种外来的媒介形式与中国的传播传统对接打通的过程，才能趋近历史的真相，看到国人在近代以来受到西方文化猛烈冲击、东西方文化在震荡中不断交融之时，对这种源自西方的新的媒介形式在认识上才能逐渐走向深化。

二、邸报与报纸

  实际上，在西式报纸开始为国人认识的同时，人们对报纸和邸报的比较也开始了。较早接触西式报纸的林则徐曾在一封信中说："又有夷人刊印之新闻纸，每七日一礼拜后，即行刷出，系将广东事传至该国，并将该国事传至广东，彼此互相知照，即内地之塘报也。"③林则徐并非将二者视为一物，而是在"新闻纸"尚不为国人熟知的情况下，利用人们熟悉之物，在消息的传递这一功能上将二者类比。

  而试图从我国古代已有之物中为报纸"寻根"之举，在《开设报馆议》一文中体现得更为明显："古者采诗以观民风，诵诗而知国政，专立太师之官，以主其事。盖诗者，即今之新报……我中国，邸报开设千年，本远出于西报之前，特未推而广之，采诗之法，又未追而复之。"④古之诗与彼时之新报，显然并非一物，将二者等同，其实是在强调新报传达民意之功用。

  到20世纪初，便开始有将外来的"新闻纸"同本土的"邸报"联系起来的观点，认为二者本质同为一物，并得出中国的邸报是最古老的新闻纸的判断。1905年的上海《大陆》报曾刊登一篇名为《报纸之由来》的文章，言："环球列国，印有新闻纸，以中国为最古。唐玄宗开元年间（西历七百十三年至四十一年）发刊开元杂报，唐孙樵文

---

① 方汉奇.中国新闻事业通史（第一卷）[M].北京：中国人民大学出版社，1999：392.
② 李玲.从刊报未分到刊报两分——以晚清报刊名词考辨为中心[J].近代史研究，2014（3）：144-153.
③ 魏源.海国图志[M].长沙：岳麓书社，1998：1949.
④ 开设报馆议[N].强学报，1895（1）.

集载有读开元杂报，其发刊京报，亦在唐朝。"

而与此同时，强调报纸与邸报有着本质区别的观点亦早已有之。1872年7月13日《申报》刊文《邸报别于新报论》："邸报之制，但传朝廷之政事不录闾里之琐屑而已。故阅之者，学士大夫居多而农工商贾不预焉，反不如外国之新报，人人喜阅也。是邸报之作成于上，而新报之作成于下，邸报可以备史臣之采择，新报不过如太史之陈风。"这事实上也指出了邸报的受众限于官僚知识分子阶层，而不像报纸在发展之初便带有大众传播的特点。

这样的争论在此后的新闻史研究中成为一个经典的话题。一些学者通过对邸报产生时间的判定去探讨中国古代报纸的起源，认为"最早的新闻事业就是报刊，而邸报就是我国最古老的报刊"[1]，这一路径建立在默认"邸报是古代报纸"的基础之上。也有不少人曾质疑，认为无论从报纸的西方起源，还是从物理形态、传播范围与内容特点等核心特征来看，唐宋"进奏院状"及明清邸报均不是报纸。[2]

由此可见，邸报是否是报纸不仅取决于邸报自身，也取决于人们如何理解"报纸"这个概念。若按其诞生之时便带有的"西方基因"，将"报纸"的含义限定于大众传播，则中国古代的邸报显然不能算作报纸。而若从我国古代媒介系统的历史事实和既有传统出发，从媒介特征与功能上的一致或相似来理解邸报媒介形态和传播范式，则将其称为古代报纸就是一种习惯上的泛化称谓，这样的称呼方式也符合人们认识事物、理解规律、命名概念的一般过程。

---

[1] 李彬.中国新闻社会史（1815—2005）[M].上海：上海交通大学出版社，2007：11.
[2] 廖基添.邸报是古代报纸吗？——中国古代报纸发展线索再梳理[J].新闻与传播研究，2010（1）：12-20，109.

第五章 报刊：政党"喉舌"与独立媒介

当人类文明的步伐进入 15 世纪时，文明发展的方式、节奏和方向发生了大扭转，就全球意义而言，近代化到来了。自魏晋以来不断攀爬文化高峰的中华文明即将进入低谷期，而在战争、瘟疫、饥荒中度过了千年黑暗时光的西方文明却正在发生对此后 500 年影响深远的变化。此时的西方，中世纪即将结束，文艺复兴星火燎原，地理大发现的航船已经起锚，印刷书籍逐渐普及，科学主义正在兴起，宗教改革如火如荼，教会的权力即将土崩瓦解。这一切历史大变革的背后，是人类生产方式的全新变革。

无论是屡遭中断的西方文明，还是延续至今的东方文明，在此之前的历史进程中，它们主要依赖的生产方式都是自给自足的农业耕作。然而，当近代化过程开始的时候，商业逐渐取代农业，成为社会主要的生产方式。"商业的扩张往往先于并决定工业的进步。"[①] "英国在变为典型的工业国之前，即变为拥有矿山、制铁厂和纺纱厂的国家以前 50 年的时候就已经是一个大商业国了，正如一句名言所云：英国是个商人的国家。在那里，商业发达，走在工业变化的前头，而且，它也许决定着工业的变化。"[②] 被人们用来命名接下来的时代的工业，其实不过是商业链条上的一个环节而已，因为所有工厂生产的产品都要拿出去售卖，而不是为了满足生产者自己的需求。因此，克里斯托弗·哥伦布（Cristoforo Colombo, 1451—1506）的航船出发时，与郑和的目的完全不同：哥伦布等人要寻找原料和金银，而郑和则是为了显示天朝威仪。

生产方式的变化必然带来社会运行方式的革命。代表新的商业社会生产方式的阶层兴起了，历史学家、社会学者们把这些阶层分为资产阶级和无产阶级，他们将主导新的经济运行方式，建立与之相适应的新的政治制度，并带来全然不同于以往的文化形态，这使得社会运行的节奏大大加快。

当商业社会的利益追求催生全新的社会运行方式时，人类对能量和信息的需求必

---

① 芒图.十八世纪产业革命[M].杨人楩，陈希秦，吴绪，译.北京：商务印书馆，1983：73.
② 芒图.十八世纪产业革命[M].杨人楩，陈希秦，吴绪，译.北京：商务印书馆，1983：75.

然发生根本性的改变。从技术的角度而言,蒸汽和电力成为解放能量的标志,而电报和网络成为解放信息的标志。也正是在人类对能量和信息的利用获得前所未有的自由之时,在全球范围内,媒介开始了历史上从未出现过的井喷式发展,仅仅在500年的时间里,对政治、经济、文化有着广泛影响的媒介接连出现,信息传播及其载体对社会生活的影响越来越深刻。

在这500年汹涌的媒介浪潮中,出现的第一种媒介,便是报纸。

第一节 报纸的诞生

一般而言,人们现在所说的报纸指的是近代以来产生的报纸。报纸诞生至今已有400年左右的时间,作为近代报纸标志的日报也已经出现了350年。在近现代以来的媒介中,报纸毫无疑问是历史最长、积淀最为丰厚的。就信息传播而言,报纸在发展过程中积累下来的经验是近现代传播的基础,其后出现的各种媒介都或多或少地继承了报纸的衣钵。

一、社会背景

中世纪即将结束、近代化逐渐开始的大背景为近代报纸的诞生提供了至关重要的历史契机。作为西方近代化的标志,文艺复兴、宗教改革与地理大发现等社会运动的兴起强化了人们的信息需求,同时也为信息的大规模扩散创造了条件。"从15世纪开始,西方社会一系列政治、经济和文化因素的交织作用,特别是文艺复兴以及随之而来的宗教改革运动,使人们追求新闻的欲望显著增强。地理大发现又开阔了欧洲人的视野。伴随着金融、贸易交往的发达,信息交流活动空前发展。"[①]

一方面,当商业逐渐成为主导社会的新的生产方式,经济活动的转型以及随之而来的政治斗争的发展为报纸的诞生提供了直接的社会需求。"报纸诞生在欧洲北部,这是与强大的社会与技术潮流相结合的结果。其中一股潮流是随着商业活动逐渐兴盛,人们需要有关价格、供给、需求的资讯,这些资讯有时是来自另一个国家,有时则是来自另一块大陆。另一股潮流是除了宫廷官员和贵族,一般大众也开始对政治感兴趣,而且大众有兴趣的范围还超过自己的邻近地区,涵盖全国及其他国家。"[②] 随着商

---

① 熊澄宇. 媒介史纲[M]. 北京:清华大学出版社,2011:87.
② 施拉姆. 人类传播史[M]. 游梓翔,吴韵仪,译. 台北:远流出版事业股份有限公司,1994:222.

品经济的发展，社会对信息的需求日益增长。在此基础上，代表商业社会生产方式的资产阶级必然与代表农业社会生产方式的教会贵族产生难以调和的矛盾。随着矛盾日益尖锐，西方社会逐渐进入冲突多发的不稳定时期，这进一步刺激人们去获取更多的信息。

另一方面，随着全新的社会生产方式的出现，技术的创新、社会的发展又为报纸的诞生提供了相应的社会条件。我们在前面已经谈到，后来被视为"变革动因"的印刷术的诞生，对西方社会近代化过程中的信息扩散产生了至关重要的推动作用，并与当时的社会运动一起，形成了摧枯拉朽的变革力量。就报纸的诞生而言，古登堡印刷术的发明所产生的直接效应就是出版物由手抄变为印刷，由不定期变为定期。15世纪末至16世纪，欧洲各国印刷商在出版书籍的同时，也印刷大量活页印刷品来报道国内外的重大事件，这成为近代印刷报纸的雏形。而随着商品经济的发展，越来越多的人口集中到城市，以商业为运转内核的都市大量出现，这不仅为报纸提供了大量读者，也降低了报纸发行的成本。到了17世纪初，随着陆路交通的发展，欧洲各国建立了发达的邮政系统，四轮的公共驿车甚至承担了几乎所有的长途运输任务，为报纸投递效率的提升提供了交通保障。

一系列社会条件的发展正好满足了当时的社会需求，经过一个多世纪的酝酿，报纸这种新的近代媒介便在17世纪的欧洲应运而生。

二、最早的报纸

到了近代社会，传统农业社会金字塔形的社会结构在商业发展所要求的平等自由基础上逐渐崩塌，社会结构逐渐扁平化。在摆脱传统的政治、经济、文化力量的束缚之后，新技术的出现往往会对新的社会事物和现象的出现产生强烈的驱动效应，从而成为近现代社会的一个重要特征。近现代媒介的发展也不例外，新媒介总是出现在掌握着最先进传播技术的国家和地区，报纸就是一个典型的例子。1609年，德意志出现了最早的两种周报，《通告、报道和新闻报》和《报道》，这与这一地区最早掌握了印刷术这一当时最先进的传播技术有直接关系。

此后将近一个世纪的时间里，作为定期印刷出版物的报纸在西方各国相继出现。较早出现报纸的是英国和法国，英国1621年出现第一家定期刊物《每周新闻》，法国巴黎1631年出现第一家周报《各地见闻》。意大利作为手抄新闻的发祥地，在这里出现的《威尼斯公报》被视为近代报纸的先声。然而，由于16世纪天主教对新闻的残酷迫害，迟至1714年，意大利才出现近代第一家长期发行的报纸《罗马新闻》。这一时间甚至比近代化过程中步履沉重而缓慢的俄国还晚。1703年，彼得堡和莫斯科两地出版了俄国第一份近代报纸《新闻报》,内容是莫斯科王国和邻国发生的值得记载的军事和其他新闻事件。在当时作为北美殖民地的美国,1690 年,本杰明·哈里斯(Benjamin Harris)创办的《国内外公共事件》只出了一期即被查封。到了 1704 年,《波士顿新闻信札》出版,北美地区才算有了真正意义上的报纸,这份邮政局创办的报纸同时也开启了"邮报"的传统。

作为近代报纸的主体,日报的出现意味着报纸这一近代媒介开始进入人类每天的社会生活,报纸自身也开始进入较为稳定的发展阶段。日报在各国先后出现同样用了一个多世纪的时间。最早的日报是 1650 年在莱比锡出版的《新到新闻》,这份日报奠定了德国在世界新闻史上的地位:其日报的出版比英国、法国和美国等要早 50 至 100 年。英国的日报在半个世纪之后出版,这就是 1702 年的《每日新闻》。法国日报的出版则更晚,直到 1777 年《巴黎新闻》的出现才宣告日报在法国的诞生。美国则到 1783 年才出版了日报《宾夕法尼亚晚邮报》。

尽管中国有着一千多年的邸报发展史,但是,中国显然无法在这样的历史基点上创办日报。当历史的步伐进入由西方文明定义的近代化过程之时,中华文明将面临前所未有的困境,列强用坚船利炮打开了这一东方古国紧闭的大门,这使得曾经长期在世界文明发展中领先的国度经历了一个多世纪落后挨打的屈辱历史阶段。中国近代报刊正是在这样特殊的历史背景下出现的。

最早的中文近代刊物由西方传教士和商人创办。1815 年 8 月 5 日,英国传教士米怜(Milne,1785—1822)在马六甲创办了第一份中文月刊《察世俗每月统记传》。1822 年 8 月,葡萄牙人在澳门创办周报《蜜蜂华报》,这是中国第一份外文报纸(葡萄牙文)。1833 年 8 月,普鲁士传教士郭士立在广州创办了中国境内第一份中文月刊《东西洋考每月统记传》。1857 年,美国商人莫罗(Moreau)在中国境内(香港)出版了第一份日报《孖(音"妈")剌报》。

中国人自己创办的近代报刊到 19 世纪 50 年代才开始出现。在早期国人自办的报刊中,晚清思想家王韬于 1874 年在香港集资创办并任主笔的《循环日报》较具代表性。这份报纸出版至 1947 年才停刊,是早期国人创办的报纸中出版时间较长、影响较大的一份。《循环日报》开启了鼓吹变法自强的政论之风,在后来历次救亡图存的革命运动中,各党各派创办的报纸都成为传播思想、推动革命的重要工具。也正是在这样的历史进程中,中国报业逐渐形成了具备本国特点的行业体系与传播格局。

三、思想基础

作为近代新生的传播媒介,报纸要想在接下来的几百年中成为人类社会的主要信息载体之一，还需要经过充分的发育。在这一过程中，只有经过时代精神与杰出思想的充分滋养，报纸才能从起初不为人重视的媒介小苗成长为影响人类社会文明生态的媒介种属。在报纸诞生之初，对言论、出版自由的充分讨论及在此基础上形成的"自由、民主、平等"等基本观念，成为报纸在日后获得长远发展的思想基础。

在争取言论、出版自由的过程中，西方各主要资本主义国家都有其各具代表性的阶段和人物，其中，英国是比较具有代表性的国家。自17世纪以来，英国争取言论、出版自由历时3个世纪，而基本每个世纪都会产生一位影响世界政治思想史的卓越思想家。这些思想家的著作对英国以及整个西方世界的近代化过程产生了直接影响。

英国在争取言论、出版自由方面的第一位代表人物是约翰·弥尔顿（John Milton, 1608—1674）。弥尔顿在英国近代史上颇负盛名，他的《失乐园》与《荷马史诗》、但丁的《神曲》并称为"西方三大诗歌"，而在英国本土，他也与莎士比亚、杰弗雷·乔叟（Geoffrey Chaucer, 1340—1400）齐名。弥尔顿一生结过3次婚，因为婚姻的磕磕绊绊，弥尔顿发表了一些论述离婚的小册子。1644年，他因此被国会质询时慷慨陈词，这就是后来成为自由主义里程碑的《论出版自由》。在这篇被后世广泛引用的文章中，弥尔顿写道：

> 请给予我依据良知去获知、去陈述、去辩论的自由……虽然这世上各家各派的主张四处横行，但是真理一直在保持警戒；如果我们用许可或禁止的方法伤害她，便是怀疑她的力量。让她和虚假战斗吧！只有在自由和开放的对抗中获胜的，才能被视为真理。

自15世纪开始，英国的集权主义出版不断发展，出现了多种相关机构和制度，其中最具代表性的如1487年设立的"星法院"、1528年建立的"皇家特许制度"、1570年成立的皇家出版法庭以及1586年颁布的"出版法庭命令"，这些机构和制度的目的都在于压制异己思想和信息传播。而在弥尔顿看来，出版自由是人民与生俱来的权利，限制言论自由即妨碍真理本身，唯有保障言论自由，才能使真理战胜谬误。弥尔顿相信真理是肯定的，是可以表达出来的，并且只要让真理参加"自由而公开的斗争"，真理本身就具有战胜其他意见而存活下来的无可比拟的力量。真实的、正确的思想会保存下来，虚假的和错误的思想会被丢弃。虽然虚假的思想可能会取得一时的胜利，但真实的意见会通过吸引新的力量来维护自己，"会通过自我修正过程最终战胜其他意见而保存下来"。[①]

正是由于弥尔顿的这种思想，现代关于"观点的公开市场"以及"真理的自我修

---

① 施拉姆. 报刊的四种理论[M]. 中国人民大学新闻系，译. 北京：新华出版社，1980：51.

正过程"等重要观念才得以形成。这些观念归结起来,就是让所有想说什么的人都能自由地表达自己的思想。实际上,弥尔顿的慷慨陈词以及《论出版自由》的出版在当时并未广泛流传,也没有产生太大影响,直到法国大革命和美国独立战争期间,他的思想才真正受到重视,并且广受推崇。然而,这部著作的影响也并不局限于资产阶级革命期间,时至互联网时代,维基百科在关于弥尔顿的词条中都清晰地注明:"维基百科的编辑和书写理念也源于此。"

不过,时过境迁往往让一个人的命运带上讽刺与沧桑的意味,弥尔顿后来的境遇正是如此。"当清教徒掌权时,奥利弗·克伦威尔(Oliver Cromwell,1599—1658)建立了比他过去的对手更独裁的控制,清教徒任命了一位压制反清教徒的主任检查官,而这位检查官正是弥尔顿,也就是上面那段掷地有声地保卫出版自由文献的作者。"[1]在担任检查官期间,弥尔顿双目失明。不久,保王党重夺政权,弥尔顿的政治生涯结束了。在一片黑暗之中,他创作了后来为他赢得极高声誉的作品《失乐园》。

比弥尔顿稍晚出现的另一位英国思想家是约翰·洛克(John Locke,1632—1704),他是英国资产阶级革命时期杰出的唯物主义哲学家和激进的政治思想家,被视为西方自由主义理论的创始人之一,其主要著作有《政府论》《人类理智论》《论宗教宽容》等。洛克对西方资产阶级革命影响甚为深远。他的自然法思想后来发展为"天赋人权"和"自由、平等、博爱"的资产阶级口号,成为法国《人权宣言》和美国《独立宣言》的理论依据;其社会契约论主张被孟德斯鸠(Montesquieu,1689—1755)发展为三权分立的国家学说,成为法、美等资本主义民主国家的立法原则。正因如此,伏尔泰(Voltaire,1694—1778)称赞说,只有洛克才算是我们时代胜似希腊最辉煌的时代的伟大榜样。马克思也将洛克视为同封建社会相对立的资产阶级社会的法权观念的经典表达者。

在洛克看来,人的自然权利有四项内容,即生命权、自由权、财产权和惩罚权。自由是其余一切的基础,但离开思想、意愿、意志,就无所谓自由。人只有能凭头脑中的思想,自由地说话或保持沉默,才算获得了言论或保持安宁的自由。洛克认为,任何人都有一种不可侵犯的自由权利,即任意使用各种词汇来表达自己的思想。我们不能指望任何人抛弃自己的观点,盲从于不可理解的权威,无论人们的理解怎么错误,理性是其唯一的向导。在不同的见解中保持和平、履行人类的职责和培养友谊,这对所有人有益。

另一位具有代表性的英国思想家是约翰·斯图尔特·密尔(John Stuart Mill,1806—1873)。他集中了欧洲思想启蒙的精华,在《论自由》(*On Liberty*)一书里,

---

[1] 施拉姆.人类传播史[M].游梓翔,吴韵仪,译.台北:远流出版事业股份有限公司,1994:231.

全面论述了封建专制的严重危害以及言论思想自由与个性解放对于人类社会发展的推动作用。该书被认为是为自由主义辩护并进行充分论证的经典作品。

在密尔看来,每个人都应享有良心的自由、思想的自由、发表意见的自由。在只涉及本人的那部分,他的独立性在权利上则是绝对的。对于思想、意见是否正确的判断,密尔认为我们永远不能确信我们力图扼制的意见是谬误;即使我们能确信,要扼制它也仍是罪恶的。对于不同意见,必须兼顾双方、无所偏重,仔细辨别冲突双方的理由,才能获知真理。关于压制真理的后果,密尔说真理的真正优越之处在于一个意见只要是正确的,尽管可以一次甚至多次被压制下去,但在悠悠岁月中,一般总会有人不断将它重新发现,直到某一次重现时,情况恰好对它有利,幸得逃过迫害,崭露头角,抵住随后再试图压制它的一切努力。

英国这些思想家们的卓越思想不仅影响了英国本土的资产阶级革命进程,还影响了包括法国、美国在内的资产阶级革命运动及其思想家的出现,其中,美国《独立宣言》的起草人、第三任美国总统、启蒙思想家托马斯·杰斐逊(Thomas Jefferson,1743—1826)最具代表性。1787年,杰斐逊在一封致友人的书信里写下了这句名言:"如果要我来决定究竟是有政府而没有报纸,还是有报纸而没有政府,我会毫不迟疑地选择后者。"在临终之前给友人的信里,杰斐逊写道:"自由报业是开化人类的心灵,促进人类成为理性、道德与社会动物的最佳工具。"为此,他一向将言论出版自由看得高于一切。[1]

当然,并不是所有的启蒙思想家都像杰斐逊一样对报纸这一新生媒介情有独钟。不同的国家有着不同的文化传统,思想家们所处的具体时代又有着具体的历史诉求,因此,尽管伏尔泰、孟德斯鸠、卢梭(Rousseau,1712-1778)、狄德罗(Diderot,1713-1784)等法国启蒙思想家的名字和他们对人类思想作出的贡献众所周知,但他们对报纸的态度却出乎大多数人的意料。法国传播学者、历史学家让纳内在《西方媒介史》中对此有如下的记述:[2]

伏尔泰痛恨报纸,他只接受为承袭勒诺多(Renaudot)的《报纸》或《学者报》这种传统的官方报纸写赞词。提及法国的官方报纸,他在《百科全书》"报纸"一条中写道:"从未被诲言污染,而且向来书写合乎规则。外国报纸没有能做到这一点的。伦敦的报纸,除了宫廷的报纸,都写满了观念自由所容许的不正派之事。"不久后他宣称:"报纸已成为社会的一种祸害和一种不可容忍的劫掠。"这便是长期从事写作的作家们面对他们所蔑视的报界小群体时所表现出的蔑视程度。

---

[1] 李彬. 全球新闻传播史(公元1500—2000年)(第二版)[M]. 北京:清华大学出版社,2009:153-154.
[2] 让纳内. 西方媒介史[M]. 段慧敏,译. 桂林:广西师范大学出版社,2005:42-43.

他指责报纸既不正派又轻浮：报纸永远达不到审慎的书籍那样的严肃程度。

《百科全书》中狄德罗的措辞是同样的含义："所有的报纸都是无知者的精神食粮，是那些想不通过阅读就说话和判断的人的对策，是劳动者的祸害和他们所厌恶的东西。这些报纸从来没有刊登一句杰出人物所说的话，也不阻止一部劣等作者的拙作。"在"记者"一条中，狄德罗控诉道："法国现在有大量报纸。有人发现写一本书的分析要比写一篇好文章容易得多，于是很多思想贫乏的人转而为此。"他这样旨在表明哲学家与蹩脚的记者之间的一种等级制度。

而卢梭，他的思想更为抑郁，因而他的批评更为尖刻。1755 年，他刚获悉一个在日内瓦的朋友创办了一份报纸时，给那个朋友写信："先生们，你们这样便成为期刊作者。我向你们保证这一计划不会令我欢欣，同样也不会令你们欢欣。我很遗憾地看到可以建造纪念碑的人却满足于搬运材料，建筑师却变成了普通工人。一本期刊是什么？一种昙花一现的作品，既没有价值也没有用处，有知识的人都忽略去读它或是蔑视对它的阅读。它只能供妇女或是没有受过教育的自负的傻瓜们去阅读，它的命运不过是早晨在梳妆台引人注目而晚上又沉寂在衣柜里罢了。"

最后是孟德斯鸠，在《波斯人信札》中借郁斯贝克之口说："有一种我们在波斯没有见过的书，在这里却很流行，叫'报纸'。懒人们读这些感觉很得意。"

第二节 政党报纸

一、政党报纸的发展历程

在迄今 400 余年的历史中，报纸经历了多种媒介形态与社会功能的变化。实际上，在进入 20 世纪之前，报纸的面貌与现在大不相同。从形式上看，报纸从诞生到 20 世纪之前，基本上都是彻头彻尾的文字媒体；从内容上看，报纸并不像现在这样以客观的信息为主，而是以观点为主。更重要的是，当时报纸的主要社会功能是为政治和党派的宣传服务，这使得政党报刊在相当长的时间里成为主要的报纸类型。

随着近代以来社会生产方式发生巨大变革，社会运动以不同利益阶层之间激烈斗争的方式进行，在这种剧烈的社会运动过程中，报纸成为各阶层争相使用的利器。无论是在资产阶级上升期还是在无产阶级上升期，报纸都扮演着宣传党派政见的重要角色。在 17 世纪到 19 世纪的历史段落中，报纸是唯一能够面向大众、实现大范围传播的信息通道，在动员、说服、劝导和组织民众参与党派活动、政治斗争乃至战争的过程中，报纸显然比传统的大众集会、私人信函等方式更为有效，因此，报纸也就成为政党宣传的主要媒介平台。显然，政党报纸的出现和发展不仅是政党的选择，更是历史和时代的选择。

政党报纸首先出现在资产阶级革命的过程中。由于在此期间报刊大都直接服务于某个资产阶级政党，成为不同政党的"喉舌"，故有政党报刊之称。有学者则认为，这个时期的报纸与其说是政党报刊，不如说是观点纸，或者说是党派的宣传工具，因为政党报刊的内容"主要是政论，即使新闻也大都带有比较明显的倾向性或偏见，而读者则主要局限于社会的中上层——这个时期识文断字的主要是这些阶层。"① 和今天比，那时人们读报都很仔细，甚至逐字逐句来读，这主要是因为当时有价值的可读性材料非常少。② 不管读者情况如何，重要的一点是，政客、编辑和普通公民都认为报纸是政治体系很重要的组成部分。所有政党都有成员相信报纸的重要性，并且他们认为应该使用报纸为党派目标服务。

在西方各国的资产阶级革命运动中，政党报纸鼓吹革命、动员民众的社会功能得到了充分发挥，在美国独立战争期间，这种鼓动作用体现得尤其明显。由于战争期间舆论管制相对减弱，报纸和宣传小册子非常流行。1786年，本杰明·富兰克林（Benjamin Franklin，1706—1790）评论道："美国人醉心于报纸和小册子，以至于没有时间来看书。"③ 在这些报纸和小册子中，托马斯·潘恩（Thomas Paine，1737—1809）的《常识》《危机》最受欢迎。

1776年，北美殖民地的许多报纸转载了潘恩撰写的一本小册子，从而使他赢得了作家的声名。这本小册子就是《常识》，它促使那些各自观望的爱国者加入革命运动中。潘恩1737年1月29日出生于英国诺福克郡塞特福德一个穷苦的胸衣匠人家庭。他幼年失学，曾相继当过店员、胸衣匠、教员和税吏，屡遭失业和饥饿的威胁。他一直把自己的姓写成"Pain"（意为痛苦）。

1776年1月，也就是这位痛苦的英国移民来到美洲一年后，《常识》首次发表。这本小册子发表后立即畅销，3个月销出了12万册。潘恩在书中写道："我要问问最热衷于鼓吹调和的人，要是我们的大陆继续与英国保持联系，他怎样举出哪怕是一个好处来。"这一提问是向一听到"独立"一词就会浑身发抖的辉格党人发出的。作为回敬，他们在当地报纸上撰文诋毁一夜成名的潘恩。不过几周之后，有点文化的美国人差不多都知道了潘恩在《常识》中所阐述的观点。而且值得注意的是，仅仅6个月之后发

---

① 李彬.全球新闻传播史（公元1500—2000年）[M].北京：清华大学出版社，2005：155.
② 斯隆.美国传媒史[M].刘琛，译.上海：上海人民出版社，2010：108.
③ 波兹曼.娱乐至死[M].章艳，译.桂林：广西师范大学出版社，2011：40.

表的《独立宣言》表明，各个前殖民地都支持他的理论。①

　　1776年战事爆发之后，美国人发觉自己的处境十分艰难。这些仓促组建起来的部队对于战争的看法依然十分模糊，各连队毫无斗志可言。在潘恩志愿参战的新泽西安博依镇，英国人把美国人的部队分割成小股。潘恩在前往乔治·华盛顿（George Washington，1732—1799）设在李堡的总部的途中，看到战败的美国人正在舔着他们的伤口，并准备撤退到特拉华河沿线。由于他是外国人，身份特殊，既不是军官，也不是被招募来的士兵，因此他能够与交战双方的人接触。他冒着严寒赶路，一路上与形形色色的美国人攀谈。事实上，这个季节的气候通常是温和的，但是对于这支衣着单薄的队伍来说，夜间露营所带来的只有难忍的痛苦。在此关键时刻，潘恩写下了他的第一篇文章《危机》。

　　《危机》受欢迎的程度超过了《常识》。这篇文章于1776年12月27日首先发表在《宾夕法尼亚邮报》上，这一响亮的号角引起了各殖民地爱国派报纸的反响。潘恩这篇文章刚刚脱稿，华盛顿就让人念给他手下已经冻得浑身麻木的士兵听。而就在潘恩向这支军心涣散的队伍第一次发出恳求之后的那个星期里，他们向敌人发起进攻，并在特伦顿打了一场迫切需要的胜仗。②

　　实际上，除了在当时鼓舞人心，潘恩的文字还世代流芳。在第二次世界大战的艰难岁月中，当听不到任何胜利的消息时，敌占区的人民对自由的希望变成了绝望，然而当他们偷偷地从收音机中听到下面这些写于1776年12月19日的文字时，心中便油然升起希望的火花：

　　　　此时此刻，正是考验人的灵魂的时候。在夏天的时候才当兵、在阳光明媚的时候才爱国的人，在这场危机中自然会将为国效力视为畏途；而那些在现在这个时候挺身而出的人，才值得同胞的敬爱和感激。暴政如同地狱一样，是不会轻易被征服的，然而我们有一点聊以自慰，那就是战斗愈是艰苦，胜利就愈是辉煌。

　　在法国资产阶级革命期间，报纸同样受到各个政治派别和党派的重视，并在鼓动民众参加革命、推动运动蓬勃开展的过程中起到了非常重要的作用。不过，由于法国大革命的过程非常激烈和曲折，报纸和报人也同样遭遇了与时代一样激烈变化的命运。

　　《人民之友报》由法国大革命期间雅各宾派主要领导人之一的让-保尔·马拉（Jean-Paul Marat，1743—1793）创办，它是在法国资产阶级革命中创办的最具影响力的报纸，是革命民主派的"喉舌"。它发表了一系列揭露大资产阶级两面性和叛变倾向

---

① 埃默里·M，埃默里·A，罗伯茨．美国新闻史——大众传播媒介解释史[M]．展江，译．北京：中国人民大学出版社，2004：70．
② 埃默里M，埃默里A，罗伯茨．美国新闻史——大众传播媒介解释史[M]．展江，译．北京：中国人民大学出版社，2004：72．

的政论，主张直接依靠人民，实行革命专政。

《人民之友报》很善于通过报道事实，揭穿敌人的伪善面目。1789年10月4日，它第一个以确凿的事实，及时披露了王室的阴谋活动。马拉在报纸上号召巴黎人民向凡尔赛进军，制止国王和贵族的反扑。1790年7月30日，马拉在《人民之友报》上第一次提出了革命专政的必要性："压迫我们的人会心甘情愿地决心和我们平等相处，那是狂言乱语；他们将永远阴谋反对我们，除非他们自己被消灭。如果我们不当机立断，通过必要的也是唯一的暴力手段，那么我们将不可能摆脱内战的危险，将落得横遭屠戮的下场。"

由于《人民之友报》常发表马拉的激烈言论，马拉和《人民之友报》成了保皇派、大资产阶级和吉伦特派的"眼中钉"。马拉先后七次被通缉或审讯。为了及时出版报纸，马拉经常躲在地窖或下水道里编辑、撰写稿件，"通宵不眠，忍饥挨饿"，"忍受着地狱般的生活"。

另一份有广泛影响力的报纸是《杜歇老爹报》。这份报纸紧跟形势，旗帜鲜明，文字通俗，文笔泼辣。"什么鬼迷了这些市政议员的脑袋，使他们不能制止这些给千万人带来不幸的暴行？说话呀，你们这些衣冠楚楚的先生们！难道要等到公民们被踩躏得肢体不全时你们才睁眼吗？"这是1791年2月18日，《杜歇老爹报》对贵族议员们投出的"战矛"。

《杜歇老爹报》由雅克·勒内·阿贝尔（Jacques René Hébert，1757—1794）创办，这位创办人出生于金银匠家庭，在大革命中他是城市平民的主要发言人。阿贝尔担任过巴黎革命政权的副检察长，他积极推动雅各宾派政府抗击外国干涉、镇压反革命和普遍限价政策。1790年6月，阿贝尔发表了政治小册子《杜歇老爹》，之后又以杜歇老爹为中心人物写过几篇文章。1790年9月6日，他创办《杜歇老爹报》。杜歇老爹是法国民间喜剧中的角色，机智灵活、疾恶如仇，是法国人民喜闻乐见的艺术形象。这份报纸创办初期，"态度"比较温和，随着革命的深入和保皇派真面目的暴露，它开始猛烈抨击贵族和天主教。

《杜歇老爹报》是"长裤汉"（城市贫民）的机关报。到了雅各宾派专政的后期，阿贝尔成为左派代表，主张用暴力镇压一切反革命，认为"神圣的断头台"是解决一切问题最彻底的手段。1795年3月，企图发动暴动的阿贝尔被马克西米连·罗伯斯庇尔（Maximilien Robespierre，1758—1794）逮捕后处死。法国新闻史学家雅克·哥德硕（Jacques Godechot）对《杜歇老爹报》的评价是："某种革命报纸的典型，它的影响尽管无法准确估计，但无疑是十分巨大的。"

在轰轰烈烈的法国大革命中，资产阶级政党中的吉伦特派和雅各宾派都曾出现过为了保护自己的权利而打击新闻自由的行为。1792年8月，吉伦特派取缔了全部保皇派报纸,并停止执行新闻自由政策。罗伯斯庇尔执政以后,打击了整个自由新闻界。一时间,反对派所有的报纸相继被取缔或自行停刊。吉伦特派的布里索(Brissot,1754—1793)、激进派人物阿贝尔还是温和派人物卡米尔·德穆兰(Camille Desmoulins,1760—1794)都相继遭到镇压,接二连三地被处决。雅各宾派专政后期,只剩下《小岳党报》《自由人报》和很少的半官方报纸。法国学者贝尔纳·瓦耶纳(Bernard Voyenne)认为这是"法国新闻史上最黑暗的时期"。

1799年11月,拿破仑发动"雾月政变",推翻督政府的统治,1804年他正式称帝,建立法兰西第一帝国。拿破仑十分懂得报纸的威力,认为"一张报纸抵得上三千支毛瑟枪",因而严格控制报业。他经常阅读报纸,动不动就对新闻检察官横加训斥,甚至直接授意撰写某些文章。看到报刊上一星半点的批评,他都会大发雷霆:"请再遏制一下报纸吧!让它们登出好稿来。要让《论争报》和《政论家报》的编辑明白,不久之后,我将认为它们对我毫无用处,我要把它们连同其他所有报纸统统予以取缔,只留下唯一的一份报纸……大革命的时代业已终结。在法国,只能存在独一无二的党派,我绝不容忍报纸说出或做出有损于朕利益的事情来。"[1]

1814年3月,欧洲各国反法联军攻入巴黎,波旁王朝复辟,国王路易十八(Louis-Stanislas-Xavier,1755—1824)不敢忽视资产阶级的力量,实行君主立宪制。在严格管制出版事业中,路易十八曾短期颁发塞尔新闻法(塞尔是当时的司法部长),废除了出版预审制、保证金制和印花税制。这部法令从诞生到废止不过半年时间,却有着重大历史意义。历史的进程让复辟的封建王朝废除了由资产阶级建立起来的各种限制新闻自由的制度,这不由得让人感叹历史本身的复杂性。

与资产阶级革命相比,在无产阶级革命过程中,报纸除了同样起到鼓动宣传的作用,还承担着强大的组织功能。这种功能是在俄国的无产阶级革命运动中首先发展出来的。

1900年12月24日,第一份全俄政治报《火星报》在德国莱比锡创办。从《火星报》创办的全过程看,弗拉基米尔·伊里奇·列宁(Vladimir Ilyich Lenin,1870—1924)起着主导作用。《火星报》的宣传内容主要集中在两个方面:同经济派论战和宣传党的纲领。[2] 在宣传党的纲领、路线,为建党奠定思想基础的同时,《火星报》还通过代办员网同各个地方组织建立密切的联系,为建党奠定了组织基础。关于报纸是集体的组织者,列宁打了一个比喻:"报纸可以比作脚手架,它搭在正在建造的建筑物周围,显示建筑物的轮廓,便于各个建筑工人之间进行联络,帮助他们分配工作和观察

---

[1] 阿尔贝,泰鲁.世界新闻简史[M].许崇山,果永毅,李峰,译.北京:中国新闻出版社,1985:32.
[2] 郑超然,程曼丽,王泰玄.外国新闻史[M].北京:中国人民大学出版社,2000:216.

有组织的劳动所获的总成绩。"

1912年5月5日,布尔什维克党在彼得堡创办了大型的群众性政治日报《真理报》。《真理报》的工作主要是在列宁的领导下进行的。报纸涉及的内容相当广泛:阐述马克思主义的学说,分析俄国和世界资本主义的发展,介绍工人、农民运动的状况,评论俄国政党活动和国际政治领域中最重要的事件等。《真理报》曾于1914年7月8日停刊,又于二月革命后复刊。作为中央和彼得格勒市委的机关报,《真理报》在此过程中发挥了重要的作用:揭露临时政府的本质,宣传将革命进行到底的思想;宣传列宁的《四月提纲》,统一全党思想;宣传四月代表会议精神,促进苏维埃改组;宣传和推动十月武装起义。随着十月革命的胜利,《真理报》成为世界上第一个执政的无产阶级政党的第一份中央机关报。

实际上,当报纸这种可以大范围传递信息的媒介出现之后,它就成为近代以来各种社会运动中不可或缺的工具、手段和力量。无论是资产阶级还是无产阶级,无论是渐进改良还是激烈革命,都离不开报纸。在中国近代以来的历次政治运动中,报刊始终都是各种政治力量和党派倍加重视的传播工具。在清末的维新变法运动中,随着变法运动的开展,第一次国人办报的高潮出现。以康有为、梁启超为代表的资产阶级改良派人士,率先以报刊为阵营,办起了《万国公报》(后更名《中外纪闻》)、《强学报》和《时务报》等政论报刊,宣传维新变法,力图唤醒沉睡的国民。以孙中山为首的资产阶级革命派创办了《中国日报》《民报》等机关报,并在推翻清廷后颁行的《中华民国临时约法》中明确宣告"人民有言论、著作、刊行及集会、结社之自由"。

最终领导中国人民获得胜利、建立民族独立的无产阶级政党——中国共产党,在其领导的革命运动中非常重视报纸的作用,早早创立并不断发展自己的党报系统。在新文化运动中由陈独秀创办的《新青年》、陈独秀与李大钊等人创办的《每周评论》及在五四运动后由毛泽东任主编的《湘江评论》等,都在宣传民主、科学、革命的思想方面有着广泛而深远的影响。在中国共产党成立之后,《向导》《中国青年》等党团机关报相继出版。在其后历经重重艰难的革命运动过程中,瑞金中央苏区的《红色中华报》、国统区的《新华日报》及延安的《解放日报》等都发挥了重大的历史作用,它们不仅是无产阶级革命运动的宣传工具,还是无产阶级政党的组织力量。

二、攻讦与谩骂

在代表商业社会生产力的资产阶级在西方各国登上历史舞台,经过资产阶级革命运动建立起资本主义制度之后,掌握了国家政权的资产阶级首先要面临的却是代表不同利益的党派之间的纷争。对于这种需求,资产阶级的政党报刊不再像资产阶级革命运动中的那样，而更多地体现为党派性，即为自己所代表的党派服务。在这方面，美国独立战争胜利之后的报纸体现得最为明显。

美国立国之初，联邦党和共和党两大政党形成。此时的共和党一定意义上是今天民主党的前身。联邦党的领袖人物是华盛顿内阁的第一任财政部长亚历山大·汉弥尔顿（Alexander Hamilton，1755—1804），而共和党的领袖人物就是《独立宣言》的执笔人、美国第一任国务卿托马斯·杰斐逊。联邦党主张建立一个强大的中央集权政府，共和党主张州和地方的控制权；联邦党倡导工业文明，共和党倡导农业社会；联邦党主张与英国交好，共和党主张与法国结盟。汉弥尔顿个人带有更多的贵族派头，杰斐逊则有更多的民主意识。两党之间的分歧与对立带来了报界的激烈争论与相互讨伐。

联邦党的机关报《美国公报》于1789年创刊，由约翰·芬诺（John Fenno）编辑。共和党的机关报《国民公报》于1791年创办，由菲利普·弗雷诺（Philip Freneau，1752—1832）主编。当芬诺嘲弄普通公民对政府官员提出控诉的权利时，弗雷诺对读者说，"对政府保持始终不懈的戒备"对于防止"野心勃勃的图谋"是必要的。他还警告说："如果有的地方这种戒备没有达到合理的程度，那么人民很快会受到压迫。"

于是有一天，弗雷诺对着汉弥尔顿猛烈开火了，抨击他在把短期借款转为长期借款的过程中有不法行为。那天弗雷诺用了"布鲁图斯"这个笔名，汉弥尔顿这位联邦党人领袖马上就发现他在新闻界碰上了一位不可等闲视之的劲敌。继第一篇文章之后，弗雷诺日复一日地开火攻击。他的无所顾忌激励着其他能言善辩的"喉舌"喊出了各就各位的口号，即使那些文采稍逊的反联邦党人编辑，也可以通过转载《国民公报》的"交换稿"来吸引读者。而惊恐万状的联邦党人则连篇累牍地撰写社论，对他极尽侮辱谩骂之能事，但是对于这些，弗雷诺加倍奉还。

弗雷诺如此行径惹得汉弥尔顿亲自加入论战，从而犯下了错误。汉弥尔顿给芬诺的报纸写了一篇不署名的文章，说政府职员不应该批评政府的政策。弗雷诺反击说，杰斐逊的国务院发给他的一点点薪水并不能封上他的嘴巴。汉弥尔顿作为那篇文章作者的身份已经暴露，他便攻击杰斐逊是《国民公报》上那些污言秽语的真正作者。两位内阁官员间的这场纷争只得由华盛顿总统来仲裁，但总统发现这一裂痕是无法弥合的。事实上，华盛顿总统也被他所称的"无赖弗雷诺"搞得甚为狼狈，因为弗雷诺写过这样的报道："一国之首长……几乎不了解国家的真实情况，尤其若是他因身居要职而自认为偶尔到人民中间去一下会有失身份。"弗雷诺把华盛顿当作一个理所应当的攻击目标，因为在这位主编看来，老将军华盛顿把自己的大名提供给了联邦党人做"招牌"。

无论是反对派还是政府，最终都没能制服弗雷诺。到头来，《国民公报》由于财政拮据停刊。与芬诺曾经得到汉弥尔顿的资助不同，没有什么好心人向弗雷诺伸出援手。

杰斐逊本可以提供一点帮助,但在他于1793年离开内阁后,弗雷诺便基本上得不到任何财政支持了。当黄热病袭来时,他的工人纷纷逃出城去,弗雷诺关闭了报社,此后再也没有复刊。他的报纸只出版了两年,但很难说当时是否还有别的出版物有过如此巨大的成功。

本杰明·富兰克林·贝奇(Benjamin Franklin Bache)是接过弗雷诺扔下的反联邦党人火炬的主要新闻工作者之一,他是本杰明·富兰克林的外孙。贝奇是一位性格活泼的年轻人,他感情冲动、才华横溢,常常出言不逊。他的作风受到弗雷诺的影响,他的报纸的党派倾向甚至比《国民公报》还要强烈,彻头彻尾的恶毒攻击对他来说简直就是家常便饭。

贝奇小时候生活在法国和瑞士,是由对他百依百顺的外祖父带大的。因此,从他踏入报界起,年轻的贝奇就对法国人的事业充满了同情。当华盛顿总统开始支持以汉弥尔顿等人为首的反法政党时,贝奇站到了这位独立战争的老英雄的对立面。像弗雷诺一样,贝奇在他想要置联邦党人于死地的宣传活动中采取了人身攻击的手段。他甚至企图侮辱这位"美国国父"的人格。他在1796年12月23日的《曙光女神报》上写道:"如果说曾经有人破坏过一个民族的话,那么华盛顿已经败坏了美利坚民族。"

作为报复,联邦党人砸烂了《曙光女神报》报社,并且殴打了这位主编。芬诺在大街上杖笞贝奇,威廉·科贝特(William Cobbett,1762—1835)则在《箭猪公报》上这样描写他:

> 这个穷凶极恶的家伙(他不愧是老本杰明的子孙)知道,但凡有点见识的人都瞧不起他,把他当成一个不可救药的骗子、一个工具、一个别人的走狗……他是个容貌丑陋的恶魔。他的眼睛从没有看到别人的膝盖以上。他脸色蜡黄,两颊凹陷,目光呆滞,给人的印象就像是一个在绞刑架上吊了一个星期或十天的家伙。

由于报刊上谩骂成风,一些历史学家把这一时期称为新闻事业的"黑暗时代"。杰斐逊在1807年写道:"如今报纸上的东西,没有一样是可以相信的。""没有哪一个细节是可以依靠的。我还要加上一句话:从来不看报的人,比看报纸的人消息更加灵通。"①

令人唏嘘的是,当1798年一场史无前例的黄热病肆虐当时的美国首都费城时,无论是联邦党的芬诺,还是共和党的贝奇,都无法再继续他们的论战,他们都死于这场可怕的流行病,弗雷诺的《国民公报》也被迫停刊。在黄沙一般袭来的黄热病面前,人们曾经无比热衷的相互中伤似乎都不值一提。

美国政党报刊的相互谩骂并非一国一时之现象。实际上,因为政党报刊是政党的宣传工具,在进行维护本党派利益、打击对立党派利益的活动时,政党报刊就容易变

---

① 伊尼斯.传播的偏向[M].何道宽,译.北京:中国人民大学出版社,2003:135.

成相互攻讦的利器。不过,从历史的另一面来看,不同政党、派别之间的争论在一定程度上也可以起到促进思想传播、推进社会运动的积极作用。在这方面,中国资产阶级革命派与保皇派之间的论战就是很好的例子。

清朝末期,以孙中山为首的革命派创办了《民报》,提倡建立民主共和制的资本主义国家。而以梁启超为首的保皇派创办了《新民丛报》,主张建立君主立宪制资本主义国家。1906年,这两份报纸围绕要不要进行民族革命,要不要进行民权革命,要不要实行土地国有、平均地权三个问题进行了一系列论战。这场论战以1907年《新民丛报》停刊而告终。经过这一番政党报刊的大论战,民主革命思想在中国得到普遍传播,三民主义也逐渐深入人心,同时许多保皇派人士转向革命,加入同盟会,为后来的辛亥革命提供了相当坚实的思想和组织基础。

第三节 商业报纸

1776年3月,苏格兰发明家詹姆斯·瓦特(James Watt,1736—1819)发明的第一台实用蒸汽机开始点火运行。以此为标志,一场前所未有的技术革命以燎原之势席卷整个人类社会。5年以后,瓦特彻底解决了蒸汽机做圆周运动的难题,一种全新的万能动力出现了,它驱动活塞、汽锤、石磨、飞梭,以前所未有的速度运转,指挥着鼓风机、滚轧机、纺纱机、织布机发出人类从未听过的声响。这呈现的是一个人类刚刚进入工业时代的全新景观。

蒸汽机不仅催生了难以计数的科学发明和技术创造,同时也引发了社会层面的一系列连锁反应。"在技术变革和使之成为必须的社会变革之间,存在一个时间差。"在谈到人类历史发展的困境时,《全球通史》的作者斯塔夫里阿诺斯说,在他看来,造成这个时间差的原因在于:"技术变革能提高生产率和生活水平,所以很受欢迎,且很快便被采用;而社会变革则由于要求人类进行自我评估和自我调整,通常会让人感受到威逼和不舒服,因而也就易遭到抵制。"[①] 这也就意味着,在重大的技术变革发生之后,相应的社会变革发生的时间越短,那么社会发展的速度就会越快。这种矛盾和规律用马克思主义的观点来看,即当生产关系适应了生产力的发展,就会带来对生产力的极大解放。

实际上,技术变革和社会变革正是改变人类社会面貌和发展路径的决定力量,二

---

① 斯塔夫里阿诺斯.全球通史:从史前史到21世纪(第7版)(上册)[M].吴象婴,梁赤民,董书慧,等译.北京:北京大学出版社,2006:7.

者并不同步发生，但反映在人类历史的变动过程中，二者实际上互为动因：技术变革为社会变革提供需求和契机，社会变革为技术变革准备基础和条件。人类社会的发展是在二者的交替促动中螺旋式上升，正如 DNA 分子的性质由双螺旋链决定一样，一个时代或社会的基因，正是由作为双螺旋链条的技术变革和社会变革决定的。

工业革命发生之前，即将成功的资产阶级革命为其提供了社会基础，而工业革命发生后，工业革命本身又在资产阶级掌权的社会和国家中诱发出新的社会变革。在以蒸汽机为标志的技术革命发生之时，西方各国已经发生了天翻地覆的社会变革。经过波澜壮阔的资产阶级革命，西方各国的资产阶级已经登上历史舞台，纷纷建立起资本主义制度。相较于以往由王室或教会统治的集权制度，这种以自由、民主、平等、分权为基础的社会制度能够更为灵活地适应商业社会生产力的发展需求。因此，当这种制度在西方各国普遍建立之后，对生产力的解放就以工业革命的方式在西方显现。

瓦特的第一台实用蒸汽机点火的地方是英国伯明翰郊区的布卢姆菲尔德煤矿。蒸汽机可以让人类挖掘更深的地下矿层。地球在远古的地质年代形成煤和铁，它们能够发挥出巨大的力量，并且构建出人类物质生活的新基础，成为衡量社会需求和经济规模的新标杆。煤、铁即国家实力，这就是工业时代的真谛。19 世纪初期，英国工业生产量已占全世界总产量的百分之五十，西欧人均可得到的能量为亚洲人均的 29 倍。19 世纪欧洲对世界的支配，依赖的正是以蒸汽机为代表的有着深刻的社会变革能力作支撑的技术力量。

自 18 世纪后期开始，工业革命在已经或即将建立起资本主义制度的欧美各国相继展开，又在西方社会引发了新的社会变革，这对此后 200 多年的西方乃至全球的政治、经济、文化产生了深远影响。这种变化与影响反映在信息与媒介层面，首先体现为以党派性为特点的政党报纸逐渐走向衰落。报业逐渐成为整个商业社会协调发展的一部分，报纸可以为商业社会的繁荣提供信息，同时自身也成为商业，变为可以挣钱谋利的商品。商业的一个基本逻辑是向尽可能多的人提供产品和服务，因此，报纸只服务于一小部分人的时代过去了。作为商品，报纸要尽可能多地面向大众。

于是，当工业革命拉开西方现代社会的大幕之时，随着商业报纸的出现，大众媒介的时代开启了。

一、商业报纸出现的社会背景

商业报纸是工业革命以来一系列社会变革综合作用的结果，其兴起有着纷繁复杂的历史背景和现实条件。总的说来，"在这个时代，人们在下列各方面取得了显著的发展：物质力量和财富，工业主义和工业化，技术和科学知识，运输、交通和贸易，人口和人口迁移,中央集权制政府,民主政治,阅读与写作能力和教育,舆论和报刊等。"① 具体来说,商业报纸的出现与以下几个方面密切相关。

第一,政治民主,舆论自由。到19世纪末,西方许多国家都完成了资产阶级民主革命,确立了与本国国情相适应的资本主义制度。除英、法、美等国确立资本主义制度,日本经过明治维新、俄国经过农奴制改革、德国经过第一次世界大战,都建立起与商业社会相适应的国家制度体系。充满扩张进取之势的资本主义,在向世界拓展之际,也在不断调整自身的经济基础与上层建筑,使之适应资本主义的发展,其中自然包括意识形态领域日渐开放、日渐宽松的"民主自由"新气象。英国知识税的废除、法国新闻法的颁行等都是这种新气象在新闻传播领域的体现。随着政治民主化、舆论自由化,普通民众参政议政的机会越来越多,热情越来越高,人们对各种事关社会民生的事务及信息愈发关注。

第二,经济发展,贸易繁荣。西方许多国家经历了工业革命,经济贸易繁荣。"美国的经济在1870年至1900年间发生了根本变化,这个最大的食品和原料生产国变成了第一流的工业生产国。"② 最能说明问题的是国际贸易增长的数字。在19世纪70年代中期以后的30年中,国际贸易的价值以黄金计算,大概翻了一番还多。如果把价格下跌这一因素计算进去,贸易额可能增加了两倍。③

现代贸易的发展产生了广告的需求,而广告又离不开各种各样的媒介。当报纸有了来自广告的经济支撑之后,报纸对政党的经济依赖就越来越弱,报纸作为一个行业逐渐走向独立,以至于历史学家们把商业报纸称为"独立报纸"。当然,这种"独立"是相对于之前对政党的依赖而言的,实际上,对广告的依赖又使此后报业的发展方向发生另外一种偏移。"1880年,平均每家报纸25%的版面是广告;第一次世界大战期间,广告版面占50%,今天(即20世纪末)已达60%-70%。"④ 如今,包括报纸在内的各种媒介基本上被商业力量所控制,这正是报纸对广告过分依赖的结果。

第三,教育普及,受众增加。工业革命为教育的普及提供了时代性的需求。大工业生产需要劳动者具备较高的文化水准,一个文盲或半文盲的社会是不可能发展出工业文明的。而自文艺复兴以来,教育在西方各国的普及已是一个显著的社会现象和历史过程。以法国为例,1828年至1846年,识字的法国人增加了百分之五十以上,后

---

① 欣斯利.新编剑桥世界近代史:第十一卷[M].中国社会科学院世界历史研究所组,译.北京:中国社会科学出版社,1999:1.
② 欣斯利.新编剑桥世界近代史:第十一卷[M].中国社会科学院世界历史研究所组,译.北京:中国社会科学出版社,1999:1.
③ 欣斯利.新编剑桥世界近代史:第十一卷[M].中国社会科学院世界历史研究所组,译.北京:中国社会科学出版社,1999:72.
④ 德弗勒,丹尼斯.大众传播通论[M].颜建军,译.北京:华夏出版社,1989:73.

来，普及教育运动不断展开，到 19 世纪末，几乎遍及全国。① 文字传播是有知识门槛的，阅读必须以识字为前提。西方近代以来教育的普及提升了普通民众的知识水平，降低了文字传播的社会门槛，为以文字为主要传播符号的报纸拓宽了读者群体。

第四，城市兴起，人口集中。工业社会集中了人口，也集中了劳动，它把大批的农村人赶往城市，把成千上万的劳动力集中到工厂。到 19 世纪末，英国社会已成为世界上城市化水平最高的社会：10 个英国人中有 9 个住在城市里。②1790 年，美国的第一次人口普查显示，当时只有不到 3.5% 的人居住在城镇里，而到 1900 年这个比例上升到 1/3。"世界各地的城市都在以极快的速度向前发展，到 1930 年，城市人口已达 41,500 万，占人类总人口的 1/5。这是人类历史上一个巨大的社会变化，因为在城市居住意味着一种全新的生活方式。到 1914 年，在英国、比利时、德国和美国等许多西方国家，绝大多数人口都已生活在城市里。"③

从农场到工厂，从农村到城市，生活方式的巨大转变给这个时代的人们带来了无法想象的困惑。飞转的机器给在流水线上工作的人们带来了前所未有的紧张，拥挤的城市生活空间带给人无法排解的压抑。为了缓解工作生活的巨大压力，工人们开始酗酒。以英国为例，在 1830 年的格拉斯哥，每 12 幢房子中就有一家酒馆，而在 1840 年，每 10 幢房子中就有一家酒馆；在曼彻斯特市，至少有近 1000 间小酒店、啤酒店和杜松子酒窖，90% 左右的顾客都是工人。统计数据表明，工人阶层用在酒上的开支占其收入的 1/5 到 1/4，有些家庭甚至要把 1/3 到 1/2 的收入用在饮酒上。在英国历史学家眼里，工业革命时期不亚于蒸汽机的另一项关键发明，即一种在伦敦街头随处可见的手推车中售卖的杜松子酒。从农村到城市的生活转变是如此突然和令人恐慌，只有在便宜而浓烈的杜松子酒带来的集体迷醉与狂欢之中，人们才能度过时代变幻旋涡中的一个又一个夜晚。

城市的兴起与人口的集中为报业提供了读者群，也为报业形成了一个相对集中的发行区，而人们生活节奏的改变也产生了休闲的需要，由此作为大众媒介的商业报纸应运而生。实际上，大众媒介是与都市中心同步发展的，正如《权力的媒介》一书所言：没有都市中心，大众媒介不可能产生；同样，没有大众媒介，都市中心的发展恐怕也不会成功。④

---

① 瓦郎纳. 当代新闻学[M]. 丁雪英, 连燕堂, 译. 北京：新华出版社, 1986：104.
② 加亚尔, 德尚. 欧洲史[M]. 蔡鸿滨, 桂裕芳, 译. 海口：海南出版社, 2000：483.
③ 斯塔夫里阿诺斯. 全球通史：从史前史到 21 世纪（第 7 版）（下册）[M]. 吴象婴, 梁赤民, 董书慧, 等译. 北京：北京大学出版社, 2006：495.
④ 阿特休尔. 权力的媒介[M]. 黄煜, 裘志康, 译. 北京：华夏出版社, 1989：42.

二、廉价报纸

19世纪初期,报纸已经是有着两百年历史的媒介了,但是,刚产生的报纸与产生两百多年后的报纸并不一样,其中一个重要的不同在于价格。以美国为例,当时报刊发行人每年向每一份报纸的订户预收6至10美元订费,这个数字超出了大多数熟练工人一星期的收入。①

工业革命以后,报纸逐渐形成了以广告收入为主的盈利模式。商业广告的利益驱动必然要求报纸面向尽可能多的读者,而当报纸不再以发行作为主要的收入来源时,价格就越来越便宜,就有更多的人买得起报纸,而更多的受众就意味着更大的广告效应。正是这种符合商业逻辑的盈利模式带来了商业报纸的繁荣,而这种价格低廉的报纸被称为"廉价报纸"。

(一)美国三大便士报

1. 本杰明·戴伊与《纽约太阳报》

本杰明·戴伊(Benjamin Day)创办的《纽约太阳报》(简称《太阳报》)是美国商业报刊诞生的标志,它是第一张获得成功的"廉价报纸"或"便士报"。

《太阳报》并不是美国的第一份便士报,在它之前已经有3家同类报纸,不过寿命都不长。当戴伊于1833年9月3日出版《太阳报》时,美国定期发行的报纸共有1,200种左右,其中大部分是政治性的党派报纸,且大多价格不菲。②当时的纽约报纸都卖6便士一份,而《太阳报》售价为1便士。

当时,纽约暴发霍乱,靠接印刷零活艰难维系生计的出版商戴伊认为,办一份便士报能够有助于他的生意收支相抵。不过,戴伊一开始并不看好这个项目,因此首份报纸一直推迟到1833年8月才印刷。1833年9月3日,4页版的《太阳报》诞生在戴伊的双滚筒印刷机下。首日报纸1/3的版面是广告,另外1/4的版面混排着诗歌、轶事奇闻和小故事,其他版面则主要刊登各种船运、治安信息和普通新闻。

在《太阳报》的创刊号上,戴伊宣称,本报的宗旨是"在每个人都能支付的价钱下,将一天中发生的所有新闻奉献在公众面前,同时也给刊登广告提供一个便利的工

---

① 埃默里·M,埃默里·A.美国新闻史——报业与政治、经济和社会潮流的关系[M].苏金琥,张黎,阮宁,等译.北京:新华出版社,1982:160.
② 斯隆.美国传媒史[M].刘琛,译.上海:上海人民出版社,2010:181.

具。"①《太阳报》旨在迎合下层民众的兴趣，刊登的主要是自杀、犯罪、审判、失火等事件。由于注重人情味、趣味性和幽默感，《太阳报》自然比政党报刊具有吸引力，再加上便宜，普通人都能买得起，所以短短6个月时间，其发行量就达到约8,000份，超过了纽约所有报纸。

1838年，《太阳报》的发行量超过3万份，相当于纽约其他报纸的发行量总和，到1839年则为5万份。这对广告商产生了巨大吸引力，《太阳报》由此获得了大量广告收入。广告收入的增加进一步加强了《太阳报》的独立性。戴伊创办《太阳报》时年仅22岁，不名一文，而当他在1838年将报纸盘出时，《太阳报》的发行量已经达到了3.4万册，整体售价为3.8万美元。有新闻史学家说，他是依靠办报发财致富的第一人。

《太阳报》吸引读者、增加销量的秘诀在于加强对耸人听闻类新闻的报道。1835年8月，《太阳报》上的一则消息惊呆了读者。理查德·亚当斯·洛克（Richard Adams Locke），英国哲人约翰·洛克的旁系后代，在他名为"巨大的天文学发现"的6期系列报道中说：一位南非的天文学家发现月球表面被类似冷杉和棕榈树的植被所覆盖，还有像野牛和斑马的动物在其间漫步。读者在这个分期连载的最后部分还看到，月球也是"智能生物"的家园，这里某些生物的长相和行为都酷似人类，但它们有类似蝙蝠的翅膀，能够飞翔。据报道，这些内容是《太阳报》在一份苏格兰科学期刊上发现的。

关于月球的故事引起了巨大反响。其他报纸争相转载，《太阳报》的发行量剧增。不过，没等这一系列文章结篇，《纽约先驱报》和《商务新闻报》就已经公开抨击这个骗局。《商务新闻报》的声明理由尤其充分，因为原文的作者洛克已经对杂志社同伴坦白这是他杜撰的事件。"月亮上的骗局"成为那个时代著名的假新闻代表。

不过，《太阳报》从未承认过它是骗局，仍然在1835年9月中旬坚称其来源于一家著名的科学杂志报道的一位受人尊敬的天文学家的科学活动。同时，《太阳报》很愿意看到这篇文章的内容本身已经成为新闻事件，文章的真实性反而变得不那么重要了。《太阳报》报道说："即使是那些怀疑事情真实性的人都很钦佩这些文章所展现的高超写作技巧，以及由此带来的娱乐效果。""月亮的骗局"表明，除了传播信息，早期便士报的另一项重要功能是提供娱乐。商业报纸在其发端之时，就已经开始制造假新闻来招揽读者，其危害深远。

随着便士报的出现，娱乐性、趣味性替代了早期报纸的时效性、重要性、新鲜性，成为报纸新的价值取向，这导致人们对新闻的定义发生改变。查尔斯·安

---

① 阿特休尔. 权力的媒介[M]. 黄煜, 译. 北京：华夏出版社, 1989：53.

德森·达纳（Charles Anderson Dana，1819—1897）任《太阳报》主编时，其城市版主编约翰·博加特（John Bogart）对一个年轻记者说："狗咬人不是新闻，人咬狗才是新闻。"这一令人印象深刻且广泛传播的概括成为西方对新闻的最重要定义之一。

2. 贝内特父子与《纽约先驱报》

詹姆斯·戈登·贝内特（James Gordon Bennet，1795—1872）是英国人，后来移居美国。他曾多次办报，但都以失败告终。他于1835年创办的《纽约先驱报》（简称《先驱报》）终于获得成功。《先驱报》效仿《太阳报》耸人听闻的手法，并在低级趣味上变本加厉，成为当时"世界上最耸人听闻、最黄色和刺激性最强的报纸"[①]，以至于很多人买到《先驱报》都不敢带回家去看。

《先驱报》由于报道大量庸俗无聊的社会新闻，甚至肆意谩骂政治家和宗教人士，引起了一些人的不满。1840年，纽约几家报纸联手对贝内特及其《先驱报》展开所谓的"道德战争"，大家一致斥责贝内特是报界的败类。后来，这场持续数月的道德战争导致《先驱报》的销量锐减1/3，许多广告客户都不愿意在该报继续刊登广告，贝内特这才收敛锋芒以挽回损失。

贝内特创办《先驱报》时的开业资金仅500美元，可当他去世时，他已经腰缠万贯了。贝内特去世后，他的儿子小贝内特接班，成为新的发行人。小贝内特是个挥霍骄奢、狂妄傲慢、行为怪诞之人。在他作为发行人的45年职业生涯中，他是一个总把个人的一时兴起放在第一位的独裁者。他一生中大部分时间住在巴黎，很少到《先驱报》的办公室去。[②] 为此他常常将纽约的编辑召到巴黎议事。有时候，编辑们"奉命"千里迢迢赶到巴黎，他却一面不见又将他们打发回去。但是，小贝内特每天从巴黎用电报向纽约发出指示，密切关注每个雇员的工作。有一次，他请人列出一份《先驱报》骨干人员的名单，并将名单上的人员悉数解雇。他的管理方针是不让任何个人获得重要地位。尽管他有许多很好的新闻直觉，但他同时强迫报社员工遵守许多根据他个人癖好制定的行动准则，还要报纸宣传他的个人信念。在这一怪人的统治下，《先驱报》日趋没落。

3. 霍勒斯·格里利与《纽约论坛报》

霍勒斯·格里利（Horace Greeley，1811—1872）出身贫寒，天赋过人，年仅5岁

---

① 霍恩伯格.西方新闻界的竞争[M].魏国强,陈进军,周力非,等译.北京：新华出版社,1985：34.
② 埃默里·M,埃默里·A,罗伯茨.美国新闻史——大众传播媒介解释史[M].展江,译.北京：中国人民大学出版社,2004：143.

就通读《圣经》，成年后投身政坛，青云直上，成为纽约辉格党三巨头之一。1841年，他创办了《纽约论坛报》（简称《论坛报》），该报纸成为辉格党最为成功的都市报纸，很快就在全国拥有了上万订户。

《论坛报》摒弃了一般廉价报纸的3种做法：煽情主义新闻、不健康的医药广告和虚伪的政治中立。该报有社会新闻和警事报道，但并不一味追求刺激。该报的创刊宗旨上说："我们将尽心竭力把报纸办成赢得善良的、有教养的人们嘉许的、受欢迎的家庭常客。"《论坛报》坚持一个很高的道德标准，故拒绝刊登关于治安法庭的报道、耸人听闻的谋杀案审判，以及戏剧作品，这使它成了"伟大的道德喉舌"。

格里利在《论坛报》上公开指责《太阳报》和《先驱报》等廉价报纸的庸俗堕落，他写道："便士报热衷于对蛰伏在社会内部恶魔般的欲望煽风点火。它们也许不会被指责犯有谋杀罪，但是，它们的的确确是犯了制造谋杀者这种更恶劣的罪行。"[①] 然而，格里利创办的《论坛报》旨在"增进人民的利益，提高他们的道德良知、政治素养和社会福利水平"[②]。

格里利创办《论坛报》的初衷绝非政治，他并不打算把《论坛报》办成严格意义上的辉格党党报。事实上，格里利后来回忆说，他对"奴颜婢膝的党派偏见"的鄙视不亚于对"装腔作势的中立性"的反感。他甚至说："一份刊物若能够忠于其引领的信念，同时勇于揭露和谴责本党部分党员微不足道的行为和偶然的错误，那么相比于出于政党偏见或者眼前利益而去称赞或非难、祈祷或诅咒，前者必定会更加有成效，更加显示政党的睿智。"

虽然《论坛报》并不总能达到格里利公开声称的道德标准，但它仍不失为一份颇具影响力的报纸。农民们把它的周刊看作福音书。格里利的文化巡游演讲会总能吸引众多听众。在19世纪中期美国大部分重要的全国性问题中，从废除奴隶制到内部改革，从禁酒运动到开拓西部，格里利都扮演了重要角色。

格里利主持下的《论坛报》成为反对奴隶制的先锋，他视蓄奴制为奴隶主攫取联邦权力和阻碍自由进程的阴谋。内战期间，他反对亚伯拉罕·林肯（Abraham Lincoln，1809—1865）的温和做法。1862年夏，他在社论《两千万人的祈祷》一文中，要求对联盟国政权采取更猛烈的攻击，并且加快释放奴隶。一个月后，当林肯释放奴隶的宣言发表后，他发出了热烈的欢呼。格里利支持对待徙居者实行自由政策，1865年，他发出了著名的号召："小伙子们，到西部去，和你们的国家一起成长。"有人回忆说："当我年轻时，格里利第一次发出了此号召，我就启程前往西部了。"

---

① 德弗勒. 大众传播通论[M]. 颜建军, 译. 北京：华夏出版社，1989：285.
② 阿特休尔. 权力的媒介[M]. 黄煜, 译. 北京：华夏出版社，1989：170.

格里利是一个社会改良主义者，信奉查尔斯·傅立叶（Charles Fourier，1772—1837）的空想社会主义。他希望能用改良的方式医治资本主义的弊端，来实现他所向往的"慈善的资本主义"。为此，格里利撰写过许多社论来解释空想社会主义理论。从1852年到1862年，他还聘请马克思担任《论坛报》的英国通讯记者，在此期间，马克思和恩格斯为《论坛报》撰稿达500余篇。马克思曾称赞《论坛报》为"民主社会主义的报纸"。

（二）英国的便士报

1. 劳森与《每日电讯报》

《每日电讯报》由亚瑟·斯莱（Arthur Sleigh）上校于1855年6月29日创办，创办初期并无特色，在陷入财政困境后由其债权人约瑟夫·摩西·莱维（Joseph Moses Levy）收购，并进行了大胆改革。他按一便士出售该报，在降低报价的同时却未降低报格。这份报纸质高价廉，注重社论，反映民声，因而迅速打开了销路。不过此时，这份报纸并未真正在英国的便士报中脱颖而出。

《每日电讯报》对英国报业产生历史性的影响是在莱维的儿子爱德华·莱维·劳森（Edward Levy Lawson，1833—1916）成为主编以后，他让这份报纸变得更满足大众的需求。在内容上，扩大报道面，注重趣味性，声情并茂，富于感染力。在编辑上，采用美国做法，对重大消息采用多项标题以示强调。劳森声称，办报旨在促进社会和国家进步，力争质高价廉，并积极投身社会改革运动，在他主持下，《每日电讯报》成为英国廉价报纸的先驱，劳森也被称为英国"报业之父"。

劳森还特别重视人才，他到处网罗一流作家，其中最具代表性的是埃米尔·约瑟夫·狄龙（Emile Joseph Dillon）。狄龙是著名的语言学家，精通欧洲各国文字，并通晓东方语言和中世纪语言。这位学者有着不同寻常的全面能力，他勇于进取，为了获得独家新闻不畏艰险；他与政治家、外交家们交往密切，常能获得机密消息；作为著名记者，他经常受到各国国王的款待，因而被朋友们称为"无冕之王"[①]。后来，人们为了表达对记者的敬意，将"无冕之王"的雅称送给所有记者。

2. 北岩与《每日邮报》

2011年8月4日，家住英国普利茅斯的詹金斯夫妇在家中找到一个宝贝：一张发行于100多年前的《每日邮报》，它的价值不仅体现在年头久远，而且体现在上面的内

---

① 郑超然，程曼丽，王泰玄. 外国新闻传播史[M]. 北京：中国人民大学出版社，2000：73.

容竟然准确地预测了此后100多年发生的一些重大事件。比如，它预测了20世纪出现的航空、高速火车、移动电话以及英吉利海峡开通海底隧道等重大事件，而百年来的变化可证明其预见性非比寻常。

这张使用金色油墨的报纸于1900年12月31日发行，是为了庆祝20世纪来临而推出的纪念版。《每日邮报》由北岩勋爵（Lord Northcliffe，1865—1922）在1896年创办，被认为是英国现代资产阶级报业的开端。

北岩，原名阿尔弗雷德·哈姆斯沃兹（Alfred Harmsworth），是英国现代新闻事业的创始人，有"舰队街的拿破仑"之称，于1905年受封为勋爵。他年轻时就有丰富的办报经验，了解读者的兴趣，主张新闻写作要简练易懂，并应用地图、照片注解新闻报道，他说："不要忘记，你正在为那些知识浅陋的人们写作。"

1896年5月4日，《每日邮报》正式面世，在报头的两侧，赫然印着两句口号：半便士的便士报、"忙人"的日报。《每日邮报》诞生之前，英国报纸呈两极分化格局：在市场的底端，有大量售价半便士的通俗报纸，这类报纸面向底层读者，虽然便宜，但质量粗劣；在市场的顶端，有像《泰晤士报》这样的"高尚"报纸，但与普通大众的兴趣相去甚远。北岩认定在这两种报纸之间还存在一个巨大的中游市场，决心创办一份面向中产阶级的报纸。按他的设想，这份报纸应该是便宜而不失精致的，它的新闻应该新鲜、简单而有趣。

《每日邮报》创造了英国报纸的众多第一：第一份建立一支遍布全球的通讯员队伍的报纸；第一份辟有专门妇女版的报纸；在1901年波尔战争期间，该报还任命了第一位战地女记者——英国前首相温斯顿·丘吉尔（Winston Churchill，1874—1965）的姨妈萨拉·威尔逊（Sarah Wilson）。

在创办《每日邮报》的过程中，北岩得到了他的弟弟哈罗德·哈姆斯沃兹（Harold Harmsworth）的帮助。后来被封为"罗斯米尔子爵"的哈罗德有一个"对数字有良好感觉的头脑"。北岩做事充满激情，敢闯敢干；哈罗德则在背后精打细算，帮他控制风险，两人配合得天衣无缝。他们原来估计《每日邮报》初期的发行量可以达到10万份，结果第一天就卖了近40万份。

北岩是英国大众报刊的标志，开报团之先河。北岩先后创刊和购买了《每日邮报》（1896年）、《每日镜报》（1903年）、《观察家报》（1905年）及多家地方报刊。1908年，北岩又取得了《泰晤士报》的控制权，从而摘得了英国新闻界的皇冠。北岩报团也成为英国最早、最大的报团。

作为英国现代新闻事业的创始人，北岩对英国的影响其实远远超出了报界。一战期间，北岩担任"对敌宣传总监"，主持对德宣传。他用飞机向德军投掷成千上万的宣传品；这种"纸弹"在瓦解德军士气方面起了很大作用。正是由于他对社会的广泛影响力,人们说他的影响"与整个教育部相比,有过之而无不及"①。

三、黄色报纸

19世纪末,随着商业报纸的逐渐成熟,报业进入销量剧增、利润暴涨的"黄金时期",报纸盈利能力增强,社会影响扩大,这引发了报业内部的激烈竞争。这一方面促进了新闻业务能力的全面提升,另一方面也因唯利是图甚至不择手段而使报格"堕落"。这是最好的时代,也是最坏的时代,更是黄色报纸的时代。

这一时期最具代表性的人物毫无疑问就是约瑟夫·普利策(Joseph Pulitzer,1847—1911)与威廉·兰道夫·赫斯特(William Randolph Hearst,1863—1951)。

(一)普利策与《纽约世界报》

1. 普利策的早期经历

约瑟夫·普利策1847年出生于匈牙利。少年时期,他曾在私立学校受过良好教育。17岁时,他离家出走,想去参军,但由于视力差、身体弱,奥地利军队和法国外籍军团都拒绝接收他。1864年美国内战期间,一名负责为联邦军招募欧洲志愿人员的美国代理人不那么挑剔,招募了普利策。从此,普利策成了林肯骑兵部队中的一名战士。

战争结束后,实际上没有打过仗的普利策流落到纽约,身无分文,语言不通。他干过许多临时性的苦差事,还在密苏里州圣路易斯的一家餐馆当过招待。但是,强烈的求知欲和充沛的精力促使他不断进取。1867年,他加入了美国国籍。一年后,他开始在《西部邮报》担任记者。他没日没夜地工作,挖掘各种类型的新闻,很快就在那些嘲笑他行为怪诞的同事中脱颖而出。

1878年12月9日,普利策买下了《圣路易斯快报》。他的主要收获是再一次获得了美联社社员的资格。3天之后,他将《圣路易斯快报》与约翰·迪龙(John Dillon)1875年创办的《圣路易斯邮报》合并,美国最大的报纸之一《圣路易斯快邮报》就这样诞生了。在最初的4年中,它是圣路易斯最大的晚报,每年净赚45,000美元。由于他作为主编兼发行人的天赋,30岁出头的普利策已经取得了辉煌的成就,当然,未来他将达到的高度还要远远超出人们的预期。

普利策善于把煽情的、刺激的社会新闻纳入他的理性报道。他认为,关于犯罪、

---

① 郑超然,程曼丽,王泰玄.外国新闻传播史[M].北京:中国人民大学出版社,2000:86.

邪恶和灾祸等社会新闻的报道，是为了让人们认识到社会问题的严重性，并与它进行斗争，而且这样的新闻容易吸引读者。报纸有了读者，报纸的社论也就有人看。社论针对社会问题指出解决办法，自然就引导了舆论。普利策将刺激性与理性有机结合起来，这为他在纽约的报业擂台上大展拳脚做足了准备。

2.《纽约世界报》

1883年，在远赴欧洲休养的过程中，普利策获悉《纽约世界报》(简称《世界报》)待价出售，于是将其买下，开始了新的征程。

普利策接手《世界报》时，纽约的《先驱报》《太阳报》《论坛报》《时报》等都是其强有力的竞争对手，但普利策并不在意，因为纽约还没有一家像《圣路易斯快邮报》这样的报纸。普利策，这位有些神经质但精力充沛的人，已经做好了在这个国家最重要的报业市场将其在圣路易斯获得的成功秘诀付诸行动的准备。

普利策很快改组了编辑部，还向圣路易斯发电报请来两名出色的编辑，并于1883年5月11日出版了第一期《世界报》。《世界报》的开篇社论中宣布的创刊新宗旨与5年前普利策在圣路易斯的发刊词十分类似。他宣称他将为读者提供更多的新闻，更鲜明的新闻，每一个人都能读的新闻。很快这一特点就在该报中凸显。当时布鲁克林大桥开通在即，普利策以罕有的3个专栏插图作为头版内容的举动使读者大吃一惊。对普利策来说，"鲜明"就意味着不仅图文并茂，图胜于文，而且图片的使用被当成追求轰动效应的标准特征。

普利策还积极提高报纸质量。他利用第一版报头两侧的版位提高发行量，刊登独家新闻。他做的第一件深得人心之事是鼓吹把那座被誉为世界奇迹的布鲁克林大桥向每天上班的人免费开放。

普利策想要为弱势群体创立一种报纸，而这样的弱势群体在满是移民的纽约可谓比比皆是。他谨慎地避免刊载贬低外来移民的新闻或专题文章，同时他也不允许在文章撰写中使用种族方言，尽管这在当时是廉价文学最流行的形式之一。

作为他在圣路易斯创始的声讨风格的延续和发展，普利策通过为自由女神像筹集20万美元款项的运动将自己的事业推向了顶峰。自由女神像是法国人民送给美国的礼物。这项募捐活动从无数贫穷的移民中收集了大量的1美分、5美分和10美分的硬币。通过这次活动，普利策不仅扩大了报纸发行量，而且令广大民众都有了一种当家作主的感觉，使他们认识到自己是这座重要的公众纪念碑的主人。[①]

普利策只花了两年时间就使《世界报》在纽约的发行量达到了20.7万份，超过了

---

① 斯隆.美国传媒史[M].刘琛，译.上海：上海人民出版社，2010：340.

1美分一份的《新闻晚报》。他广受尊敬并非因为他给新闻界带来了革新,而是因为他在赚取利润方面取得了巨大成功。《世界报》在普利策的领导下成了新闻潮流的引领者,其他报纸纷纷效仿。

1893年11月9日,美国《世界报》登出了两个半版面的彩印插图,插图描绘了大西洋花园夜景和教会活动,这是世界上最早的彩印版报纸。

其实,彩色印刷并不是一个新鲜概念,早在1457年就有人印刷红色与蓝色的宗教书。1893年彩色印刷机出现,《世界报》将当时可用的五种颜色用到极致,色彩开始成为版面元素的一部分。该报从黑白印刷转为彩色印刷后,发行量曾超过100万份。

《世界报》最早刊登了彩印插图,也最早设置了彩色印刷连环画专页,每张画的中心人物都是一个穿着肥大衣服、没有牙齿、咧嘴而笑的"黄色幼童"。这个"黄色幼童"马上出了名,"黄色"逐渐成为低级趣味、色情的代名词。

普利策清楚地认识到《世界报》潜在读者群的特点。19世纪80年代,纽约市的人口增加了50%。普利策努力吸引新市民对他的报纸的关注。当时,在纽约市内,每5个人中就有4个是在外国出生的。普利策身为移民,对这一事实非常敏感。他也了解社会经济发展趋势,了解他的读者既希望得到娱乐,又希望报纸起到先进的范导作用。因此,他的《世界报》以生动的方式报道重大新闻,不断满足变化的社会需求,并以煽情的新闻内容和版面来积极适应现实情况。

除了实用的讨伐与促销手段,噱头也是《世界报》的特长。在这方面,最大胆的尝试是1889年派内力·布莱(Nellie Brown)周游世界,看她能否用少于儒勒·凡尔纳(Jules Gabriel Verne,1828—1905)在他的小说《80天环游地球》中建议的时间完成一次环球旅行。内力·布莱是女记者伊利莎白·科克兰(Elizabeth Cochrane)的笔名。她曾以招引男性无赖的方式写文章揭露现实;或伪装成精神病患者混入纽约的精神病院采访消息,以此活跃《世界报》的版面。当内力乘船、乘火车、骑马、坐触板周游世界各地时,《世界报》举办了猜谜比赛,吸引了将近100万人参加此项活动,一同猜测她到达各地所需的时间。布莱没有让读者失望。最终,她以72天的时间完成了周游世界的旅行。在一片欢呼声中,她乘坐旗帜飘扬的专车从旧金山回到了纽约。

3.普利策的遗产

普利策举世皆知的遗产是哥伦比亚大学新闻学院以及普利策新闻奖。

早在1892年,普利策就已向位于纽约市的哥伦比亚大学提出捐款创立新闻学院的要求,但被婉言拒绝。因为当时人们还不把新闻看成一门学问,而只把它当作一种技艺。经过普利策的一再要求,哥伦比亚大学最终接受了他的捐赠与计划。按照约瑟夫·普利策1911年逝世时的遗愿,普利策给该校的赠款总数为200万美元,同时哥伦比亚大学在这个数目上又增加了50万美元。

可惜普利策没等到新闻学院诞生便离开了人世。哥伦比亚大学新闻学院成立于1912年,如今已成为美国新闻学教育的重镇,学院主办的《哥伦比亚新闻学评论》也是一份权威的新闻学刊物。1935年,哥伦比亚大学新闻学院又改为新闻研究生院,专门招收大学毕业生以及具有工作经验的新闻从业者,然后对他们进行一年的强化式专业培训。另外,学院还主持评选一年一度的普利策新闻奖。

普利策新闻奖从1917年开始设立,每年5月颁发,现在包括新闻、文学、戏剧、历史与音乐等项目。其中,新闻奖刚设立时共有5个奖项,现在已经增加到10余项,比如公众服务奖、最佳地方报道奖、最佳全国报道奖、最佳国际报道奖、最佳社论奖、最佳漫画奖、最佳新闻照片奖等。在今天的美国新闻界,普利策新闻奖的地位就同奥斯卡金像奖在美国电影界的地位一样重要。

(二)赫斯特与《纽约新闻报》

1. 赫斯特的早期经历

实际上,在纽约报界如日中天的普利策并不孤独,相反,他和他的《世界报》时时要面临残酷竞争,其中对他威胁最大的是《世界报》曾经的实习生、来自旧金山的富二代威廉·兰道夫·赫斯特(William Randolph Hearst)。相对于普利策而言,赫斯特更是黄色报业的典型代表。

赫斯特1863年出生于旧金山的富豪之家,父亲靠银矿发财,母亲又精于管家。20岁时,赫斯特被一心想通过办报追求政治权力的父亲送进了哈佛大学。他在哈佛大学就学期间就已显示日后必将令人侧目的潜力,挥霍无度、喝酒闹事、恶搞老师,大二即被学校开除。不过,他在波士顿也并非一无是处,他在担任幽默杂志《讽刺文》的经理时就很出色。上学期间真正对赫斯特产生决定性影响的是假期到他最感兴趣的《世界报》实习,被学校开除以后,赫斯特还花了一些时间到纽约研究普利策的办报技巧,然后才回到旧金山。

赫斯特24岁时,他的父亲成为加州参议员,他也成为父亲经营的《旧金山考察报》的主编。这位《世界报》曾经的实习生很快就证明他在普利策那儿取到了真经,他野心勃勃地对这份报纸进行改革。改革后的第一年,报纸销量就翻了一番。到1891年,这份报纸每年可获利30万到50万美元。不到而立之年的赫斯特已经在旧金山报界站稳了脚跟,不过,赫斯特并不打算在西部长住,他真正向往的是普利策称霸的纽约报界。

2. 黄色新闻之争

1895年，赫斯特说服他的母亲卖掉家里经营的铜矿，他带着750万美元现款来到纽约。他的到来标志着普利策的《世界报》在同行中遥遥领先的黄金时代终结。《世界报》的成功极大地影响了野心勃勃的青年赫斯特，他来纽约的目的就是想看看自己是否能够超越普利策先生，成为"比普利策还普利策"的成功者。

有意思的是，赫斯特在纽约的报业生涯是从买下普利策的兄弟阿尔伯特·普利策（Albert Pulitzer）创办的《纽约新闻报》开始的。当时正值《纽约新闻报》业绩不佳，赫斯特只花了18万美元就得到了它。①赫斯特十分幸运，在购买报纸所有权上节省了大笔资金，这确保了他日后大方地付给员工薪水，而这正是他对付普利策的利器。

有750万家产做后盾的赫斯特构思了一个大胆的、旨在迅速成功的计划。他着手挖来普利策最好的员工，这不仅可以增强自己报纸的力量，而且给了其主要的竞争对手当头一棒。赫斯特雇用了全体《世界报》周末版的员工，其中就包括广受欢迎的系列漫画《黄孩子》的作者理查德·费尔顿·奥特考特（R.F. Outcault，1863-1928）。

1895年，著名漫画家奥特考特创作的系列漫画《黄孩子》开始在普利策创办的《世界报》星期日版上发表。故事的主人公是一个六七岁年纪、身着脏睡衣、有着大脑袋的小孩儿，这个兴高采烈、咧嘴而笑、面目没有特点的"黄色幼童"在纽约走街串巷，发表观感，很受欢迎。

星期日刊人马在一天之内全部倒戈，让普利策大吃一惊，他立即用赫斯特所出的高价将他们原班请回。然而，赫斯特很快又用更高的价钱将他们彻底挖走。普利策于是又雇用了另一名画家乔治·卢卡斯（George Luks，1867—1933），继续在《世界报》星期日版上画《黄孩子》的漫画。于是，纽约报界出现了前所未有的场面：两家竞争最激烈的报纸竟然都以《黄孩子》为旗号来推销报纸，争抢读者。这场被称为"黄孩子之争"的事件标志着黄色新闻大战的开始。在公众看来，"黄孩子"似乎象征着那种流行、耸人听闻的新闻，很快，"黄色新闻"这个名词传开了。

黄孩子的原作者奥特考特万万没想到，自己笔下那个曾经备受读者喜爱的漫画主角竟然成了最丑恶的标志，他为此悲叹："在我死后，不要佩戴黄色绉纱，不要让人把黄色幼童放在我的墓碑上，也不要让黄色幼童参加我的葬礼。让他待在他所属于的纽约东区。"

随着普利策损失了好几个核心雇员，他也开始失去利润。赫斯特已经开始以1美

---

① 斯隆. 美国传媒史[M]. 刘琛，译. 上海：上海人民出版社，2010：341-342.

分一份的价格售卖他的晚报。普利策被迫应战还击,将《世界报》的价格从2美分一份降到1美分。在19世纪的最后几年,这两位报业巨头一直互相攻击,其手段包括使用更大的字体,发表更加耸人听闻的专题文章,互挖对方的精英人才,降价销售以及报道独家新闻等,无所不用其极。正是在这种情况下,报业对社会的负面影响被最大限度地显现。

3. 黄色新闻的高潮

19世纪末,西班牙军对古巴起义者的残酷镇压激怒了美国政府,并危及美国资本家在该地的经济利益。美国人在古巴所拥有的甘蔗种植园和糖厂年贸易额可高达1亿美元。1898年2月15日,美国派往古巴护侨的军舰"缅因"号在哈瓦那港爆炸,美国遂以此事件为借口,于4月22日对西班牙采取军事行动。

新闻界总把黄色新闻看作美西战争的始作俑者,甚至认为如果没有黄色新闻就没有美西战争。虽然这种说法有些夸大,但不可否认的是,在这场战争中,黄色新闻极尽煽风点火、推波助澜之能事,所以,把美西战争看作黄色新闻的高潮并不过分。

在美西战争爆发之前,美国的报刊尤其是赫斯特的《纽约新闻报》发疯似的煽动狂热的战争情绪,极力鼓吹向西班牙宣战。赫斯特曾公开宣称,为了使美国向西班牙开战,他花费了一百万美元来进行宣传。因此,有人将美西战争称作"赫斯特的战争"。

1898年2月15日夜,美舰"缅因"号在哈瓦那港口爆炸后沉没,266名美国士兵失去了生命。赫斯特的报纸以特大通栏标题及图片报道了这一消息,并悬赏5万元查明是何人将"缅因"号炸沉的,普利策的《世界报》甚至准备雇用一只轮船和潜水员。在未查明真相以前,美国报纸的报道给人这样的印象:西班牙对此负有直接或间接的责任。《纽约新闻报》发起献舰运动,成立专门委员会负责筹款。3天后,这家报纸用通栏大标题刊出"全国战争狂热"的大幅标题,鼓吹爆发战争。普利策也在《世界报》上刊发了一篇署名社论,要求对西班牙发起一次速决战争。在报纸掀起的"全国战争狂热"的压力下,美国国会于4月18日迅速通过了关于战争的决议,原先无意于战争的威廉·麦金莱(William Mckinley,1843—1901)总统宣布对西班牙开战。

赫斯特的《纽约新闻报》以及其他的黄色报刊之所以肆无忌惮地煽动美西战争,除了所谓共同的"美国利益",更多的是为了刺激报纸销量。在美西战争期间,赫斯特的《纽约新闻报》和普利策的《世界报》趁着天下大乱,各自创出了150万份的销量纪录。

普利策后来对《世界报》在美西战争中的煽情做法深表后悔,倍感自责,并退出了黄色新闻大战。不过，普利策的退出并不意味着黄色新闻的终结。在20世纪刚刚开始之时，美国约有1/3的大城市的报纸都跟风发展黄色新闻，这种风潮的平息要等到10年之后。在普利策努力清理煽情新闻以在黄色新闻中收手之际，赫斯特及其《纽约新闻报》并没有收敛，反而变本加厉，结果酿成了1901年美国总统威廉·麦金莱被刺身亡的惨剧。

在美国1900年的大选中，赫斯特和他的几家报纸支持威廉·詹宁斯·布赖恩（William Jennings Bryan，1860—1925），疯狂反对麦金莱。麦金莱1901年连选连任后，赫斯特的报纸不仅对他恶毒攻击，并且煽动刺杀总统。肯塔基州州长威廉·戈培尔（William Goebel，1856—1900）被刺杀之后，1901年2月4日，《纽约新闻报》刊登了一首令人吃惊的四行诗："枪弹穿过科贝尔的胸膛，寻遍整个西部不知它飞向何方；它很可能向这里飞来，集中于麦金莱，把他送进停尸房。"两个月后，《纽约新闻报》晚刊4月10日的社论说："如果坏人和坏制度只有用杀的手段才能去掉的话，那就必须给杀死。"

1901年9月，刚刚连任半年的麦金莱总统在布法罗泛美博览会上与来宾寒暄时被无党派人士行刺，8天后，因感染病菌去世。凶手利昂·乔尔戈斯（Leon Czolgosz）被控谋杀，被捕后他声称行刺总统是单独行事，并声称国家需要一个新总统。在法庭上，他被处以死刑，7个星期后，他被送上电椅，结束了一生。凶手被捕后，他的口袋里还装有一份《纽约新闻报》。西奥多·罗斯福（Theodore Roosevelt，1858—1919）继任总统后明确表示，暗杀的煽动者就是赫斯特。

最终，赫斯特的恶行引起了公众的愤怒。人们在公众场所散布吊死他的模拟像，并广泛抵制《纽约新闻报》。众怒难犯，赫斯特不得不将报纸改名为《美国人报》。随着《纽约新闻报》的退出，黄色新闻逐渐衰落。

美国电影艺术家奥森·韦尔斯（Orson Welles，1915—1985）导演并主演过一部经典影片《公民凯恩》（Citizen Kane），影片主人公凯恩的原型就是赫斯特。影片通过其朋友、对手、妻子以及情妇的叙述，展示了他令人唾弃的一生。影片拍成后，赫斯特以影射为由向法院提出起诉，结果被驳回。赫斯特又命令他手下的报刊拒绝刊登该影片的广告以及相关消息，企图封杀该片。他还通过一些影片发行商争购《公民凯恩》的发行权，然后扣住不发。不料，这样的行为反而替影片做了宣传，《公民凯恩》公映之后立即引起轰动，成为电影史上的名作，而赫斯特从此恶名远扬。

4. 赫斯特的遗产

与普利策留下了哥伦比亚新闻学院和普利策新闻奖不同，赫斯特留下了两套豪宅。赫斯特生前居住的豪宅是位于洛杉矶贝弗利山上的赫斯特庄园，1976年，这座

"H"型的豪宅以1.65亿美元的标价拍卖给现主人，成为美国最昂贵的豪宅之一。他的另一座豪宅是位于加州圣·西蒙的赫斯特城堡。这是加州最豪华的城堡，修建在山顶上，极尽奢华之能事，历时28年才完工。赫斯特一生酷爱收藏艺术品，城堡内的家具、挂毯、绘画、雕塑、壁炉、天花板、楼梯甚至整个房间，都是艺术珍品。

1957年，赫斯特城堡被赫氏企业捐给加州州政府，它现在成为美国5,000个历史博物馆中最大的博物馆之一。不过，来这里参观的人们已经很少将美国西海岸的这座城堡与曾经叱咤纽约的黄色新闻大王赫斯特联系在一起了。与之相比，美国东海岸的哥伦比亚大学新闻学院和普利策新闻奖却已成为普利策的丰碑，它们仍在延续着普利策的新闻生命。

四、精英报纸

在有了广告的支持以后，报业实现了经济上的独立，成为一个可以谋利的行业。然而，报业依然未成为一个受人尊敬的行业。从这个行业的精神层面来说，它还并未真正独立。无论是作为党派攻讦的"喉舌"，还是作为商业谋利的工具，报纸上的新闻都难以成为历史的记录。

真正让新闻成为历史的初稿，使报业拥有内在的精神气质和文化品格，从而也拥有了历史的气度而成为历史载体的，是被称为精英报纸的一类商业报纸。这里的精英并不是大众的对立面，而是与廉价报纸、黄色新闻的煽情恶俗相对立的办报取向。这一类报纸同样拥有广泛的读者群，它们同样需要依靠广告生存，因而也必须遵循商业的基本逻辑。

（一）《泰晤士报》

《泰晤士报》创办于1785年1月1日，原名《每日环球记录报》，1788年更为现名。创办人印刷商约翰·沃尔特（John Walter）认为，报纸应该是时代的记录，要尽量公正、详实地报道国会辩论、各国动态、商业行情等消息。沃尔特希望用广告收入补贴发行损失，并实现经济独立。但由于英国政府昂贵的印花税，他还是经常接受政府每年300英镑的秘密津贴，不过他的报纸仍直言不讳地抨击国王和大臣们。该报详尽报道国会辩论实况、法国革命进程、发行欧洲大陆大事记等事件，几年后便跻身伦敦一流报纸之列。

1803年，沃尔特第二（John Walter Ⅱ）主持该报工作。19世纪中叶，《泰晤士报》进入了它的"黄金时代"。沃尔特第二毕业于牛津大学，接管《泰晤士报》时才26岁。他上任伊始，便开始对《泰晤士报》进行全面改革，其中最重要的改革就是坚持一种独立的办报原则，奉行自由、公正的独立政策。他率先在英国打出了报刊"独立于党派之外"的口号。沃尔特第二重用优秀的报业人才，先后任用两位得力主编托马斯·巴恩斯（Thomas Barnes，1785-1841）和约翰·德莱恩（John Delane）。

1. 独立时期

为了独立办报，沃尔特第二需要解决的首要问题就是新闻报道的独立性。在此之前，英国各报的国外新闻报道主要来自官方发布的新闻公报和从邮局订购、翻译的国外报刊消息。这种新闻采集方式效率低、来源单一，但易于政府控制国外新闻信息的传播。由于法国大革命的爆发和英国与拿破仑一世的战争，当时英国公众对海外特别是欧洲大陆的新闻需求骤然增加。沃尔特第二决定抓住时机，建立国内外新闻报道情报网络，为国内市场提供充足的国外新闻。

沃尔特第二改革的第一步就是设法建立起《泰晤士报》独立、完备的海外新闻报道网络。他开始在欧洲大陆陆续招聘通讯员，让他们把新闻稿件寄给《泰晤士报》在欧洲大陆的友好商行和报社办事处，并雇佣海上走私者跨过英吉利海峡，把最新的欧洲报纸和通讯员传递的信息直接送到《泰晤士报》。1807年1月，沃尔特第二派出了自己的第一个，也是世界上第一个驻外记者——亨利·克雷布·鲁滨逊（Henry Crab Robinson）。鲁滨逊被派到欧洲大陆汉堡附近的阿尔托纳城，他在那里联系各地通讯员，不断采集各种新闻，及时邮寄回国。就这样，《泰晤士报》开始向国人提供大量国外的最新消息，逐步走向了独立供应海外新闻信息之路。

1809年，《泰晤士报》首先获得并公布了"德奥缔结《费里辛克条约》"的消息，引起全国轰动。当时这一条约的缔结连英国政府都不知道，英国政府经急电与驻法大使联系，方才证实。拿破仑在欧洲的一系列战役和同俄国缔结的《提尔西特和约》等重大新闻消息的率先报道使《泰晤士报》声名大振。1815年，拿破仑在滑铁卢战败的重要消息也是《泰晤士报》最先在英国报道的。①

出色的海外报道、重要的独家新闻使《泰晤士报》销量大增，它在经济方面可以依赖广告和发行的收入实现自给自足，逐步摆脱了官方"资助"，获得独立地位。与此同时，沃尔特第二网罗优秀社论人才，提倡具有自身风格和文学价值的新式新闻写作，采用新式印刷技术。沃尔特第二所采取的这一系列措施使《泰晤士报》不仅声誉日隆，销量也节节攀升。该报1815年的销量为5,000份，1850年的销量猛增至5万份，这超过伦敦所有早报销量之和。

---

① 李磊.外国新闻史教程[M].北京：中国广播电视出版社，2001：281.

2. 托马斯·巴恩斯和约翰·德莱恩

沃尔特第二虽然办报有方,但他并不经常亲自主持报社的编辑和言论工作。在他主持该报期间,先后选择了两位出类拔萃的主编——托马斯·巴恩斯和约翰·德莱恩,他们为《泰晤士报》的成功立下了汗马功劳,奠定了《泰晤士报》的崇高威望和独立地位。

巴恩斯是剑桥大学的毕业生,于1810年进入《泰晤士报》工作。1817年,32岁的他被任命为该报主编。作为《泰晤士报》历史上最伟大的主编之一,他全力贯彻沃尔特第二的独立办报原则。在他的任期里,《泰晤士报》在全国各地建立了通讯员网和记者网,以便搜集各阶层的意见。他撰写的社论,既能指导舆论,又能反映人民心声,所以在重大事情发生时,人们总想看看《泰晤士报》写些什么。该报在巴恩斯独立自由思想的指导下,成为一张独立而有权威的报纸。

德莱恩主持《泰晤士报》期间,虽然很少亲自撰写社论,但他以建议、讨论、修改的方式指导社论方向。此外,他经常活动于达官贵人和社会名流之间,以探听政治机密,获悉政府动向。就对政府的影响力来讲,德莱恩时期的《泰晤士报》更加无畏。他声称报人的责任是对全体英国人民负责,并不是对德尔贝勋爵或上议院负责。在德莱恩时期,《泰晤士报》对英、法、俄三国1854年—1856年克里米亚战争的报道使该报的声誉和威望达到了顶峰。报道这次战争的两位重要人物就是德莱恩和《泰晤士报》首席战地记者威廉·霍华德·拉塞尔(William Howard Russell,1821—1907)。

在这场战争中,战地记者拉塞尔在主编德莱恩的支持下,没有刻意迎合政府和一般公众的乐观心理——用生动的文笔来一味地报道英军的辉煌胜利,而是日复一日、客观真实、细致详尽地报道了英军不光彩的一面。由于英军指挥官的官僚作风、落后战术和盲目自大的心态,英国远征军在给养、医疗卫生、前方作战等各方面陷于悲惨境地。这些报道文章一开始在英国引发了读者对《泰晤士报》的愤怒和抵制,但伴随着拉塞尔一篇篇战地通讯的不断刊出,前线的真实情景越来越引发读者的关切。德莱恩不失时机地在伦敦掀起强大的舆论浪潮,他以显著的版面刊登拉塞尔的作品,这些作品深刻全面地揭露了政府与军事当局的腐败无能及其给广大普通士兵带来的巨大痛苦和灾难。《泰晤士报》权威的声音再三向英国人民发出这样的警告:英国军队在严寒、疾病和麻木不仁的官僚主义危害下正几乎一枪未发地在外国战场上濒临死亡!来自政府最高当局和远征军总司令的任何压力都不能淹没《泰晤士报》顽强的抗议声音。

1855年1月23日,迫于舆论压力,英国下院通过了一项决议案,决定成立一个特别委员会来调查英军在克里米亚半岛前线的情况。同年6月23日,《泰晤士报》自豪地宣布,该委员会的调查报告基本上肯定了《泰晤士报》对这场战争的指挥方式、后勤供给等方面的批评。《泰晤士报》此举最终促成了当时英国阿伯丁内阁的垮台和英国远征军总司令的辞职。自愿上前线担任战地女护士的修女福罗伦斯·南丁格尔（Florence Nightingale，1820—1910）经《泰晤士报》的报道，成为报刊史上第一个超级明星。

《泰晤士报》的影响力达到了顶峰。美国总统林肯在南北战争前夕接受该报记者采访时说："伦敦《泰晤士报》是世界上影响最大的一张报纸。事实上，据我所知，除密西西比河外，再没有比它更有力量的东西了。"英国前首相本杰明·迪斯雷利（Benjamin Disraeli，1804—1881）曾这样评价该报的影响："英国在各国首都有两名大使，一名是英国女王派遣的，一名是《泰晤士报》派遣的驻外首席记者。"

3. 辗转波折的《泰晤士报》

沃尔特家族经营的《泰晤士报》在19世纪末20世纪初面临着一系列困难：它因刊载了一封伪造信件偿付了20万英镑的调查费和诉讼费，这严重损害了报纸声誉。自此，该报陷入了债务泥沼。加之经营不善，经济形势每况愈下，1907年被迫出售。北岩以32万英镑得到了《泰晤士报》的控制权后，实施了一系列改革措施：更新设备，添置打字机、莫若铸排机和最新式的戈斯印刷机；从印刷工人手里接过报纸设计和版面编排工作，着手改革；出版特刊，如72页的英帝国增刊，其中36页是广告。他主张文章写短一些，要写得更有力量，少些温文尔雅，多些争论，少摆些庄严的面孔。他接办该报时，该报的发行量只有3.8万份，售价3便士，1914年，北岩大胆地将其改为便士报。一战爆发后，该报的销量达31.8万份，这是创刊以来的最高纪录。

1981年2月13日，澳大利亚报业巨头鲁伯特·默多克（Rupert Murdoch）以1,200万英镑购买了《泰晤士报》《星期日泰晤士报》和其他3个附属出版物的所有权。虽然该报连年亏损，设备陈旧，声望和地位远不如从前，但《泰晤士报》仍不失为英国最重要的报纸，在国际上还享有一定的声望。默多克，这位黄色新闻起家的报业大亨，作为它的第5代主人，宣称得到该报是他"一生最兴奋的大事"。

（二）《纽约时报》

从不名一文的联军士兵到如日中天的报业大王，普利策的传奇经历已足以使他成为美国现代报业的象征，然而，这位匈牙利移民对美国传媒业的影响不止于他在世的时候。1911年，普利策去世时还有两个努力了十余年的愿望未达成：捐资建立哥伦比亚大学新闻学院，设立普利策新闻奖。不过在他去世之后，他的愿望很快就实现了。1912年，根据他的遗嘱，哥伦比亚大学新闻学院成立；1917年，普利策新闻奖正式设立。普利策应该感到心满意足：普利策这个名字，依然是美国乃至全球新闻业的标杆。

1918年，普利策奖历史上的第一个奖项"优异公众服务奖"颁发，获得这份殊荣的是《纽约时报》，其获奖理由也许最能体现普利策的初衷：其出版的公共服务，有着丰富的官方报告、文件和有关战争进展的欧洲政治家的发言。从获得普利策首奖开始，《纽约时报》已经展现作为美国最伟大报纸的巨大魅力。

在创立《纽约时报》时，亨利·贾维斯·雷蒙德（Henry Jarvis Raymond，1820—1869）从未想到这份报纸日后会取得如此大的成就。在大学学习期间，雷蒙德就曾向霍勒斯·格里利（Horace Greeley，1811—1872）创办的报纸投稿，在《论坛报》创刊的1841年，雷蒙德成为格里利的首席助理。后来，两人发生了冲突，雷蒙德离开了《论坛报》，随后创办了《纽约时报》。

1851年，雷蒙德把他初创的报纸命名为《纽约每日时报》。1857年，该报名称改为《纽约时报》。雷蒙德认为，创办一份新闻纯正、议论平和的报纸，一定会受到欢迎。就这样，《纽约时报》从创刊之日起，就以严肃庄重著称。雷蒙德的贡献在于，他培养了公共事务报道方面的一种相当正派的态度。《纽约时报》在笔调上，甚至在内容上都一贯公正，在发展仔细认真的报道技巧方面也无人能及。[1]

尽管雷蒙德为这份报纸日后的伟大奠定了基础，但在创刊后将近半个世纪的时间里，《纽约时报》在竞争激烈的纽约报界并不突出。在廉价报纸你抢我夺、黄色新闻硝烟弥漫的曼哈顿岛上，身段庄重的《纽约时报》还没有迎来属于它的时代，这份报纸"捉襟见肘"甚至濒临倒闭。直到1896年，这份以"刊载一切适宜的新闻"而著称的报纸才开始有了转机，在另一个有志于"庄重新闻"的报人影响下，它在美国报业中日渐崛起。

1. 阿道夫·西蒙·奥克斯与《纽约时报》

1896年，阿道夫·西蒙·奥克斯（Adolph Simon Ochs，1858—1935），一个来自田纳西州的印刷所学徒，将《纽约时报》从破产的边缘上拯救回来，并且一直领导这家报纸直到1935年去世。他挽回了在亨利·J·雷蒙德时期《纽约时报》的荣誉，并将它推上了美国居于领导地位的报纸的轨道。

奥克斯的办报方针如下：《纽约时报》要用一种简明动人的方式，来提供所有的新闻；用文明社会中慎重有礼的语言，来提供所有的新闻；即使不能比其他可靠媒介更

---

[1] 埃默里 M，埃默里 A，罗伯茨．美国新闻史——大众传播媒介解释史［M］．展江，译．北京：中国人民大学出版社，2004：138.

快提供新闻,也要一样快;要不偏不倚、无私无畏地提供新闻,无论涉及什么政党、派别或利益;要使《纽约时报》成为探讨一切与公众有关的重大问题的论坛,并为此目的而邀请不同见解的人参加明智的讨论。①

奥克斯坚决反对"新式新闻事业"的通俗化特色,拒绝刊登玩弄"噱头"的消息和连环漫画,并且对照片毫不在意。他抨击黄色新闻记者,并且以"本报不会污染早餐桌布"的口号为《纽约时报》做广告,后来又选择"所有适于刊印的新闻"这句名言登在头版报眼位置。但是,1898年的发行量仍然只有25,000份,奥克斯决定最后一搏。《纽约时报》的售价为3美分,《世界报》和《新闻报》的售价为2美分。为什么不将《纽约时报》的售价降为1美分,以取得必要的发行量来保证获得可靠的广告支持呢?

调整价格的老办法又一次取得了成功。售价降至1美分之后,《纽约时报》1899年的发行量猛增到75,000份,并于1901年突破了10万份大关。广告收入在两年内增加了一倍。报纸扭亏为盈,根据收购协议,奥克斯获得了报纸的控制权。但是,他不久便因为投资250万美元在百老汇大街建造时报大楼而再次负债,那是1904年纽约最雄伟的建筑之一,后来成了时报广场。《纽约时报》广场处于战略性位置上,成了城市夜生活的中心,这种位置和后来发展起来的移动电子新闻公告牌帮助该报确立了纽约社会公共机构之一的地位。

2."范安达的死光"与《纽约时报》的巅峰

1904年,美国一流的编辑主任卡尔·范安达(Carl Vananda)作为指导《纽约时报》新闻采编人员的天才人物开始了他在该报25年的工作生涯。他是一个完全不会抛头露面的人,以至于尽管取得了令人难以置信的成就,他还是一个仅在传说中的人物,甚至在他的同行中也是如此。他沉默寡言,看上去冷冰冰的,那双具有穿透力的注视眼神被称为"范安达的死光"。

1904年,他进入《纽约时报》,很快便被重用,在担任新闻编辑主任的25年中,范安达以出色才干协助奥克斯把《纽约时报》推上一个新的辉煌顶峰,而他本人也获得了"最伟大的新闻奇才"的美称。

泰坦尼克号海难的伟大报道,突出地表现了卡尔·范安达的新闻敏感度和卓越的组织报道能力。对于范安达来说,《纽约时报》于1912年4月在他的领导下对著名豪华邮轮"泰坦尼克"号冰海沉没的报道,应该是他新闻生涯中最为杰出的成就之一。

---

① 埃默里M,埃默里A,罗伯茨.美国新闻史——大众传播媒介解释史[M].展江,译.北京:中国人民大学出版社,2004:298.

1912年4月14日夜晚，美联社波士顿分社夜班报务员肯尼迪在拨弄一架自己装配的无线电发报机时，意外地收到了一个可怕的海难呼救信号，这个信号发自当时世界第一大豪华游轮——英国白星轮船公司的"泰坦尼克"号，电文是：火速前来营救，我们撞上了冰山，这是遇难求救信号（CQD），船只位置，北纬41度46分，西经54度14分。

紧接着，美联社审慎地发出了一条简讯："[美联社纽芬兰密斯角4月14日星期日深夜电]今夜10时25分白星轮船公司的泰坦尼克号称'急需救援'。"

星期一凌晨1时20分，《纽约时报》的电讯室铃声大作，值班员抄收到了美联社这则简讯，并立刻送到了范安达手中，拿到这份简讯的范安达半分钟也没有犹豫，立刻传令印刷车间把已上机的头条新闻拆下来，刊印上美联社的这则简讯和"泰坦尼克"号自英国南安普顿港首航纽约的消息，标题是"泰坦尼克号大海中触及冰山，行将沉没"。

范安达的处理非常大胆，因为他坚信无线电报的可靠性，尽管白星轮船公司纽约办事处坚持说4.5万吨的"泰坦尼克"号不可能沉没，但范安达根据各方面的信息，毫不动摇地坚信一场海上灾难正在发生。此时，纽约的其他著名报纸却犹豫不决，以致错过了刊登这一新闻的绝好机会。

就这样，星期一上午，当伦敦和纽约的其他报纸还以谨慎和观望的态度等待白星轮船公司的权威消息时，《纽约时报》在第一版排出了三直栏宽、四排大字的大号标题：

新游轮"泰坦尼克"号触及冰山

午夜船首已开始进水下沉

妇孺登上救生艇撤离险境

清晨零时27分后电讯已告中断

第一版上有一个两直栏宽的加框消息，是一个集纳性的标题"沉船最后消息"，刊出了截稿前收到的相关电讯稿件。《纽约时报》清晨3点半上架的本市要闻版更直截了当地宣布伟大的"泰坦尼克"号已沉没了。

这一天，从海上现场发回的电报证明了这场航海史上最大灾难的发生。当丘纳德轮船公司的"卡帕夏"号到达现场时，仅仅发现在海面上拥挤不堪的救生艇和那条世界第一豪华巨轮所留下的油污。"卡帕夏"号救起了海上的655名幸存者，晚上8点20分，白星轮船公司才沉痛宣告："卡帕夏"号上的655人，就是"泰坦尼克"号上的全部生还者了。

至此，《纽约时报》对"泰坦尼克"号事件的报道轰动了纽约、轰动了全美、轰动了欧洲、轰动了世界。那些因胆小或过分相信"泰坦尼克"号不会沉没神话的报纸在饱受教训、痛悔不已之后，都纷纷转载《纽约时报》的有关新闻报道，《纽约时报》取得了这场新闻报道战的重大胜利。随后的3天里，《纽约时报》继续以领先地位报道"泰坦尼克"号新闻。

1912年4月19日，当"卡帕夏"号带着死里逃生的"泰坦尼克"号幸存者们驶入纽约港时，《纽约时报》以其卓越的报道使自己名垂史册，这一天的《纽约时报》成为人们竞相搜集保存的珍品，编辑主任范安达也以他出色的组织才干、考虑周全的采访报道计划和完美的版面处理技巧赢得了世界报业同仁们的一致称赞。若干年后，当范安达访问伦敦《每日镜报》时，《每日镜报》总编辑打开抽屉，里面摆着一份1912年4月19日的《纽约时报》，他对客人们说："这一份报纸是采访史上最伟大的成就，我们谨以保存作为借鉴。"

第一次世界大战时，《纽约时报》在范安达的领导下，达到了新闻报道的顶峰。这时的《纽约时报》已有充足的财力派遣自己的战地记者奔赴前线采访报道。范安达日夜站在总编辑室的大军事地图前，根据各方情报和自己准确的判断，不断向世界各地的热点战场派出记者、发出指令、布置报道。《纽约时报》的记者们活跃在各条战线上，他们发回的一篇篇独家报道吸引了无数美国读者。

也就是在这一时期，根据奥克斯和范安达的指示，《纽约时报》开始刊登各类权威的历史文件和演说原文。1914年8月，《纽约时报》以6个整版的篇幅刊登了英国的白皮书，还陆续刊登了英国外交部致德国和奥地利的信件原文，以及德国官方关于战争的前因后果的说法。在一战结束时，《纽约时报》又以8个整版的篇幅刊载了《凡尔赛和约》全文，成为全文发表这一文件的唯一报纸。这些措施使得《纽约时报》日益成为对图书馆员工、学者、政府官员、研究机构及其他报纸都有参考价值的大报，而后来《纽约时报》发行出版的目录索引进一步巩固了它的这一地位。

3. 苏兹贝格父子与《纽约时报》的转身

《纽约时报》一向以客观中立的态度著称。1935年，奥克斯逝世后，他的女婿亚瑟·海斯·苏兹贝格（Arthur Hays Sulzberger，1935—1961）继任《纽约时报》发行人与社长。在他的主持下，《纽约时报》逐渐摆脱了以往过于死板的客观中立态度，开始强烈地反对法西斯势力，谴责意大利、德国和西班牙的战争行径，这在奥克斯凡事严守中立原则的时代是不可想象的。

1963年6月20日，苏兹贝格的外孙小苏兹贝格接任社长。在小苏兹贝格任内，《纽约时报》继续在国际、国内的新闻报道中保持领导地位，《纽约时报》这一时期所取得的最大的一次胜利就是顶着政府的反对压力，独立发表五角大楼秘密文件。

1974年3月，《纽约时报》的著名记者尼尔·希恩（Neil Sheehan）从一位五角大楼文职官员丹尼尔·艾尔斯伯格（Daniel Ellsberg，1931—2023）手里弄到了一本篇幅长达43册的政府秘密文件。丹尼尔·艾尔斯伯格是一个对越南战争持反对观点的五角大楼官员，他把这些文件的副本秘密提供给《纽约时报》记者尼尔·希恩，希望通过媒体阻止越战的继续。这个文件全称是《关于越南问题的美国决策过程史》，它是以前任国防部长罗伯特·斯特兰奇·麦克纳马拉（Robert Strange McNamara，1916—2009）之名编制的。当时，这位部长不同意将越南战争升级，并因此与林登·贝恩斯·约翰逊总统（Lyndon Baines Johnson，1908—1973）发生了分歧，为了推卸责任，他秘密任命手下的一个特别小组撰写了这份长达43册的备忘录。这些报告虽然从内容上看都是关于越战的史料，并不具有军事机密的性质，但从政治和外交上来看，却具有爆炸性，依据1953年颁布的一条行政条令，该文件被列为"绝密"级报告。

《纽约时报》总编辑艾比·罗森塔尔（Abraham Rosenthal，1922—2006年）为此指派了几名重要的采编人员躲在希尔顿饭店里，秘密研究这些文件。《纽约时报》的律师也被请来了，律师们认为这些文件从法律的角度来说是可以发表的。就这样，1974年6月13日，《纽约时报》刊出了根据这些文件编写的第一部分新闻稿件。五角大楼秘密文件的刊出，立刻轰动了全美国，司法部长约翰·米切尔（John Mitchell）要求《纽约时报》马上无条件停止刊登，但被《纽约时报》拒绝了。于是，司法部长求助一位刚刚得到理查德·米尔豪斯·尼克松总统（Richard Milhous Nixon，1913—1994）任命的地方法官，这位法官发出了一项没有先例的临时约束限制令。6月15日，法官的这项命令强迫《纽约时报》停止对五角大楼秘密文件的连载，《纽约时报》旋即向上级法庭上诉。6月23日，依据《纽约时报》的上诉，纽约州的上诉法院推翻了这位法官的裁决。与此同时，《华盛顿邮报》也找到了丹尼尔·艾尔斯伯格，开始进行秘密文件的连载。最后，官司打到了美国最高法院，法院以5票对4票的表决同意继续维持事先约束的范畴。在6月30日的最后表决中，美国最高法院最终以6∶3的票数宣布，新闻界有权公布历史记录而不管这些记录是否有"绝密"的标记，《纽约时报》胜诉。

长期以来拥有的良好公信力和权威性，使《纽约时报》这份在纽约出版的日报，成为美国精英报纸和严肃刊物的代表。由于风格古典严肃，它有时也被戏称为"灰色女士"（The Gray Lady）。

20世纪90年代，网络开始兴起，小苏兹贝格敏锐地察觉到网络变革可能带来的巨大影响。1996年1月，纽约时报公司建立了自己的报纸网站，提供《纽约时报》的在线阅读服务。1999年，纽约时报公司整合了网络方面的业务，成立了独立核算的数字《纽约时报》部门，负责包括《纽约时报》网站在内的40余个网站的业务，并设有各种类型的数据库以供读者查阅。也就是说，《纽约时报》网络版不再对其母体负责，它拥有独立的管理层和采编队伍，可以按照网络新闻自身的规律运营。

数字版的《纽约时报》在创办的第一年就已开始盈利。2005年,《纽约时报》宣布从3月28日起发起在线订阅模式,对网站读者收费。小苏兹贝格说:"这是我们159年来演变与再演变的历史中重要的一天。"他在给员工的致辞中说:"几年前人们都坚信没有人会为网络内容付费……这一举动是为我们的未来投资。"百年大报良好的信誉让《纽约时报》网站表现出了超强的竞争力,同时小苏兹贝格"鼠标加水泥"式的网络策略,让《纽约时报》网站逐渐成为一个全球品牌。在美国报业协会的评选中,《纽约时报》网络版2004年和2005年连续两年被评为"全美最佳报纸网络版"。

第六章　电报：电讯革命与新闻垄断

"文革"时期，北京一位老大娘在西北工作的儿子要带着名叫兵兵的孙子回北京探亲。但那时候发电报一个字要5分钱，而当时的5分钱恐怕比现在的5元钱还要贵，为了省钱，他发给母亲的电报是这样的："某日某车带兵进京。"这封电报被居委会戴红袖章的老太太们截获，她们如临大敌，迅速分析了情况，第二天就和派出所的公安人员一起到车站堵截，结果上演了一场闹剧。①

电报带来的类似结果在100年前就让英国记者安德鲁·温特（Andrew Winter）感同身受："电报体让任何形式的礼貌说法都无容身之地。'May I ask you to do me the favour'（劳驾）这么一句话，传输五十英里的距离就要六便士。这个可怜的人要把类似温文尔雅的形容词无情地砍掉多少，才能将他的信函开支降到一个合理的水平呢？"②

与让人们拍发报文时字斟句酌相比，电报对人类传播活动的改变要更为深远。这种我们如今已经不太熟悉的传播技术和载体让人类的文字传播进入了全新的时代，天气预报的出现、通讯社的诞生、新闻业垄断格局的形成，也都因为电报的发明而产生。与麦克卢汉把电力时代的媒介看作是人的中枢神经的延伸一样，詹姆斯·格雷克（James Gleick）在《信息简史》中把电报称为"地球的神经系统"。在互联网出现之前，一个全球性的信息网络实际上已经因电报线路的交织而形成了。

第一节　电报发明与电讯革命

在人类传播活动的历史中，文字的出现无疑具有划时代的意义。当口耳相传的语

---

① 盖英利.电报的消逝[J].档案，2006（4）：14-16.
② 格雷克.信息简史[M].高博，译.北京：人民邮电出版社，2013：149.

音被凝结为抽象线条组合的文字符号之后，如何让它在空间上传播得更为广泛，在时间上流传得更为久远，就成了文字媒介发展中不断出现的、需要被解决的两大难题。甲骨和竹简虽能长久保存，但因不便运输而难以在空间上广泛传播；飞鸽传书、驿马快报尽管在很大程度上跨越了空间的界限，但巨大的运输成本又阻碍了信息的大规模流通。

造纸术的出现和流传，印刷术的发明与改进，让进入印刷时代的人类能够大批量、高频率地复制文字，文字跨越空间散播信息的能力得到了空前解放。不过，印刷时代文字对空间的跨越必须借由交通工具进行，无论从成本还是效率上来说，文字传播在跨越空间方面仍未获得真正的自由。直到西方印刷革命发生400年以后的电力时代，随着低成本地进行远距离信息传输的技术在人类的欢呼声中面世，这一问题才真正得以解决。

一、电报的发明

1844年5月24日，在美国华盛顿最高法院旧议事厅里，画家出身的美国科学家塞缪尔·莫尔斯（Samuel Morse，1791—1872）当着众多名流的面，演示了自己发明的有线电报传输装置。接通电源后，莫尔斯在一只电键上按出一串嘀嘀嗒嗒的电码，等候在巴尔的摩的助手把这些声音翻译出来，当时围观的人们看到的电讯内容是"上帝创造了何等奇迹！"刹那间，人群一片欢呼。

当天下午晚些时候，莫尔斯发出了第一条登在报纸上的电讯稿，这家报纸是《巴尔的摩爱国者报》，电讯内容是："1时，众议院刚刚就俄勒冈问题提出一项动议并交由全体委员会。被否决——79票赞成，86票反对。"①

至此，人类有史以来拍发的第一份电报和第一条登在报纸上的电讯稿正式诞生。它之所以意义重大，是因为电报"把我们带入一个同时性和瞬间性的世界，这是人类历史上从来没有经历过的"②。1844年5月24日也成为国际公认的电报发明日。

电报的发明拉开了电信时代的序幕，开创了人类利用电来传递信息的历史。莫尔斯电报的原理是利用电流的接触与断开，形成一短一长两种声响，然后这两种声响通过不同的排列组合代表26个英文字母和0到9十个数字，因此，我们可以隔着空间迅速传递信息。"嘀嗒"一响，只要1秒钟，电报便可以载着人们所要传送的信息绕地球走上7圈半。这种速度是以往任何一种通信工具望尘莫及的，人类跨越空间传递信息

---

① 埃默里M，埃默里A，罗伯茨.美国新闻史——大众传播媒介解释史[M].展江，译.北京：中国人民大学出版社，2004：144.
② 波兹曼.童年的消逝[M].吴燕莛，译.桂林：广西师范大学出版社，2011：88.

的效率得到前所未有的提升。"由于电报的出现，时空的距离被大幅度压缩，人们的生活世界以及人们对这个世界的感知与感知方式，随之发生巨大的、潜移默化的变化。"①

在人类利用媒介拓展传播活动范围的历程中，莫尔斯发明的电报同400年前古登堡发明的金属活字印刷术一样，都具有开天辟地的里程碑意义。

二、传播与交通的分离

电报打破了人类历史上传播与交通之间的依赖关系。电报这个人类历史上首次使用电流进行信息传输的媒介，可以通过电路传输的信号将世界上几乎任意两个点连接起来。自此以后，文字的传递开始脱离对交通工具的依赖。正如传播学者詹姆斯·凯瑞（James Carey，1934—2006）所言："在电报之前，'communication'被用来描写运输，还用于为简单的原因而进行的讯息传送，当时讯息依仗双足、马背或铁轨运载。电报终结了这种同一性，它使符号独立于运输工具而运动，而且比运输的速度还要快。"②

在电报发明之前，"'通信'问题基本上等同于交通问题"③，所有的信息，包括书面表达的，只能通过交通工具进行传播。中国古代最快的传讯方式就是驿马快递，所谓"校尉羽书飞瀚海，单于烈火照狼山""一骑红尘妃子笑，无人知是荔枝来"等，正是驿马快递情景的形象再现。世界上最早的通讯社——哈瓦斯社创办之初，由于既无铁路又无电台，其快讯主要依靠驿马传递。为了尽快获取与传递新闻，哈瓦斯还用过信鸽，开辟了布鲁塞尔到巴黎、伦敦到巴黎等信鸽传讯线路。在哈瓦斯社发展成19世纪第一大通讯社的过程中，信鸽立下了头功。

随着电报的发明，信号的传输与实物的运输分离开来，基于传输的传播与基于运输的交通分离开来，人类的信息传播能力得到前所未有的提升。正如尼尔·波兹曼（Neil Postman，1931—2003）所说，电报"使信息从时空中脱离出来，远远超过了书写和印刷文字的传播能力"④。

传播与交通二位一体的终结，意味着文字传递在空间上开始获得彻底的自由。电报使得文字能以几乎可以忽略不计的时间成本跨越空间，当文字以每秒30万公里的速度传递，地球上的任何距离几乎都可以瞬间跨越。当然，电报时代的文字仍然受到时间的重重限制，电传的文字信息依然要靠纸张来保存，尽管纸张让文字能以很小的空

---

① 李彬.全球新闻传播史（公元1500—2000年）（第二版）[M].北京：清华大学出版社，2009：185.
② 丁未.电报的故事——詹姆斯.凯瑞《作为文化的传播》礼记[J].新闻记者，2006（3）：44-46.
③ 吴伯凡.孤独的狂欢——数字时代的交往[M].北京：中国人民大学出版社，1998：212.
④ 波兹曼.童年的消逝[M].吴燕莛，译.桂林：广西师范大学出版社，2011：87.

间成本跨越时间，但要使文字跨越时间所耗费的空间可以达到忽略不计的程度，还要到由计算机开启的数字时代才能实现。

当电报彻底在空间上解放了文字之后，这种媒介在接下来的一个世纪里直接促成的传播革命和间接引发的社会变革迅速蔓延至全世界，这是电流律动的全新节拍，也是电报开启的崭新时代。电流载动的信息传递得如此之快，以至于曾经阻碍人类传播活动的空间距离仿佛瞬间消失了，与跨越空间相联系的时间耗费和能量消耗也不再是人类固有的传播经验。

于刚刚进入电报时代的人们而言，尽管还无法获得数字时代全球范围的信息瞬息即至、世界仿佛就在眼前的超级体验，但与电报发明之前相比，信息传递得太快了。麦克卢汉说："电讯传播的同步性……使我们每个人都可能受到世上其他人的影响。在很大程度上，电力时代我们同时在各地共处这一事实，是一种被动的，而不是积极的经验。"[①] 信息来得太快了，因而每个人能够接收的信息也太多了，波兹曼忧心忡忡地指出："在人类历史上，人们第一次面对信息过剩的问题。"他认为，在电子时代到来之前的口头文化与印刷文化中，信息的重要性在于它可能促成某种行动，但由于电报的发明以及其他技术的发展，"人们将面对丧失社会和正式活动能力的问题"[②]。

显然，麦克卢汉和波兹曼着眼的是西方社会生活的日常现实，就全球范围而言，电报诞生之后的世界正处于波澜壮阔的变动之中，电报带来的信息提速与这样的社会现实相结合，就会产生人们意想不到的历史结果。在这一点上，如果观察电报在为中国近代社会注入全新能量的"五四"运动中所起的作用，波兹曼就不会得出如此悲观的结论。

1919年1月至6月，第一次世界大战的战胜国在法国凡尔赛宫召开了协调战后国际关系的巴黎和会。中国作为战胜国出席，却在山东问题上遭到了外交失败，操纵会议的美、英、法三国背着中国将山东的主权转让给了日本。这一消息传到国内引起了广大民众的极度愤慨和强烈抗议，直接导致了"五四"爱国运动的爆发。

在这场跨国信息传播中，电报这一媒介扮演了十分特殊的历史角色。《大公报》记者胡政之在巴黎和会拍发的新闻专电和通讯在国内外引起了巨大的反响，让中国在山东问题上外交失利的消息迅速传到国内，又让国内的舆论得以传递至千里之外的巴黎，进入中国代表的耳中。[③] 显然，正是电报带来的快速信息传递，引发了激烈的社会反应和行动，而作为引爆此次社会运动的媒介，电报所发挥的作用正可以用麦克卢汉所言

---

① 麦克卢汉. 理解媒介——论人的延伸[M]. 何道宽, 译. 北京: 商务印书馆, 2000: 306.
② 波兹曼. 童年的消逝[M]. 吴燕莛, 译. 桂林: 广西师范大学出版社, 2011: 75.
③ 方汉奇. 发现与探索: 方汉奇自选集[M]. 北京: 首都师范大学出版社, 2009: 315.

的"社会激素"[1]来形容。

三、新闻内容与形式的改变

传播与交通的分离，使信息得以大范围快速传递。与过去通过驿马将信息由一个人传递给另一个人的一对一传递方式相比，电报让信息的获取变得更为容易，普通人获得信息的能力大大提高，信息成为可以售卖、获取利润的产品。"电报创造了读者和市场，他们不仅消费新闻，而且消费各种支离破碎、不连贯、基本上互不相干的新闻。这些直到今天仍是新闻事业的主要商品。"[2]随着新闻行业生态与格局的变化，新闻的内容与形式也发生了彻头彻尾的改变。

电报改变了新闻价值的基本取向。当电报创造了超越时空的奇迹后，本地新闻和那些没有时效性的新闻便失去了在报纸上的中心位置。当整个行业为了寻求快速而普遍使用电报时，信息不可避免地变得比信息来源更重要。"截稿时间""第一时间"的观念越来越成为制约新闻的首要因素。正如波兹曼所说："报纸的财富不再取决于新闻的质量和用途，而是取决于这些新闻来源地的遥远程度和获取的速度。"[3]

电报催生了新的内容。电报使人们对天气的感知发生了变化。英国的谷物投机商们利用电报来相互传递简单的天气报告，人们开始意识到天气是一种大范围的、相互关联的事件。到了1854年，英国政府在贸易部设立了一个气象办公室。办公室主任罗伯特·费兹罗伊（Robert FitzRoy，1805-1865）海军中将（他曾是达尔文搭乘的"小猎犬号"的船长）选定了伦敦国王街上的一间办公室，并在里面配备了晴雨表、气压计和气象表。携带同样装备的观察员们则被分派到了海岸沿线的各个港口，他们要用电报每天发回两次当地风和云的报告。从1860年开始，《泰晤士报》也开始每日登载这些预报了。[4]

电报产生了全新的新闻格式。电报带来的一个重大变革是报纸报道的消息头，也称为电头。按照复旦大学刘海贵和予德刚所著的《新闻采访写作新编》所言，消息头的意思就是：报纸上刊登的消息，其开头部分往往冠以"本报讯"或"xx社xx地x月x日电"的字样。如今，不论是报纸、电视，还是广播，在新闻报道前依然保留了消息头的样式。

电报产生了新的新闻文体。电报对于媒介文本最深刻的影响在于催生了一个在

---

[1] 麦克卢汉.理解媒介——论人的延伸[M].何道宽，译.北京：商务印书馆，2000：304.
[2] 波兹曼.童年的消逝[M].吴燕莛，译.桂林：广西师范大学出版社，2011：89.
[3] 波兹曼.童年的消逝[M].吴燕莛，译.桂林：广西师范大学出版社，2011：73.
[4] 格雷克.信息简史[M].高博，译.北京：人民邮电出版社，2013：145.

当时全新的、至今也仍然通行的新闻文体——"倒金字塔"体。电报业务刚开始投入使用时，由于技术上的不成熟和军事临时征用，稿件有时不能完全传送，时常中断。1861年，美国南北战争爆发。战争期间，记者通过电报传送的稿件经常丢失。后来，记者们想出了一种新的发稿方法：把战况的结果写在最前面，然后按事实的重要性依次写下去。最重要的写在最前面，这种应急措施产生了新的文体——"倒金字塔"体。"倒金字塔"也成为目前新闻写作的基本结构。

关于"倒金字塔"体的起源，有人认为是美国内战后产生并普及的。电报电话业务的逐步普及、自由竞争市场的形成迫使所有的记者运用客观写作手法，把纯粹的事实交代给读者，让读者自己得出结论，于是，"倒金字塔"结构应运而生。

其实不论是哪一种观点，都认可这一文体同电报的出现息息相关。这种伴随着电报技术运用而成熟起来的文体的寿命甚至远远超过了作为新闻传播手段的电报的存在时间。"倒金字塔"体不仅被文字记者奉为写作的圭臬而统治了报纸的绝大多数版面，甚至深深烙印在其后出现的视听媒介之中，成为一种新闻传播的惯有思维。比如主要依靠影像传递信息的电视媒介为了弥补线性传播的缺点，也会在新闻的开头对最重要的信息进行提示，告诉观众最重要的信息并吸引他们留在电视机前。这种"以事实的重要程度或受众关心程度依次递减的次序，先主后次地安排消息中各项事实内容"的做法，无疑构成了标准的"倒金字塔"。从这个角度来说，近现代的广播、电视媒介尽管不是电报技术的直接产物，但其新闻文体却未走出电报构建的传播逻辑，仍是"电报体系"的一部分。

电报也带来了行文的变化。这一点在汉语文稿的写作中尤其明显。莫尔斯电报以电流接触、断开的时长代表字母，而汉字博大精深，太复杂，不能像字母一样直接传递。于是，中国的电报就需要用十个数字再次排列组合，四四一组代表一个方块字，这就使得中文电报多了两道译电的工序。而要背熟那么多的数字组合，等同于学会另一种文字，耗时费力，这也是电报费用昂贵的原因之一。由于电报费用较贵，人们拍发电报前要打草稿，反复修改行文，可谓字字珠玑，也正因为如此，才会出现本章开篇"带兵进京"的误会。

第二节 通讯社的创立

随着新闻行业格局与内容形式的变化，一种新的新闻机构——通讯社应运而生。如果说商业报刊的崛起为通讯社的问世提供了必要性，那么电报的发明就为通讯社的发展提供了可能性，通讯社正是在历史必要性与现实可能性的双重驱动下成长壮大起来的。① 随着通讯社的发展壮大，全球新闻传播格局与秩序都受其左右。电报的发明人莫尔斯难以想象，这种随着电流嘀嗒作响的媒介将对世界产生如此深远的影响。

如前一章所述，廉价报业的发展带来了新闻需求的旺盛和新闻市场的繁荣，当时已经没有任何一家报馆或小型通讯社能够完全靠自身的力量来采访新闻。即使是小城的周报都需要与当地的某些民众合作，请他们代为注意是否有读者关心的事件发生。19世纪时，欧美部分关注世界局势发展的报纸，已安排专员负责阅读外国报刊，并挑选读者感兴趣的文章加以转载。这些报社也会派人访问乘船入境的旅客、与某些贸易金融界人士保持联系，以了解最新情势，并且在可能获知值得报道之消息的警局、消防队、铁路车站、旅馆与其他组织中布线。有的报社还会付钱请居住在国外、各州首府或都会区的人为其撰写新闻稿。不过即使如此，各报遗漏新闻的情形仍然相当普遍。正是在这种直接而强烈的需求中，各大通讯社在短短的几十年间次第出现。

一、哈瓦斯社

1833年，一位名叫夏尔·哈瓦斯（Charles Havas，1783—1858）的人在巴黎买下一间翻译社，从事新闻服务。其主要业务是从外国报刊上选出法国人感兴趣的报道，翻译成法文，卖给巴黎的各家报刊。由于哈瓦斯既有新闻敏感，又有外语能力，所以他编译的稿件比较受欢迎，他的新闻社就日益兴旺起来。

为了建立一个能为他设在巴黎的新闻机构服务的记者网，他早在1825年就游历了欧洲。他还雇用了一些翻译、信使和职员，这其中就包括马克思和海因里希·海涅（Heinrich Heine，1797—1856），以及日后与他分庭抗礼的两个死对头——贝纳德·沃尔夫（Bernard wolff）和保罗·朱利叶斯·路透（Paul Julius Reuter，1816—1899）。他的新闻的第一批订户是金融家、商人及外交官等。他专门传播股票行情和金融界感兴趣的其他新闻。

哈瓦斯一开始就把"速度"奉为根本，为了尽快获取、传递新闻，最初他使用信鸽传送巴黎、伦敦与布鲁塞尔之间的信息。莫尔斯发明电报后，1850年的欧洲各国已普遍建立有线电报网络。1866年，第一条大西洋海底电缆铺设成功，又把美洲与欧洲的电报线路连为一体。哈瓦斯利用这一系列新发明逐步加快新闻的传递速度。随着有线电报的飞快发展，哈瓦斯通讯社的事业也迅速蓬勃壮大。

1848年欧洲大革命时，法国猛增的上千家报纸竞相从哈瓦斯社订购新闻，使哈瓦斯社顾客大增。此外，哈瓦斯社也开始联系国外订户，积极向海外发展。比如，沙皇

---

① 李彬. 全球新闻传播史（公元1500—2000年）（第二版）[M]. 北京：清华大学出版社，2009：236.

俄国的宫廷就订购了哈瓦斯社的新闻稿。到19世纪60年代，哈瓦斯社已漂洋过海，将触角伸到拉丁美洲，其对拉丁美洲新闻的垄断曾在1912年阻止了美联社向南美的新闻业进军。1856年，哈瓦斯开始以提供新闻来交换报纸的广告版面，再从广告客户处获取利润，经营广告业务。

一战结束后，该社已控制法国80%的报业广告，成为法国最大的广告垄断组织。1930年，法国一位记者在普林斯顿大学召开的报业会议上发言："对一家报纸来说，疏远哈瓦斯通讯社实际上意味着丧失其全部的广告收入。"①

二、沃尔夫社

哈瓦斯的成功与他所提供服务的实用价值，吸引了更多的人加入竞争，沃尔夫就是其中之一。他原本是哈瓦斯手下的员工，在听说德国柏林至亚琛的电报线路开通后，立即从哈瓦斯社"神秘失踪"。

离职后的沃尔夫在柏林开设了一家电报新闻服务公司，供应诸如市场、价格与其他层面的商业消息。后来，他也提供政治与经济方面的新闻。第一次世界大战后，德国战败，沃尔夫社退出国际新闻服务的竞争行列。

二战期间，沃尔夫社被法西斯政府接管，与另一个民间通讯社"联合电讯社"合并为德国通讯社，简称DNB。具有80多年历史的沃尔夫社，在1945年随阿道夫·希特勒（Adolf Hitler，1889—1945）的垮台而寿终正寝。②

三、路透社

与沃尔夫几乎同一时间从哈瓦斯社失踪的还有路透。

路透首先在亚琛开始了自己的新闻服务事业，创办了一家电报事务所，收集各地的股票行情、证券交易之类的商业金融信息，提供给银行家、商人、投资者等。当时，巴黎到布鲁塞尔已通电报，但布鲁塞尔到亚琛还有一段电信空白。这样一来，路透占据的亚琛便成为一个连接巴黎与柏林的通信中继站，地位非常重要。为了加快传讯速度，路透也照搬哈瓦斯的老办法，用信鸽来填补亚琛到布鲁塞尔之间的电信空白。如今，在路透当年的电报事务所旁边，还立有一块路透纪念碑，碑上用德语写着：

---

① 霍恩伯格.西方新闻界的竞争[M].魏国强，陈进军，周力非，等译.北京：新华出版社，1985：423.
② 郭亚夫，殷俊.外国新闻传播史纲[M].成都：四川大学出版社，2004：42-43.

保尔·朱利叶斯·路透（1816—1899），路透通讯社的创始者。1850年，他曾在此接收用信鸽从布鲁塞尔送来的消息。这是他毕生从事的国际新闻事业的开端。

可惜好景不长，路透的事务所刚开张一年，亚琛到布鲁塞尔也通了电报。柏林的沃尔夫社与巴黎的哈瓦斯社之间可以直接联系，不再需要路透社作为中转站。路透不得不再次放弃他的事业。而恰好这个时候，路透偶然得知英吉利海峡正在铺设海底电缆。这项工程竣工后，伦敦、巴黎、布鲁塞尔、柏林之间的电报线路就可连为一体。在亚琛经营的失利、伦敦市场的前景促使路透于1851年告别亚琛，来到英国伦敦，正式亮出"路透通讯社"的招牌。

但从1851年挂牌成立到1858年的七年之间，没有一家报纸同路透社打交道，对于新闻界来说，路透社仿佛不存在。1858年，为打破新闻通讯上的空白，路透首先叩开了伦敦《广告晨报》的大门。在攻下《泰晤士报》之后，路透社开始有了长足发展。在伦敦，路透首先以供应英国报纸商业及金融资讯为主要服务项目，他的业务范围很快便扩大开来。[①]

路透社的崛起得益于"天时、地利、人和"。由于几家通讯社的发展过程与该国的殖民扩张过程相联系，路透社凭借当时日不落帝国殖民全球的赫赫之势扶摇直上，将其触角伸展到世界许多角落，并"逐渐取得了领导的地位"[②]。路透社的兴旺发达进一步促使伦敦成为世界新闻的中心，从而巩固了大英帝国的霸权地位。

四、美联社

19世纪，马克·吐温（Mark Twain，1835—1910）曾说："给地球各个角落带来光明的只有两个：天上的太阳和地上的美联社。"印度"圣雄"莫罕达斯·卡拉姆昌德·甘地（Mohandas Karamchand Gandhi，1869—1948）对美联社记者吉姆·米尔斯（Jim Mills）说过一句令美联社得意的话："我猜想，当我死后站在天堂之门的时候，碰到的第一个人会是名美联社记者。"

美联社的诞生始于墨西哥战争中的新闻竞争。为报道墨西哥战争，早在1846年，《纽约先驱报》和《论坛报》已开始刊登发自华盛顿的相同的电讯稿。这些相同的日常电讯稿几乎是每日拍发，这便为创办新闻通讯社奠定了基础。[③]在高度竞争的环境下，纽约即使连财务状况不错的大报都觉得报道1846年到1848年之间美墨战争的费用高

---

① 施拉姆. 人类传播史[M]. 游梓翔，吴韵仪，译. 台北：远流出版事业股份有限公司，1994：269.
② 施拉姆. 人类传播史[M]. 游梓翔，吴韵仪，译. 台北：远流出版事业股份有限公司，1994：270.
③ 埃默里 M，埃默里 A，罗伯茨. 美国新闻史——大众传播媒介解释史[M]. 展江，译. 北京：中国人民大学出版社，2004：145.

得难以负荷。这促使纽约地区六家报社（《太阳报》《先驱报》《信使与问询报》《论坛报》《纽约快报》《商业日报》）于1848年共同创立了一个采集新闻的合作组织——纽约新闻联合社，以便共同分担派遣特派员的费用，并有更多的新闻选择。①

不过，关于美联社起源的各种说法并不一致。埃默里父子（Edwin Emery，Michael Emery）在《美国新闻史》中讲道：关于在1848年正式组建通讯社一说，并没有资料可以佐证。发展成为现代美联社的组织正式创办的最确切的日期是1849年1月11日。这一天，上面提到的6家纽约的日报签署了一项协议，组成"港口通讯社"。显然是由于通过电报出售新闻的生意变得越来越重要，1851年，该组织签署协议，改名为"电讯与综合新闻联合社"。1856年，该组织通过了《纽约市综合新闻联合社章程》，从而使组织工作更为严密。该组织不久之后便被称为"纽约联合通讯社"，它建立了对合作电讯新闻报道的牢固控制，并向外地报纸出售新闻。1856年，港口新闻联合社改称"纽约联合新闻社"。纽约联合新闻社除了向自己的会员提供服务，也开始向其他地方拓展业务。不过，这一机构并不直接向各地报纸供稿，而是向各地的报业团体集体供稿。由于这些团体类似于纽约联合新闻社的二级机构，所以也都冠以"联合新闻社"的名称，比如"费城联合新闻社""南部联合新闻社""西部联合新闻社"等。其中，"西部联合新闻社"（由美国中西部报业于1862年组成，总部位于芝加哥）的势力最大，它构成了今天美联社的基础。

1882年，芝加哥又出现了一家新的通讯社"合众社"（United Press，与今天的合众国际社无关）。该社与纽约联合新闻社展开激烈竞争，后者败北。纽约联合新闻社的大多数会员加入合众社，其余小部分会员则与西部联合新闻社合并，于1892年成立"伊利诺伊联合新闻社"，社址还在芝加哥。纽约联合新闻社与合众社的竞争，变成了伊利诺伊联合新闻社同合众社的竞争。

伊利诺伊联合新闻社的第一任社长是梅尔维尔·斯通（Melville Stone）。他一上任便马上赶赴欧洲，以巨大的代价同当时三大通讯社签订了独家交换新闻的合同，从而切断了合众社的国外新闻来源。1897年，合众社倒闭。1898年，伊利诺伊联合新闻社卷入一场持续两年的官司。当时由于芝加哥的《洋际报》采用别家通讯社稿件，伊利诺伊联合新闻社便停止向《洋际报》供稿。为此《洋际报》向法院上诉，经过两年审理，1900年，伊利诺伊州法院作出裁定，联合新闻社必须将稿件提供给任何客户，不得有所歧视。败诉后，为了规避伊利诺伊州的法律，斯通便解散伊利诺伊联合新闻社，同时在纽约成立一家新的通讯社，就是今天的美联社，其简称AP也在这次重大改组中正式固定下来，沿用至今。

---

① 施拉姆. 人类传播史[M]. 游梓翔，吴韵仪，译. 台北：远流出版事业股份有限公司，1994：270.

第三节 电讯垄断与世界通讯格局

随着电报在新闻业中的普遍应用，全球新闻市场逐渐形成。由于新闻采访的规模日益庞大，传播费用日趋昂贵，采用电报技术的新闻通讯业务便应运而生，并逐渐成为新闻市场的主要控制者。仅有少数大报社有能力保持自己的通讯网，派遣记者跟踪采访重大事件。

一、"三社四边"协定

与现代新闻通讯社相比，当时的通讯社规模还不算庞大，不过彼此的营业范围高度重叠。各通讯社的业务日益越过国界，而且同殖民扩张的进程相联系，经过十几年的激烈争夺，它们已经各自完成了对世界主要新闻市场的占领。

1866年，大西洋海底电缆铺设完成。用奥地利作家斯蒂芬·茨威格（Stefan Zweig, 1881—1942）在其"历史特写"里的话说，这项工程是19世纪"最煊赫的壮举"，"为了说明这项工程的巨大规模，这样的比方是最形象不过了：绕在电缆里的三十六万七千里长的单股铜铁丝可以绕地球十三圈，如果连成一根线，能把地球和月球连接起来。自从《圣经》上记载有通天塔以来，人类不敢想象还有比它更宏伟的工程"，"从此时此刻起，地球仿佛在用一个心脏跳动；生活在地球上的人类能从地球的这一边同时听到、看到、了解地球的另一边。"[①] 大西洋海底电缆的开通使欧洲与美国之间的信息互通更为迅捷，这加剧了全球新闻市场的竞争。

在激烈的新闻竞争中，各方都遭到了很大的损失。1870年1月17日，路透、哈瓦斯和沃尔夫三家通讯社在巴黎举行了和解会谈，并签署了旨在分割世界新闻市场的垄断性协定。根据协定，哈瓦斯社负责法国、瑞士、意大利、西班牙、葡萄牙、中美洲、南美洲、埃及（同路透社共享）等市场的新闻收集业务；路透社负责英国、埃及（同哈瓦斯社共享）、土耳其、远东等市场的新闻收集业务；沃尔夫社负责德国、奥地利、荷兰、斯堪的纳维亚、俄国和巴尔干各国等市场的新闻收集业务。[②]

1875年，路透社又代表哈瓦斯社和沃尔夫社同美联社的代表签订了一项交换新闻的协定。根据规定，美联社负责采集美国的新闻，经由伦敦供给欧洲三社，欧洲三社

---

① 茨威格.人类的群星闪耀时：十四篇历史特写[M].舒昌善，译.上海：上海三联书店，1992：225.
② 李磊.外国新闻史教程[M].北京：中国广播电视出版社，2001：344.

发往美国的消息也只供给该社。这一系列协议就是近代通讯社发展史上具有标志意义的"三社四边协定",据此协定,一个由四家通讯社对世界新闻市场进行瓜分和垄断的体系被建立起来了。

这一体系一直维持了40多年,直到第一次世界大战德国惨败,法国势衰,美国强盛,"三社四边协定"失去约束力,基于该协定形成的垄断局面才发生变动。第一次世界大战后,随着德国战败,沃尔夫通讯社退出国际新闻服务的竞争行列。1934年,"三社四边协定"正式被废除,西方各大通讯社开始了在世界新闻市场上的自由竞争时期。许多国家的大型报社均向一家以上的国际通讯社订购电讯稿件,以便获得更丰富的报道与更多元的观点。

第二次世界大战以后,哈瓦斯社更名为法国新闻社(法新社)。自此,竞逐世界通信服务市场的通讯社只剩下四家,即路透社、法新社、美联社与合众国际社。许多国内或半国际的新闻通讯服务机构纷纷成立,一些新近独立的国家也开始借助新闻通讯社,力图发出自己的声音,并角逐国际新闻市场,其中较有影响力的事件如苏联成立了塔斯社、中国成立了新华社、日本成立了共同通讯社。

二、新的世界通讯格局

随着电话、网络数位化技术的广泛使用,电报通讯成为数位通信网络中一种以文字进行通讯的应用,而当电脑、互联网提供的电子邮件以及手机提供的短信业务日渐普及,电报这一人们最早利用电流进行信息传递的技术进一步淡出人类生活的舞台。不过,电报对人类社会的影响并未就此中止。由电报催生的通讯社,并未随着电报技术被超越和替代而走向衰落,相反,国际通讯社对信息流通的控制和垄断至今仍在深刻影响着全球新闻传播业的秩序与格局。

据统计,到20世纪末,美联社在美国国内有订户7,700多家,国外订户遍及110多个国家,达8,500多家;法新社的国内订户有2,750家,国外订户有10,500家;路透社的新闻用户遍及世界,直接用户为3,000多家,间接订户在10,000家左右。[①]长期以来,大型国际通讯社在世界新闻流通总量中稳定占比80%,在国际传播格局中处于明显的垄断地位。

(一)法新社

19世纪20年代后期,在经济危机的影响下,哈瓦斯社财政不断恶化,亏空日益严

---

① 周岩.世界性通讯社垄断竞争概况[J].新闻大学,1999(1):70-72.

重。1931年起,哈瓦斯社不得不依靠政府补助维持生计,其业务呈现明显的官方意志。到第二次世界大战前,哈瓦斯社已逐渐演变成法国政府的半官方"喉舌"。这时的哈瓦斯社依然是全球数一数二的大通讯社,无论在国际还是国内都具有翻云覆雨的传播能量。

二战前,《巴黎晚报》的一位主编曾说过:"哈瓦斯通讯社只发一条消息,就足以在巴黎证券交易所引起一场惊乱,或在议会发动一场可能导致政府下台的运动,引起动乱,甚至发动战争。"二战爆发后,哈瓦斯社被德军接管,成为纳粹的宣传工具。1940年12月,维希政府将其改组为三个机构:广告社、法国新闻社、世界电讯社。

1944年,巴黎光复后,在原哈瓦斯社的基础上,一家新的通讯社组建了,它就是今天的法国新闻社,简称法新社。同年9月,法新社以法令的形式获得临时公共机构地位。法新社名义上是独立的报业联营企业,实际上是法国官方通讯社。

法新社渴望摆脱其半官方的地位,1957年1月10日,法国议会通过了一项法律,确立了其独立性。在这项法令中,法国政府规定法新社应准确、迅速、清晰并完全独立地一年365天、每天24小时向全世界发消息,报道世界政治、金融、体育新闻和传送各种图片。

法新社领导机构包括三个组织:(1)管理委员会是法新社最高领导机构,委员任期三年,管委会由社长兼总经理主持;(2)高级委员会负责监督法新社章程的实施;(3)财务委员会负责监督预算的执行和财务管理。

法新社在业务上分三大部门:新闻部、总务部、技术部。摄影部较小,从属于新闻部。总社每天通过各条线路用各种文字编发新闻稿。目前,法新社拥有来自81个国家和地区的2,000多名雇员,其中约900人在国外工作,工作地点分布在全球165个国家和地区的110个办事处。

(二)美联社

美联社在成立初期是一家不以盈利为目的的合作社。美联社第一任社长斯通对董事会明确说道:"一个全国性的新闻合作组织是这样一种机构,它属于而且只属于各个报纸,它不出卖新闻,不谋私利,不付股息,仅仅是各个报纸的代理人和公仆。参加者应该包括一切党派、宗教界、经济界和社会各界的新闻工作者,但他们对新闻事业同样热情积极,所采集的消息应该严谨、准确、公正和完整。这就是我们梦寐以求的美好愿望。"

一战前后,美联社开始真正崛起。一战爆发时,美联社的订户仅有一百来家。一战之后,三大通讯社垄断局面名存实亡,美联社随"星条旗"向海外拓展。两次世界大战之后,美国取代英国成为世界上实力最强的超级大国,美联社也随之取代路透社的领导地位。作为当今世界实力最雄厚的通讯社，美联社在世界新闻市场上占有垄断地位。

美联社最初只向本社成员报社供给稿件，1945年以后开始向非成员报社和电台供稿，包括1,300家报社和3,890家电台、电视台。1994年，美联社增设电视部，向全世界电视订户提供声像新闻。美联社每天用6种文字播发新闻和经济信息约300万字，每年播发图片15万张，不仅为美国1,500多家报社和6,000家电台、电视台服务，还为世界115个国家和地区的1万多家新闻媒体供稿。

美联社对新闻文体的改变有着重要影响。美联社的文体格式主要经历了两个发展阶段：一、以客观求真实，这是其纯客观报道时期。1900年美联社改组时确定报道方针为"报道事实，不报道意见"，这是在反对"党派报刊的黑暗年代"的历史背景下出现的。二、由于社会责任论的盛行和读者需求的变化，美联社转向提示"新闻背后的新闻"，即解释报道时期。该社前总经理说："人们变得更加挑剔了，他们要的是解释性强的报道。"

梅尔文·L·德弗勒（Melven L. Defleur）、弗雷特·E·丹尼斯（Everette E.Dennis）在其所著的《大众传播通论》中说，一般认为，客观性法则是由美联社最先提出并大力倡导的，"美联社是'客观报道'的先驱"。曾任美联社总经理长达30余年的肯特·库珀（Kent Cooper），一直致力于宣传客观性法则。他把客观性法则解释成"真正公平"的新闻报道，还称客观性法则"作为一种至善至新的道德观念，发展于美国，奉献于世界"。"美联社之父"斯通更是将客观性法则具化为"5W1H"的导语格式和倒金字塔的新闻结构，而这些都成为新闻写作的标准模式，风行全球。

（三）路透社

2005年，路透社总部由著名的伦敦舰队街85号搬迁至位于金丝雀码头的大楼，路透大楼前的空地也随之被重新命名为路透广场。从1851年刚刚成立时窄小的办公室到伦敦舰队街总部，再到金丝雀码头路透大楼，这座庞大的通讯社已位居世界多媒体新闻通讯社前列，为128个国家提供各类新闻和金融数据。

路透社的服务分为四个部分：买卖与交易、研究与资产管理、企业、媒体，其中，超过90%的收入来自金融服务业务：对股票、外币汇率以及债券等资讯的分析、处理、发送以及相关产品的开发。新闻报道的收入占比不到10%。

路透社的新闻报道以迅速、准确享誉国际，同时，提供工具和平台，例如股价和外币汇率，让交易员可以分析金融数据和管理交易风险；路透社的系统让客户可以经由互联网完成买卖，它取代了电话或是纽约证券交易所的买卖大厅等人工交易方式，电子交易服务串联了金融社群。在其他方面的服务，最值得注意的是分析40,000家公司的债务债权,竞争者包括彭博新闻社和道琼斯通讯社。

20世纪80年代,路透社开始快速成长,大力开拓产品范围。1984年,路透社在伦敦证券交易所和纳斯达克挂牌上市,成为上市公司。然而,有人担心,上市公司会使客观报道原则受到损害。为了应对这种可能性,公司在制定章程的时候,在股票上市方面规定,不允许个人占有超过15%的股份。这一规则在20世纪80年代末也适用。

与此同时,为进一步保护新闻的独立性,路透社创办人路透成立了一家股份公司。这个公司唯一的任务是保护路透社新闻输出的完整性,它拥有一个"创办人股份",一个试图改变任何有关规则的路透社原则。这些原则规定了公司的宗旨,以维护路透社的独立性,完整和不受偏见地报道新闻。

2008年4月18日,加拿大媒体巨头汤姆森集团与路透集团正式完成合并,新公司名为汤姆森-路透,总部设在纽约,年营收达到125亿美元,在全球155个国家和地区拥有5万名员工和超过4万家客户。汤姆森集团和路透集团整合后,全球资讯提供商"三足鼎立"的格局形成——汤姆森-路透、彭博和出版商Reed Elsevier。作为三雄之一的后起新秀,彭博新闻社成为路透社的主要竞争对手,两者的市场份额各占1/3。

(四)彭博新闻社

作为路透社的主要竞争对手,彭博新闻社可以说是财经新闻的耀眼新星。它的创始人迈克尔·彭博(Michael Bloomberg,1942—)(或译为布隆伯格)仅用了22年的时间,就使它的金融数据市场的销售收入超过了具有150年历史的、世界上最大的资讯公司——路透集团。

彭博新闻社又称布隆伯格新闻社,1990年由彭博创立于纽约。在这之前的1981年,彭博成立美国彭博资讯公司,它是目前全球最大的财经资讯公司。彭博新闻社也已发展成为集新闻、数据和数据分析为一体的全球性多媒体集团。

彭博公司的创始人迈克尔·彭博是个传奇式人物。他出生于1942年,在马萨诸塞州梅德福一个并不宽裕的家庭长大,成绩优异的他顺利进入约翰斯·霍普金斯大学。然而由于家境贫寒,年纪轻轻的他靠为人泊车及借贷才完成了学业。1966年,他获得哈佛大学工商管理硕士学位。毕业后,彭博供职于当时华尔街著名的投资银行——所罗门兄弟公司,任股票交易员,1972年成为该公司的股东。很快他便接手了该公司的股票、贸易、销售业务,稍后又接手了信息系统。1981年,因所罗门公司内部纷争,在得到1,000万美元的遣散费后,彭博被所罗门公司炒了鱿鱼。

"失业后"的彭博并没有垂头丧气,不放过任何机会的他马上对当时的市场进行了仔细的研究和分析。当时,市场上缺少的是人们能够对有用证券信息进行选择,并通过简便易用的软件对其进行分析的工具。于是,看准机会的彭博就用自己拿到的遣散费创建了一家证券信息资讯公司——创新市场系统公司，这就是彭博新闻公司的前身。此后，公司扶摇直上，迅速发展成为全球资讯业大王。在公司业务如日中天之时，2001年，60岁的彭博从彭博通讯社总裁的位置上退下来加入纽约市市长的竞选，一举成功。2009年11月，彭博第三次连任纽约市市长。

彭博新闻社创立伊始正处于路透社和道·琼斯新闻社蓬勃发展的时期。为什么它这么快就向两家大公司发起挑战呢？彭博后来在他的自传《信息就是信息》中写道："大公司都不把刚开张的小公司当成主要对手，等它们清醒过来时已为时太晚。""这一次，大公司的傲慢自大表现得更加充分。这两个庞然大物一开始没怎么把我们放在心上。"

彭博找到了道·琼斯新闻社和路透社未占据的业务空间。"从一开始，我们就能为我们的基本产品配上他们提供的东西，这比为他们的产品配上我们生产的东西要容易得多，尽管他们无法复制我们的分析——对金融及期货市场上各种假设方案的计算结果，但我们仍开始在文字新闻上向他们看齐，在每篇报道、采访、消息上都紧追不舍。他们因粗心铸成大错，在我们随时间而壮大的过程中，我们在彭博新闻社必须保证不犯同样的错误。"

依托当时先进的计算机网络技术以及美国华尔街强大的金融信息需求，务实的彭博新闻社在此后10年内以令人惊异的40%的年增长率高速成长。当彭博的突飞猛进终于惊醒路透社时，路透社才着手应对，开发了一种名为"彭博杀手"的新系统。而彭博新闻社的另一个竞争者道琼斯新闻社的一位副总裁在接受《福布斯》杂志记者采访时说："你告诉那家伙（彭博），我要干掉他！"

彭博新闻社的努力逐步获得市场的认可，时至今日，纽约证券交易所现有3家"正式"新闻机构：彭博新闻社、有114年历史的道琼斯公司和有147年历史的路透社，每家都以提供上市公司的充分报道、向其持股人提供全面信息而著称。

创立于1981年的彭博新闻社虽是后起之秀，但它凭借新型的终端机器和网络技术，在成立后仅用了22年的时间，就使它的金融数据市场的销售收入超过了具有150年历史的、世界上最大的资讯公司——路透集团，使后者不得不通过被汤姆森公司并购来迎接挑战。

如果说彭博社对于路透社的挑战还仅仅是通讯社内部力量与秩序的重新洗牌，那么，互联网对于传统的通讯社主导的信息传播格局的影响则是颠覆式的。电报及后继的广播、电视等电子传播媒介采用的集中、单向的信息传播方式，受到了互联网分布式、交互式的数字传播方式的全面挑战。在互联网因削弱了层级关系而变得扁平化、因个人崛起而逐渐去中心化的传播模式中，新闻消息采集和传输的成本相较于传统的电子平台已经大大降低，而这种信息传播成本上的低廉，正是19世纪中叶的电报相较于驿路和铁路的比较优势,也正是一百多年来新闻媒体购买通讯社稿件的原因和通讯社的立足之本。

同样被以互联网为代表的数字传播平台所超越的,还有基于电报技术创立的经典新闻文本本身。当人类个体被海量的信息包围,人们不再需要媒体告诉他们什么是重要的、有趣的,而是开始主动选择和接收自己感兴趣和认为有用的内容。传统的传受界限在互动平台上不再分明,长期奠基传统新闻媒体的"倒金字塔"文本开始让位于微博、微信等轻逻辑、即时性的内容。在这样一个信息俯拾皆是的环境中,无边无际的信息碎片正在替代严谨编辑的"倒金字塔"文本,成为人们认知外部世界的主要依据。

第七章 广播：无远弗届与声响幻境

2012年4月，美国导演詹姆斯·卡梅隆（James Cameron）用3D影像技术将一场100年前发生的海难立体地呈现给全球的电影观众，这是卡梅隆第二次执导电影《泰坦尼克》。1997年12月，由卡梅隆执导的电影《泰坦尼克》在美国上映，创下的票房纪录让这部电影在接下来的12年里稳坐全球票房冠军的宝座。电影中的故事感动了全球亿万观众，也让这部电影在1998年的奥斯卡颁奖典礼上获得最佳影片、最佳导演、最佳摄影等十多项殊荣。

当年世界最豪华的客轮上，到底发生了哪些故事？如今我们已经无法知晓，只能靠电影艺术来想象和描述当年的景象。不过对人类历史产生更大影响的是，泰坦尼克海难的发生让一项媒介技术受到前所未有的重视，一种全新的媒介从此走向现代文明的前台。在文字时代之后，口语这项人类最早的传播方式重新进入大众传播的系统。

第一节 从无线电报到大众媒介

一、泰坦尼克号与无线通信

1912年4月14日晚，泰坦尼克豪华客轮与冰山相撞，在其处女航中沉没。距离泰坦尼克号58英里的卡帕提亚号轮船接到了泰坦尼克号的求救信号，尽管全速赶赴，但还是没能赶在泰坦尼克号沉没之前到达海难现场。最后，卡帕提亚号轮船救回了约700人，泰坦尼克号上其他的超过1,500名乘客和船员不幸遇难。

其实，当时还有两艘轮船离泰坦尼克号更近。一艘是加利福尼亚号，但它没有应答求救信号，因为船上唯一一名无线电操作员因执勤太久昏昏欲睡，而且船长切断了船上所有电源，使得无线电系统无法供电。另一艘是货轮丽娜号，它距离泰坦尼克号只有30英里，但由于是货船，没有载客，海员也不多，没有配备无线电设施。

当泰坦尼克号沉没的消息抵达美洲大陆时，已经离沉船有一段时间了，因为当时卡帕提亚号的无线电设备只在85英里范围内有效。当时的美国总统威廉·霍华德·塔夫脱（William Howard Taft，1857—1930）派遣了两艘海军巡洋舰去接应卡帕提亚号，但因为船上的无线电操作人员技术不够熟练，这两艘巡洋舰未能及时地将信息传回纽约。

在陆地上，第一个将泰坦尼克号沉船消息发送出去的是当时一位年轻的通讯员大卫·萨尔诺（David Sarnoff，1891—1971）。他在收到消息后的72小时内，不间断地接收和发送消息，塔夫脱总统于是命令关闭所有的电台，只留下萨尔诺的电台与船只进行联系。在海难消息传递工作中的杰出表现使萨尔诺名扬一时，也使得其所在的马可尼电报公司的声望大大提高。萨尔诺后来成为美国无线电广播公司的经营者及总裁，被称为"美国广播通讯业之父"。

鉴于无线电在这次海难中表现出的特殊重要性，舆论普遍认为联邦政府对无线电事业应该有所管制。于是，无线电管制开始被提到同铁路运输、石油企业和肉食品加工企业管制同等重要的地位。泰坦尼克号海难发生之后的4个月内，个人发送无线电波信号必须得到政府的特许，而新出台的《1912无线电法案》则要求所有无线电操作人员必须获得许可，电台必须服从制定的频率分配，求救信号的优先权高于其他任何通信，商务部长有权颁发无线电许可证及采取其他必要的无线电管制措施。

泰坦尼克海难这场巨大悲剧的发生，将人们的注意力吸引到无线通信这项新的技术上来。获得许可证的业余爱好者从1913年的322人增加到1917年的13,581人。在提高公众对无线通信的认识方面，这场海难比以往任何无线电实验更有效。

二、从实验发明到电台开播

（一）从有线到无线

无线电并不是哪一个人的单独发明。在无线电报发明之前，利用线缆来进行电磁信号及语言本身的传输已经成为现实。1851年11月13日，英国在英吉利海峡铺设了世界上连接英法两国的第一条海底电缆，在伦敦与巴黎之间开通了有线电报业务。1876年，发明家亚历山大·格拉汉姆·贝尔（Alexander Graham Bell，1847—1922）首次展出了他发明的电话机，实现了声音的远距离传输。贝尔的电话专利书的说明为"通过电子手段传送有声语言和其他声音的一种方法和工具"。当时，尽管他对电话的用途还有很多设想,但直到1890年,美国电话公司才开始确定将电话作为人与人交谈的工具。

有人则对贝尔的多种设想进行了开发,广播的雏形从这时出现。1893年,匈牙利人西奥多·普斯卡(Theodore Puska)把布达佩斯700多条电话线连接起来,定时向听众广播新闻,被称为"电话报纸"。这可以说是广播的先声,尽管它是有线传送的,而且这个方法肯定十分麻烦,但这意味着电话的传播方式是可以发展为广播的。无线电传送技术的发明使人们觉得不受有形线路的限制而又能够传送人声显然更妙,于是无线广播的实验和发明开始了。

不过,在广播的发展过程中,有线技术始终是它的一部分。有线广播曾经长期存在于许多疆域辽阔、人口众多的国家,比如苏联和原东欧社会主义国家以及1949年以后的中国大陆。苏联是世界上常规有线广播的诞生地,它采用有线入户的方式接转无线广播。1924年底,苏联政府提出"劳动人民住宅无线电化"(即有线广播入户),到20世纪80年代,可以选择收听3套节目的有线广播接收工具开始普及。由于有线传播方式便于控制,德国、法国从20世纪30年代起也开始利用电话线网络发展有线广播网。由于有线广播解决了无线广播发展初期功率不足、覆盖能力不强的问题,瑞典、瑞士、奥地利等国在20世纪50年代初开始在山区建立有线广播,后来无线广播的功率增强了,这些国家又对有线设备进行更新改造,使其接收效果超过了无线广播。

虽然有线广播的发展比无线广播要早,但有线电报在技术上存在一个明显的缺陷,即没有导线就不能传递信息。这个遗憾在50年后被无线电报的发明弥补了。1864年,苏格兰物理学家詹姆士·克拉克·麦克斯韦尔(James Clerk Maxwell,1831—1879)公布其研究成果——信号可通过电磁波发送。他的理论预言:有一天人们不通过电线就可以将电子信号发射到别的地方。到了1887年,德国物理学家海因里希·鲁道夫·赫兹(Heinrich Rudolf Hertz,1857—1894)证明了麦克斯韦尔的理论是正确的,他在实验室建立了一个简陋的火花隙(射频)振荡器,从一点向另一点成功发射了无线信号。电磁波频率的基本单位"Hz"就来源于其发现者。

19世纪90年代,另外3位发明家几乎同时致力于无线发射与检测。法国物理学家艾都尔德·布朗莱(Edouard Braolley,1844—1940)发明了名为"金属屑检波器"的信号检测设备。英国物理学家奥利弗·洛奇(Oliver Lodge,1851—1940)爵士研究出了共振调谐原理,使发射器和接收器可以在同一波长上工作。俄罗斯的亚历山大·波波夫(Alexander Popov)开发出了一种更好的金属屑检波器和垂直接收天线。

(二)"无线电之父"马可尼

尽管前人有着众多的理论与发明,但是真正验证了赫兹的理论、完善了布朗莱和洛奇的无线设备、取得了无线电通信巨大突破的是意大利发明家古列尔莫·马可尼（Guglielmo，1874—1937），他被人们称作"无线电之父"。

马可尼出生于意大利波伦亚的一个富有家庭，从小就不是一个循规蹈矩的好学生，他的思维方式与学校里僵化古板的理论格格不入。富有创新精神的马可尼21岁时开始对无线电感兴趣，他想要做的事情是使无线电工作起来。

1895年，他在庄园前面的草地上布置了一个接收器，对他的哥哥阿方索（Alphonso Marconi）说："如果你能听到蜂鸣器响，就挥小旗向我示意。"然后他奔向实验室，按下发报器的按钮，再从窗口向外张望，看见阿方索正挥动手中的小旗，蜂鸣器响了。这证明电波可以不通过电线在空气中无影无踪地传播。几个月后，马可尼增加了发报机的功率。这次他把发报机放在距家两公里的地方，中间还隔着一座小山丘，因此他让哥哥和另一位农民接收到无线电信号后开枪示意，结果枪声响了。接下来的两年内，马可尼建立起了一种能够在两英里范围内发送和检测信号的无线系统。

由于意大利政府对马可尼的发明不感兴趣，马可尼与出身高贵的母亲一起回到了她的家乡英国。母亲的家族关系使他有机会将他的无线系统展示给可能的投资者，包括英国邮政总局的主管。1896年，刚刚22岁的马可尼在英国取得了他的第一个无线电报技术的专利。马可尼的实验引起了广泛关注，一些外国观察家陆续从法国、德国、俄国和意大利来观看他的实验。"我平静的生活从此宣告结束"，后来他回忆说。军方首先开始了对这种新技术的应用，英国军舰上开始安装马可尼电报。1897年，无线电报与信号公司建立起来，他们继续进行远距离传播无线讯号的实验。1899年3月28日，马可尼发出了从英国到法国的无线电报。1901年12月12日，马可尼首次横越大西洋无线通信的实验获得成功，这证明经过他的仪器处理过的电磁波可以不受高山大洋的阻隔而自由传播。关于人类第一次横越大西洋的无线通信，马可尼在一篇文章里描绘道：

> 刚过正午，我戴上耳机仔细倾听起来。我面前桌上的接收装置非常简单——只有几只线圈以及放大器和合成器——但我还是将它调试完毕了。12时30分，我终于听到了微弱但清晰的"嘀–嘀–嘀"的讯号。我赶快把耳机递给肯普。"你听见了吗？"我问。"是的，是的。"肯普激动地说，"这是字母S的讯号。"他也听见了。我所有的预见都得到了证实，无线电波穿过了整个大西洋——这简直是一个令人无法置信的距离，整整170英里，地球表面的曲线竟然无法阻挡它！意识到这一结果对我来说比意识到自己的成功更为重要。正如奥利弗·洛奇爵士所说，这是一个划时代的创举。现在我可以有把握地说，对于整个人类，这一天总算到来了：不需要任何导线，我们便可以在世界的任何两个端点进行通信联络了。

这次实验的成功标志着人类在地球上的信息沟通几乎可以跨越所有的障碍。此后，马可尼开始出售这种无需导线即可发送莫尔斯电码的电报机,并将其作为海上船只与岸上电台联络的通信工具。英国马可尼公司及其美国分公司占领了莫尔斯电码无线通信的大部分市场。

1927年,马可尼逝世,在此之前他已获得诺贝尔物理学奖,并取得了100多个大学的名誉学位。著名意大利诗人加布里埃尔·邓南遮(Gabriele d'Annunzio,1863—1938)在他的墓志铭上写道:"他的发现开创了一个人类生活的新时代。"

(三)"广播"的开端

无线电服务的名称,随着无线电技术的发展不断演变。在马可尼时代,人们只使用"无线电报"(wireless telegraph)一词。1906年至1912年,这一名称演变为"无线电波和无线电话"(radiotelegraph and radiotelephony)。在泰坦尼克海难发生后出台的1912法案实施之时,"无线电"(radio)一词开始使用,这个词来自拉丁语radius,是"射线"的意思,而无线(wireless)一词逐渐被摒弃。"广播"(broadcasting)一词来自农业,原指在农田中播撒种子的活动。最早的编码无线电发射是从一名特定的发送者到一名特定的接收者。有了对发射信号者的许可和管制之后,无线电广播逐渐从发送给一名接收者转变为发送给多个接收者。

在参与早期"广播"实验的爱好者中,加拿大的雷金纳德·费逊登(Reginald Fessenden,1866—1932)最为著名,他一生获专利达500项之多,在获得发明专利的数量方面仅次于托马斯·阿尔瓦·爱迪生(Thomas Alva Edison,1847—1931)。费逊登以无线电技术为美国国家气象局工作,从1900年起,他希望能改进马可尼的无线系统,实现连续载波。他所致力研究的发射系统与马可尼的莫尔斯电码发射系统完全不同,人们通过费逊登的系统可以听到连续的声音。1906年12月25日晚,圣诞之夜的8点钟,费逊登使用自己开发出的实验振荡器,在马萨诸塞州布兰特罗克镇的工作室中广播了自己制作的节目,这次节目包括一段《圣经》片段的朗读,一段亨德尔《广板》(Largo)的录音和一段费逊登自己演奏的小提琴独奏曲。在节目结束时,他还唱了一首歌并祝愿所有收听节目的听众们"圣诞快乐"。虽然这次广播的质量并不令人满意,但它不仅展示了费逊登的艺术才华,而且展示了一次空前的广播实验。费逊登的听众主要是海上船只中的无线电操作员、得知这次公开广播实验的记者以及一些广播爱好者。之后的新年夜,费逊登又做了一次类似的广播实验。他所做的这些实验标志着可被听众广泛接收的非编码无线电信号发射成功,有人因此称他是世界上第一位电台节目主持人(DJ)。

费逊登的圣诞广播被认为是广播时代的开端,但是,这一时期的实验者都没有建立一个定期播出节目的真正的广播电台。第一次世界大战前夕,无线电使用已经从普通的海上航运扩大到了国防和海军装备领域。1917年4月，美国与德国开战后不久，广播技术的专利纠纷平息下来。在战争期间，作为国家安全措施，美国海军接管了所有大功率电台的运营，甚至包括美国马可尼公司拥有的电台。所有业余电台和无线电实验者都被迫终止广播。第一次世界大战结束后，无线电广播依然没有进入人们的视线。

（四）KDKA电台

最早的一批广播电台是作为销售收音机的一种手段来运营的，在这些广播电台中，最著名的是匹兹堡西屋电气公司的KDKA电台。

西屋电气公司有位工程师叫弗兰克·康拉德（Frank Conrad），他是一位无线电爱好者，早在第一次世界大战前便在自家的车库里安装了一套小型的广播设备。1920年4月，康拉德用业余电台呼号8XK试验播放自制的节目，但他很快就对连续不停地独自讲话感到厌倦，于是开始改用播放唱片来取代说话。意想不到的事情发生了：康拉德开始收到其他无线电爱好者的来信，来信中有评论播音质量的，也有请他播出某一唱片或在某一特定时间播出节目的。于是，为了满足这些"听众"的"点播"要求，康拉德开始定期播出节目。

西屋电气公司对康拉德的业余电台很感兴趣。1920年10月16日，西屋电气公司为康拉德的电台提出执照申请，并在同年10月27日获得美国商业部颁发的电台执照，呼号为KDKA。这一时期，电台的呼号是美国商业部分配的呼号组合。后来，电台呼号开始以密西西比河为界，密西西比河以东的电台呼号以W开头，密西西比河以西的电台呼号以K开头。

尽管KDKA电台的历史可以追溯到一战之前，但其第一次正式广播的时间是在1920年11月2日。这一天，KDKA电台利用美国总统选举的大好时机，围绕选情通报这一公众关注的焦点，大张旗鼓地开始了定期广播。由于宣传广泛、影响重大，KDKA成为美国历史上第一家正式广播电台，1920年11月2日这一天也成为世界广播事业的诞生日。

KDKA电台开播之初，工作条件相当简陋。电台的第一个播录室是西屋公司大厦楼顶上的一间小屋。时而发生的技术故障并没有妨碍听众数量的迅速增加，因为那时有许多收音机都是自己做的，人们以为那是他们的机器出了故障。KDKA开播后的两年里，美国有了500家电台和约150万台收音机，每一个大都市都有了自己的电台。

三、美国广播网的形成

KDKA 电台的成功使得其他公司纷纷效仿，开办自己的电台。美国无线电公司在纽约开办电台，呼号 WDY；美国电报电话公司也在纽约开办电台，呼号 WEAF；通用电气公司则在纽约州的斯克内克塔迪播音，呼号 WGY。西屋电气公司后来在马萨诸塞、新泽西和伊利诺伊又增开了几个电台。

这些公司开办商业广播电台的初衷主要是谋利，它们生产的无线电发射器和接收机如果只用于船-岸通讯，其数量终究有限，利润也有限。但如果能把广播推向民众，那收音机的销售市场将是巨大的，这样巨大的利润诱惑着每一家公司开发广播业务。①

随着广播电台的增多，无线电广播日益流行起来，这个行业开始寻找各种各样的方式来促进自己的发展，其中一个比较有新意的方式就是联网。美国电话电报公司的 WEAF 电台是第一家从事商业广播的电台，也是第一家提供联网广播的公司。美国电话电报公司已经在全国各地架好了电话线，如果可以把各个电台连接起来，美国电话电报公司便有竞争优势。1923 年，他们做了第一个联网实验，将纽约的 WEAF 电台和波士顿的 WNAC 电台连接起来。1924 年 10 月，约翰·卡尔文·柯立芝（John Calvin Coolidge，1872—1933）总统的演说第一次通过广播联网在 22 家电台播出。②

为了对抗美国电话电报公司，打破其对城际联播的封锁，美国无线电公司和通用电气公司也建立了广播网。为首的是美国无线电公司的纽约台 WJZ 和设在斯克内克塔迪的 WGY 电台，不过该广播网传送声音与音乐的效果不佳。

1926 年，美国电话电报公司决定从广播事业中退出，它把自己的 WEAF 卖给了美国无线电公司，美国无线电公司、通用电气公司和西屋电气公司立刻合资组成了全国广播公司，也就是现在大名鼎鼎的 NBC，作为美国无线电公司的子公司。NBC 建立后，主持两个新的广播网，即以 WEAF 为首的红网（NBC Red Network）和以 WJZ 为首的蓝网（NBC Blue Network），广播网从东海岸扩展到西海岸。

1926 年 11 月 15 日，全国广播公司在纽约华道夫酒店（Waldorf-Astoria Hotel）广播了 4 个小时节目，根据报道，这一活动共耗资 50,000 美元，邀请了歌手、管弦乐队、笑星和两名来自其他城市参与远程广播的演员，其中大多数明星都是义务演出，所耗费的资金有半数用来购买技术设备，包括 3,600 英里的 AT&T 特殊电话电缆，它被用

---

① 蔡骐，蔡雯. 美国传媒与大众文化——200 年美国传播现象透视［M］. 北京：新华出版社，1998：173.
② 斯隆. 美国传媒史［M］. 刘琛，译. 上海：上海人民出版社，2010：505.

于将 WEAF 电台的节目连接到 20 多个电台。全国广播公司的新总裁梅林·埃尔斯沃斯（Merlin Aylesworth）预计，约有 1,200 万人收听了这次广播，而当时美国的人口不到 1 亿，因此，1,200 万听众已经相当惊人。最重要的是，这次广播使人们认识到新无线电网络的强大力量，因此，这次广播标志着网络广播的新纪元。之后，全国广播公司（NBC）一直控制着两大广播网，直到 1943 年由于联邦通讯委员会的干涉，它才不得不出售 NBC 蓝网，该广播网独立成了现在的美国广播公司（ABC）。

1927 年，美国一些没有加入 NBC 的独立广播商在哥伦比亚留声机唱片公司（Columbia Phonograph Record Company）的帮助下，建立了另外一个广播网，最初起名为哥伦比亚唱机广播公司（Columbia Phonograph Broadcasting System），后改名为哥伦比亚广播公司（Columbia Broadcasting System，CBS）。当时 27 岁的雪茄公司继承人威廉·佩利（Wiliam Paley）请哥伦比亚广播公司为他的雪茄做广告，这则广播广告大大拓展了雪茄销路，佩利开始对电台产生兴趣。他在 1928 年买下哥伦比亚广播公司的控股权，并对其进行扩展，和全国广播公司进行竞争。1934 年，哥伦比亚广播公司已拥有 97 座电台。

1934 年，全国广播公司、美国广播公司和哥伦比亚广播公司之外的第 4 家广播网建立了，它是由 4 家未加入广播网的电台创办的，领头的是纽约的 WOR 电台和《芝加哥论坛报》的 WGN 电台，起名为相互广播公司（Mutual Broadcasting System，MBS），它主要向较小的广播电台提供节目。到 1953 年，它拥有了 60 个成员电台。在日后电视出现的日子里，只有相互广播公司还留在广播领域，另外 3 家广播公司则把自己的业务扩展到电视领域。[①] 直到 1999 年，相互广播公司才终止运营。

广播电台的发展和广播网的建立，使得人们纷纷涌向无线电广播。无线电设备的销售额剧增，从 1922 年的 6,000 万美元增长为 1923 年的 136 亿美元，1924 年更是达到了 358 亿美元。到 1925 年，收音机已经被制作得像一种家具，这个广受欢迎的传播媒介吸引的不仅是无线电爱好者，还包括个人和家庭，人们在自己舒适和安静的家中享受广播带来信息的欢乐。

广播节目也随着收音机的发展而不断丰富。20 世纪 20 年代，无线电节目一般是由本地音乐家主持，他们表演自己的节目或推广其他的演出。还有一些信息类的节目，包括联邦政府主办的农业节目，提供农业信息。农民们会为了了解市场价格而购买收音机。一份无线电杂志曾经报道过一个与鸡蛋价格相关的农村听众的故事。当时一名采购员告诉那位农妇，鸡蛋的价格很低，而且还会继续降价，农妇立即反驳了他，并且忠告他，如果下次还想欺骗她，最好在她收听 8 点钟的价格信息节目之前赶到！除

---

① 蔡骐，蔡雯. 美国传媒与大众文化——200 年美国传播现象透视[M]. 北京：新华出版社，1998：173-174.

此之外，美国的乡村音乐在这一时期也成为广播的主要内容，因为工业化使许多美国人从乡村移居城市，而乡村音乐成了他们寄托思乡之情的载体。[①]

四、中国广播的开端

我国使用无线电报始于清朝末年。1905年（光绪三十一年）秋，北洋大臣袁世凯在天津开办无线电训练班，聘请意大利海军军官葛拉斯（Glass）任教，培养无线电报务人员。[②]同时购置无线电收发报机，分别安装在北京、天津、保定和北洋海军的舰艇上，用于沟通军事情报。1908年，上海英商汇中旅馆私设无线电报机，开外国人在我国私设无线电台之先河，此后，西方国家的使馆、商人、殖民者为了通信联络上的便利，竞相在中国境内私自安装无线电收发报机。清政府邮传部虽多方交涉拟予取缔，但收效甚微。

1920年，在美国第一家KDKA电台开始播音不久，美国人便把初办见效的无线电广播技术输入中国。1920年8月在上海出版的《东方杂志》以"无线电传送音乐及新闻"为题，首次把正在孕育中的广播介绍给中国读者。20世纪20年代初期，中国出现第一批早期无线电广播电台，但都是由外国人创办的。中国境内开设的第一座广播电台是美国人E.G.奥斯邦（E.G.Osborn）开办的，他将一套无线电广播设备从美国运到了上海，目的是为了推销收听设备。1923年1月23日晚，呼号为XRO的"大陆报——中国无线电公司广播电台"首次播音，每晚播出1小时节目。当时的总统黎元洪也对广播产生了兴趣，他派秘书打听，如何收听电台的音乐节目，消息传到奥斯邦那里，他受宠若惊，立刻赶制了一台特制的收音机，以确保黎元洪能够在其北京的家中清楚真切地收听广播节目。很快，民营广播电台多了起来，但当时无线电器材相当昂贵，全上海也只有500台左右收音机。形形色色的节目多是为了军阀、官吏、富商和外国殖民者茶余饭后娱乐消遣。鲁迅先生对此有入木三分的描述，"天气热得要命，门窗都打开了，装着无线电收音机的人家便把音波放到街头与民同乐，其声音一会儿尖一会儿沙，不但和水位大涨、旱象已成之处毫不相干，就是和窗外流着油汗整天在挣扎着过活的人们的地方也完全是两个世界。"

与美国广播创办之初私人商业广播蓬勃发展的景象不同，中国的广播是由官方推动创办的。1922年，在第一次直奉战争中，奉系军阀战败，退居关外。为了东山再起，奉系军阀出于军事通信的需要，开始大力发展无线电事业。在奉系当局的支持下，我

---

① 阿尔马朗，彼茨.无线电广播产业[M].詹正茂，张莹，张莉，译.北京：清华大学出版社，2007：32.
② 赵玉明.中国广播电视通史[M].北京：中国传媒大学出版社，2004：4.

国早期的无线电专家刘瀚建成了我国第一座自办的广播电台。1926年10月1日,哈尔滨广播无线电台开始正式播音,呼号XOH,每天播音两小时,内容有新闻、音乐、演讲及物价报告。在1928年8月国民党的中央广播电台出现以前,北洋军阀统治时期的广播事业只是初具雏形。先后有10来座外商、中国人创办的广播电台建立,其发射功率一般较小,收听范围也限于广播电台所在城市及其周围地区。当时还没有一个全国性的电台,这个时期,全国约有收音机1万台。

中国共产党的延安新华广播是在抗日战争的硝烟中诞生的。1939年秋冬,周恩来因右臂受伤去苏联治疗,在莫斯科,他与任弼时特意同共产国际的领导会谈,商议在延安建立广播电台的事情。第二年三月,他们回国时,几经周折,带回一台广播发射机。1940年春,为了打破敌人的新闻封锁,中共中央在延安成立了广播委员会,周恩来亲自担任主任,成员有中央军委三局局长王净和新华社社长向华仲。当时延安没有电,为了发电,他们拆卸了一部汽车的引擎,用木炭烧出煤气来带动引擎转动,但是这样的发电机并不稳定,电力导致的故障使得播音员在一次播音中可能要暂停好几次,只能通知观众播音要暂停,请不要关机。

不过,电力方面的困难还不是最主要的。为了彻底切断红色电波,日军和国民党军的飞机,只要捕捉到一定信息便会轮番轰炸,新华广播从开始播音就一直处在不断转移的过程中。当时《解放日报》已经无法出版,白区的《重庆日报》也已经撤出白区,唯一能够向国民党统治区进行宣传的方式只有广播电台,所以当时中央非常重视和关心广播工作,不允许广播有一天的中断。

1946年3月28日,电台接到了再次转移的命令,就在这一天晚上,新华广播电台播出了"青化砭大捷,歼灭国民党军队4,000多人"的消息,这极大地鼓舞了正在前线奋战的人民解放军指战员。第二天,远在哈尔滨出版的《东北日报》在第一版头条位置刊登了这条新闻,并且注明"据新华广播电台28日夜口语广播称",这在中国广播史上是一件很有意义的事情。广播电台从诞生之日起一直是依托纸质媒介而存在的,这一次它却成为报纸的新闻来源,广播迅速、直接的特性在战乱中得到充分的体现。

1949年10月1日,中华人民共和国开国大典在天安门广场隆重举行。通过电波,全世界都听到了新中国庄严而豪迈的宣言:"同胞们,中华人民共和国中央人民政府今天成立了!"从下午3点到晚上9点25分,整个开国大典持续了近6个半小时,这是中国人民广播史上第一次大规模的全国实况转播。

随着新中国的成立,广播开始真正深入人民大众的生活。1949年9月2日的一篇新华广播稿摘录了中央对广播事业发展的规划:广播是有非常灿烂前途的事业,我们中国有四万万七千五百万人口,其中的百分之八十都是文盲,因此无线电广播语言事业就更加成为为人民服务的、教育中国人民的非常重要的工具。1950年春，新闻总署签署了在全国范围内建立广播收音网的决定，"全国各县市人民政府之尚未设立收音员者，除了所在地为中心城市且有大型日报者，应一律指定政府内适当人员兼任收音员。"

新中国成立初期，面对百废待兴的局面，新政权迫切需要动员一切力量团结一致搞建设，广播成为动员和组织社会力量的重要工具。1951年9月15日，全国各地广播电台教唱《歌唱祖国》《全世界人民心一条》两首歌曲。两个月后，广播电台推出广播体操节目，每天喇叭一响，大小城市的千百万人统一行动、步调一致，这在中国历史上是破天荒的事。

1952年4月1日，中国第一座农村有线广播站正式播音，以此为标志，广播走进了农村，从此，目不识丁的农民也有了认识外部世界的通道。到1957年底，全国广播电台的数量从新中国成立初期的11座，增加到1,698座，高音喇叭从900只，发展到941,200只。具有中国特色的农村有线广播网迅速建立，农民足不出户就可以知道发生在千万里之外的国家大事，广播进入了寻常百姓家。

"文化大革命"结束后，为了改善高音喇叭在老百姓心目中的不良印象，中央广播事业局发出《关于加强管理城乡高音喇叭的通知》，提倡低音喇叭，消除城乡噪音。广播的声音在变小，电视的成长在加快。1983年3月31日，第十一次全国广播电视工作会议在北京召开，以往的十次会议都叫"广播工作会议"，而这一次在会议名称中加了"电视"两个字。

第二节　抒情表意的声响幻境

一、广播剧《星球大战》

在广播的发展史上，1938年的一件事情不得不提，那就是著名的广播剧《星球大战》。奥森·韦尔斯（Orson Welles），一位23岁的哥伦比亚广播公司播音员，在1938年万圣节的信使剧场的播出时段，播出了自己根据赫伯特·乔治·威尔斯（Herbert George Wells，1866—1946）的小说《星球大战》改编的广播剧。

在《星球大战》广播剧播出之前的一周，参加该剧演出的演员们都在绞尽脑汁，想把这部小说改编成一场吸引人的广播剧。但这毕竟是一部科幻小说，通过声音来演绎的确很困难。怎么才能增强它的生动性呢？韦尔斯深思熟虑之后，决定采用一种打破常规的播音方式。

节目播出当天是万圣节，这原本就是人们相互开玩笑的日子，播音员在广播剧开始前做了4次声明，说得非常清楚，本故事纯属虚构，只是万圣节的恶作剧而已，但当时许多听众都在收听另一家广播网的埃德加·伯根（Edgar Bergen，1903—1978）和查利·麦卡锡（Charlie McCarthy）的节目，没有注意到播音员的说明。伯根和麦卡锡的节目进入广告时间时，那些不愿意听广告的听众纷纷换台，于是等待他们的就是哥伦比亚广播公司这场令人毛骨悚然的广播剧。

广播剧开始先是一大段在大饭店演奏的舞曲音乐，接着韦尔斯让一位"新闻记者"气喘吁吁地打断这个正在播出的常规音乐节目，实际上听众对这种播出快报的方式已经相当熟悉了。"新闻记者"告诉听众在火星上观测到一团气云，可能有不明飞行物从火星飞来地球，另外，在新泽西州格罗弗米尔市有人看见"巨大的陨石"坠落。这段快报播完又播起了音乐节目。一段音乐之后，播音员通过电话采访一位"著名的天文学家"，与之讨论火星上存在生物的可能性。接着又开始播放音乐节目。这段音乐之后，播音员再次插入新闻快报："各位女士、先生，我要向大家宣布一个重大消息。不可思议的事情发生了，科学观察与亲眼所见都指向一种结论：今晚在新泽西州田野上登陆的是火星地球侵略军的先遣部队。"接着，听众可以听到该"新闻记者"被侵略军的射线枪所消灭。此后剧中接连播出许多新闻快报与现场报道，指出从太空船内走出来的巨大火星人已经开始向纽约方向移动，美军正朝其登陆地点出发；火星人携带有毒气的瓦斯武器，死伤人数不断增加等。

剧情的详细内容并不重要，重要的是这引起了一场全国性的大恐慌。美国东部成千上万的民众收听了这则广播剧，人们相互打电话，通知亲朋好友即将来临的大祸，长途电话人满为患。华盛顿的许多居民跑向自己的汽车，开车狂奔以躲避外星人的袭击，许多地方交通堵塞。结果，在一小时的广播节目结束时，许多人打算自杀，整个社会一片混乱，许多正在休假的军事人员被召回基地。① 几乎没有人查证它的真实性。换言之，收听万圣节广播的听众都相信他们在广播中听到的新闻。由于此前广播播出的消息全部是真实的，所以听众很难想象自己听到的是一个虚构的故事。这一事件的后果是联邦通讯委员会立即插手，宣布以后在广播中不得播出虚拟的新闻公告，而媒介所引发的民众恐慌心理也成为以后许多心理学家和社会学家研究的问题。

广播营造出的声响幻境，让人们对虚假的新闻信以为真，而广播也正是凭着这种独特的媒介魅力，在美国经济大萧条时期蓬勃发展。

---

① 施拉姆. 人类传播史[M]. 游梓翔，吴韵仪，译. 台北：远流出版事业股份有限公司，1994：335-336.

二、广播的黄金时代

1929年的大萧条让美国人谈虎色变。在乐观高峰的人们还没来得及反应，就已掉入沮丧的谷底。1929年初，美国还一派繁荣。工业生产指数1921年平均为67，1928年已上升到110，到1929年6月上升到126。股票市场也一片看好，在1929年夏季的3个月中，西屋电气公司的股票从151上升到286，通用电气公司的股票从268上升到391。财政部长安德鲁·威廉·梅隆（Andrew W. Mellon, 1855—1937）在9月向民众信誓旦旦地保证："现在没有担心的理由，这一繁荣的高潮将继续下去。"

言犹在耳，崩溃已至。1个月内，股票下跌40%，以后又持续下跌了3年。在这3年中，5,000家银行倒闭。到1933年，美国工业总产值和国民收入暴跌了将近1/2，商品贸易下降了2/3以上。经济崩溃导致的大萧条带来了严重的失业问题，1933年3月，美国失业人数保守估计为1,400万，相当于全部劳动力的1/4，排队领救济金成了这一时代最具特色的场面。

在大萧条的艰苦岁月里，广播却迎来了它的"黄金时代"。[①]大萧条提供的社会环境促使广播流行。在经济危机中，许多富有的家庭一夜之间失去了所有的财富，一大批贫穷家庭和中产阶级家庭则由于主要劳动力被解雇而失去了收入来源。全国性的银行倒闭更使许多人失去了一辈子的积蓄。经济困难使得许多家庭必须对手头的钱精打细算，不再出去娱乐，而是坐在收音机前消遣。当时晶体管已经取代了体积较大的真空管，这使得收音机变得小巧玲珑而便于携带，所以人们无论漂泊何方，都会带上自己的收音机。对于那些因为失业而不得不背井离乡、四处漂泊的人来说，广播是一种可以移动的娱乐方式。当他们到达新的目的地之后，往往人地两疏，在孤寂之中，他们发现心爱的广播节目还在忠实地陪伴着自己。

从当时民众的心态来看，许多人在大萧条岁月爱听广播，是因为广播能起到一种心理调节的作用。从广播剧中他们可以感到，现在的问题并不是自己一个人的问题，许多倒霉的人比自己更不幸，这是社会造成的，听广播对减轻他们面对萧条与失业而产生的心理压力大有裨益。当然，人们心中也还藏着这样一个希望，说不定收音机中会播出一些好消息呢。由于这些因素，广播在大萧条中可以说是一枝独秀。1930年，美国有收音机1,250万台，到1940年增加到4,400万台，约90%的家庭拥有1台或1台以上的收音机，人们每天在收音机旁消磨的时间长达4小时。

广播的繁荣在很大程度上也归功于其节目的多姿多彩。在1927年广播网建立之

[①] 斯隆.美国传媒史[M].刘琛，译.上海：上海人民出版社，2010：525-526.

后，广播就已成了第一流的娱乐媒介，许多歌舞杂耍表演明星在广播这一行找到了工作。20世纪30年代，广播节目日益变得流行并成熟起来。音乐节目、儿童节目、新闻节目、教育节目、戏剧节目……不一而足。"悬念""阴影""小孤儿安妮""男子之家""时代的步伐""独行侠"等节目极大加深了广播的流行程度。

在大萧条政治气息浓重的气氛中，广播不仅是最流行的娱乐来源，也是讨论政治意识问题的重要平台。一些政治家逐渐适应了这种新媒介，总统富兰克林·德拉诺·罗斯福（Franklin Delano Roosevelt，1882—1945）则是成功实现这一转变的政治家代表。面对危机，赫伯特·克拉克·胡佛（Herbert Clark Hoover，1874—1964）政府的无能促使罗斯福上台。1933年3月5日，年仅51岁的罗斯福在危难之中就任美国第三十二届总统。他出身显贵家庭，性格活泼，精力充沛，温文尔雅，待人随和。1921年，他患了脊髓灰质炎，这使他的下肢失去活动能力，许多人认为他的政治生涯将从此结束，但他却战胜了种种困难，最终进驻白宫。罗斯福上台后面对的不仅是千疮百孔的经济，更是一种沮丧彷徨的心态，他深知除了采取必要的政策手段恢复经济，还必须把民众从绝望的深渊中挽救出来。民众只有以一种乐观的态度和坚定的信念来迎接这场挑战，才有可能赢得最终的胜利。怎样才能做到这一点呢？他想到了广播，这种新传播媒介既便捷又直接，是与民众沟通的最好工具。

1933年，新当选的总统罗斯福利用广播分别在3月12日、5月7日、7月24日、11月24日发表4次演讲，罗斯福总统闲适随意地坐在白宫楼下的起居室里，在夫人的陪伴下，通过实况广播向千百万美国普通大众发表令人难以忘怀的演讲，这就是美国历史上著名的"炉边谈话"。当时，许多美国人面对巨大的经济灾难惊慌失措，他们觉得唯一的希望就是新的领导人，而通过广播，普通民众第一次听到他们总统的声音，他的语调是那么安详，信念是那么坚定，这种充满个人魅力的沟通方式，让困苦中的民众重新感受到了希望。如果说罗斯福借用广播达到了自己的政治目的，那么广播则借助罗斯福的谈话充分展示了自身的功能与魅力。

大萧条中广播的繁荣大约持续了十年。广播以其自身的魅力很快成为千千万万民众心中迅速而可靠的信息来源，就像人们曾经迷信过文字，认为白纸黑字非常神圣一样，如今电台中的声音也代表着一种真实与真理。美国政治与社会科学学会于1935年1月和1941年1月发表了《美国政治与社会科学学会年鉴》，探讨了美国及全球无线电广播系统的发展，以及公众对于这种全新的娱乐和信息媒体的反应。在1935年年鉴的序言中，编辑赫尔曼·海汀格（Hermann Heidinger）写道："可以说，自1929年以来，无线电广播业已从幼年时代发展到了青年时代，现在正逐步走向成熟。当下，广播作为一种用于娱乐、文化与政治启蒙以及更为正式的教育培训的传媒，其方方面面的影响被拓展，美国每10个家庭中就有6个受到它的影响。它已成长为自印刷机问世以来最主要的大众传媒。"①

三、广播对报纸的冲击

广播最初只被看成一个玩具，它从形式到内容都充满了稚气，KDKA 电台初次广播仅仅是对美国大选结果的报道。早期的广播节目内容非常有限，很多时候，广播的播音员仅仅是简单地读一下当地报纸的新闻标题，并配上一行小广告，告诉听众如果想知道详情，可以购买哪种报纸。这种做法显然对促销报纸有利。有些报纸发行商看到了这一点，干脆自己开办电台，来为报纸做宣传。此外，早期的新闻广播还缺少固定的时间安排，直到 20 世纪 30 年代才开始形成比较规范的播音节目表，但一般也仅仅是早晨播音一到两次，中午一次，晚上若干次。

如果说最初的广播对报纸有积极作用，那么报纸对广播也是宽容而友善的。报纸上往往刊登广播的节目单以便让感兴趣的听众收听，并且还宣传广播领域取得的进展以及介绍一些广播明星。报社办的电台更要同时服务于报纸和广播。美国报纸发行人协会广播委员会 1927 年发表的报告表明，当时有 48 家报纸拥有自己的电台，69 家报纸在别的电台出钱主办节目，97 家报纸上刊登广播新闻节目，几乎一半以上的高级电台都同报纸有着某种联系。当然，也并不是所有机构都"厚待"广播，美联社在 1924 年就只允许报纸发表它对当年总统选举结果的报道，并且因为波特兰的《俄勒冈人报》擅自在自己的电台上广播相关消息而对其罚款 100 美元。

作为一种新的大众媒介，广播的成长速度相当快。到 1928 年，全国广播公司和哥伦比亚广播公司已经能使自己的声音传送到全国 800 万台收音机听众的耳朵里。当时竞选总统的共和党候选人赫伯特·胡佛（Herber Hoover）和民主党候选人艾尔弗雷德·史密斯（Alfred Smith，1873—1944）意识到广播的能量，都在广播中进行演说。广播这种发展势头显然使报纸感到有些不安，但与广播相比，报纸还占据着较大的优势，因为在 1929 年广播的广告收入虽已增加到 4,000 万美元，但同年报纸的广告收入却达到 8 亿美元。

但人们很快就认识到广播是一个大众沟通的有力工具。随着 20 世纪 20 年代大范围商业广播的兴起，公众发现无线电波带来的新闻和娱乐比印在纸上的更快捷、更有力。1929 年的经济危机结束了报纸与广播和睦相处的历史。由于经济危机的打击，美国的工商业和银行业都陷入瘫痪，经济的衰退使得报纸的广告收入锐减，1933 年报纸的广告收入比 1929 年下降了 45%。然而，同样是在大萧条的年代，广播的广告收入却

---

① 参见 1935 年的 The ANNALS of the American Academy of Political and Social Science.

翻了一番。

从1931年到1945年总共有584家日报停刊，尽管这一数字又因为386家日报创刊而被抵消，但报纸的衰退不可否认。广告量急剧下降，迫使报纸裁员减薪。1929年，报纸占大众媒体广告量的54%，杂志为42%，广播仅占4%；但到了1939年，报刊的占比下降到了38%，杂志为35%，广播却上升到27%。尽管报刊在当地广告中仍然处于领先地位，但广播显然已对报纸造成了威胁。

报纸与广播之间的矛盾最重要的自然是经济收入的争夺，这里面也包括双方对受众的争夺。长期以来，报纸一直以能够提供丰富信息而著称，而如今广播从速度上向其提出挑战。通过广播，人们即使自己没有办法去现场，也可以在事件发生的当时听到消息，这对许多人来说，要比第二天才从报上读到有关消息好得多。1929年的经济危机进一步强化了人们的这种心态，危机中的商情瞬息万变，这使得当时如惊弓之鸟的民众更加热衷于从广播得到"即时"新闻。

20世纪30年代初期，随着无线电广播网逐步实现盈利，无线电开始涉足新闻内容。报纸发行商没有忽视无线电对新闻的关注，由于无线电的竞争和经济萧条，他们的广告收益已经大幅下滑，这使得报纸发行商大为光火。国家广播公司和哥伦比亚广播公司的新闻报道日益增加，于是报纸发行商想要通过切断广播与新闻的联系进行还击，重新确立报纸对新闻传播的垄断地位。从此，部分地方广播电台发现，它们的广播节目表不再被认为"具有报道价值"，因而未在报纸上发布。无线电网络的广告商在报纸上被封杀。1932年，美联社为了挫败合众社，把1932年总统选举结果提前供给广播网以进行现场播音，广播还报道了民主党与共和党大会，这使得许多报纸发行商忍无可忍。于是，美国报纸出版商协会于1932年年底向美联社以及私有电信服务业务施加压力，发布最后通牒，要求其在报纸刊出有关新闻之前，不得向广播电台出售或透露新闻，广播应该仅仅播送一些要闻，以鼓励大众读报。尽管当时也有人反对，但1933年美联社成员召开会议，决定不再向广播网提供新闻，并把美联社成员报纸的电台广播也限制在偶尔播送35字以内的简报上。其后，合众社与国际新闻社也都停止向广播网出售新闻。

广播网通过确立自己的新闻操作方式进行了反击。三大新闻社全部断绝新闻的供应，这就迫使广播电台不得不自己去采写新闻。哥伦比亚广播公司率先建立了一个一流的新闻搜集机构，它由以前的合众社记者保罗·怀特（Paul White）领导，在美国各主要城市和伦敦都设立了办事处，建立了一个广泛的记者网，并且把美国交换电讯社的新闻报道用在哥伦比亚广播公司每天的新闻广播里。当时，哥伦比亚广播公司的一些新闻评论员如H.V.卡顿伯恩（Hans von Caton Bourne）、博克·卡特（Bock Carter）、洛厄尔·托马斯（Lowell Thomas）、埃德温·希尔（Edwin Hill）和加布里埃尔·希特

（Gabriele Hitt）都成了家喻户晓的人物。全国广播公司用来对抗的新闻社则是由20世纪30年代任新闻和大事部主任的谢克特筹建起来的。至于地方上的一些小电台，它们还继续依靠报纸上的消息。报纸的压力其实使广播进一步走向独立与成熟，并且使广播对报纸造成的威胁更大；但对于广播公司来说，独立搜集新闻所带来的巨大成本也是一种压力。

1933年12月，国家广播公司、哥伦比亚广播公司、新闻通讯社与美国报纸出版商协会在纽约比尔特莫酒店举行了一次会谈，哥伦比亚广播公司同意缩减新闻服务，国家广播公司也将避免开展收集新闻的业务。各广播网同意自担成本，成立一个新闻广播局，由这个机构向广播公司传递新闻摘要——每条摘要不超过30个词。广播网每天安排两次为时5分钟的新闻播报节目，一次是在上午9点30分之后，另一次是在晚上9点之后。选择这两个时间段的目的在于保证报纸的发行情况免受无线电竞争的影响。

但不久之后，不受新闻广播局协议限制的通讯社就开始直接向广播提供报道。新闻提供商如雨后春笋般涌现，这使无线电新闻的覆盖范围扩展到许多电台。1935年，合众社和国际新闻社又重新开始向电台出售新闻，合众社甚至还设置了一项专门用于广播的服务。1940年，美联社也不得不改弦更张，再次把自己的新闻出售给电台，并且也设置了一项专门用于广播的服务。这以后，美联社与合众社同时活跃于广播与报纸两大领域，新闻广播局很快就销声匿迹了。报纸商意识到无线电台的价值，纷纷开始申请电台许可。1935年，新闻广播局的尝试失败了，广播在新闻大战中获胜。

四、二战时期的广播

在因特网和电视问世之前，广播是唯一生动、即时的大众传播媒体。回忆1941年某个安静的周日下午，我们就能轻而易举地了解无线电的流行程度和无线电新闻的重要性。那一天，在美国东部时间下午2点31分，一名哥伦比亚广播公司的新闻记者中断了常规广播节目，宣布日本对夏威夷的珍珠港发起了一次空中突袭。第二天，约有6,200万美国人收听了富兰克林·罗斯福总统的对日宣战声明。

第二次世界大战期间，许多令人难忘的声音通过麦克风和无线电波传递给了民众：宣布对日开战的罗斯福总统、将其集权主义叫嚣着传达给他的狂热追随者的希特勒、在意大利激起法西斯党徒追随的贝尼托·阿米尔卡雷·安德烈亚·墨索里尼（Benito Amilcare Andrea Mussolini，1883—1945）、把同胞们集结起来不遗余力地对抗轴心国战争机器的英国首相温斯顿·伦纳德·斯宾塞·丘吉尔（Winston Leonard Spencer Churchill，1874—1965）。

在德国人的广播中，战争是以另一种面目开始的。1939年8月31日中午12时过后，希特勒书面下达了于次日拂晓对波兰发动侵略战争的命令。当晚9点，所有德国电台都广播了"元首"对波兰的"和平建议"，并向德国人民解释政府为了维护和平是如何"尽心尽职"的。而在此时，德军已做好发动战争的一切准备。第二天，也就是9月1日，160万德军越过边界，分北、南、西三路杀向华沙。9月1日凌晨5时40分，希特勒在德国电台歇斯底里地叫喊："昨天夜间，波兰正规军已经向我国领土发起第一次进攻，我们已开始还击，以炸弹回敬炸弹。"

在英国，人们从广播中听到了二战中最鼓舞人心的讲话。1941年6月22日，德国向苏联宣战。当晚，丘吉尔就通过广播向全国民众发表讲话，称现在必须与从前的敌人苏联合作："在过去的25年中，没有一个人像我那样始终一贯地反对共产主义。我并不想收回我说过的话，但是这一切在我们眼前展现的情景的对照之下，都已黯然失色了……任何对第三帝国作战的个人或国家，都将得到我们的援助。任何跟着希特勒走的个人或国家，都是我们的敌人。"

除了传递领导人的声音，无线电广播对战争的报道也做出了难以替代的贡献。在战争时期，听新闻广播已经成为一种全民的习惯，美国公众可以从5,600万台收音机中收听到战争的消息。当全家人聚集在一起聆听晚间新闻报道时，爱德华·R·默罗（Edward R. Murrow）、威廉·施莱尔（William Schreyer）和其他记者从海外将关于欧洲战争的报道通过电波送到了美国家庭的起居室里。这场战争使广播评论员和他们的听众建立起一种双方从未有过的亲密关系。沃尔特·温切尔（Walter Winchell）那连珠炮似的开场白"全美的女士们、先生们，在海上航行的北美和所有国家的船只，晚上好！现在让我们开始新闻广播"回响在数以万计的美国家庭中。洛厄尔·托马斯（Lowell Thomas）的告别语"让我们明天见"有一种使人心神安定的语感。这些广播评论员以他们个性化的话语风格，成为全国性的人物。

在所有从二战的广播传出的声音中，或许最值得纪念的就是哥伦比亚广播公司记者默罗从伦敦发出的报道。他从伦敦发出的夜间广播总是以一句严肃的"这里是伦敦"作为开场白，然后用一种庄重而不失活泼的语气对德国轰炸给英国首都带来的破坏进行描述。他的广播总是伴随着炸弹飞落爆炸的声音准时开始。

1937年，希特勒加紧扩军备战，欧洲局势日益紧张。哥伦比亚广播公司主管新闻部的副总经理觉得有必要选派一名记者去主持CBS的欧洲记者站。哥伦比亚广播公司起初虽然不愿从总部放走默罗，但经过一番考虑，最终觉得最合适的人还是默罗。于是，29岁的默罗受命成为伦敦欧洲记者站的负责人。默罗到达欧洲后，为了顺利开展工作，决定先物色一名得心应手的助理。经过一番观察和挑选，赫斯特报系新闻社的记者威廉·L.夏勒（William L. Shirer）成了默罗的助手。

1938年3月，默罗从伦敦赶到华沙，筹办一个文化节目，夏勒也到维也纳为这个节目奔忙。正值此时，希特勒开始武装进攻奥地利。夏勒得到消息后立即从维也纳给默罗打电话，用暗语表示德军正在越过德奥边境，向维也纳逼近。默罗大吃一惊，指示夏勒立即飞回伦敦，准备向国内报道这一重大新闻。随后，默罗用一千美金包下一架27座的客机，独自直飞维也纳。1938年3月12日，默罗在德军进攻维也纳的同时，向美国听众广播了他的第一篇战争报道。这次报道被视为广播史上的第一次"现场直播"。

此后，默罗和夏勒又默契配合进行了一系列出色的广播报道，使得奉行"孤立主义"的美国听众对欧洲事务越来越关心，从而把美国同欧洲在心理上联为一体。1940年不列颠空战时期，"这里是伦敦"的广播报道非常成功，这也成了默罗的广播风格标志。默罗的报道总是尽可能贴近战争一线，让听众听到隆隆的飞机声、爆炸声等与轰炸场景有关的元素，让美国听众获得了一种身临其境的战火体验。1941年，默罗回国，公司为他举行盛大晚宴，12月7日，他还被邀请到白宫与罗斯福共进晚餐。

在整个二战中，广播报道使得美国民众能够通过第一手材料了解欧洲战场和太平洋战场的局势，了解整个战争的进程。广播经受住了战火的考验，并在这种考验中进一步树立自身的形象。

与一战时期的情况不同，二战时期美国政府并没有强行管制无线电，而是成立了一个战时新闻处，由前哥伦比亚广播公司新闻评论员埃尔默·戴维斯（Elmer Davis）掌管。战时新闻处负责判断应该向国内与国际听众报道哪些战况，其中包括新闻、关于美国战斗方法与缘由的公务信息，以及关于公众可为战争贡献哪些力量的信息。为应对来自德国、日本和意大利的国际广播，战时新闻处还创办了"美国之音"。

早在美国开展国际广播之前的1927年，荷兰为维护其殖民统治，开始用荷兰语向其遥远的海外殖民地东印度等地进行广播，成为世界上最早开办对外广播的国家。不久，德国（1929年）、法国（1931年）、英国（1932年）、日本（1934年）等国也相继向海外殖民地进行广播。苏联为了打破帝国主义的封锁，也于1929年开始对东北亚地区播出汉语、朝鲜语和英语节目。不久，莫斯科国际广播电台成立，开始连续提供德语、法语、英语节目。然而，早期的这些对外广播发射电力弱，播音时间短。

二战期间，对外广播得到了巨大发展，交战双方都把对外广播视为一种重要武器。美国在二战时除了以14种语言播出美国之音，还成立了自由欧洲电台与自由电台。这两家电台的总部均设于慕尼黑，自由电台主要对苏联广播，而自由欧洲电台主要对东欧广播。1939年二战爆发前，只有27个国家有对外广播，而到1945年战争结束时，有对外广播的国家增至55个。

第三节　旧媒介的新生

　　二战中广播的出色表现给人们留下了深刻的印象，也直接导致了战后几年广播的兴旺发达。第二次世界大战结束时，美国的电台申请激增。1940年到1950年，电台节目翻了一番以上，全国性电台网的播时出售额从1935年的3,500万美元激增到1948年的1.33亿美元。随着收音机价格的下降，更多家庭开始拥有多台收音机，无线电逐渐从起居室走向厨房和卧室。至1950年，96%的美国家庭都拥有收音机。

　　然而，在这繁荣的表象下，一种新的打击悄然而至，那就是电视的产生。无线电台的扩展给许多大城市以外的居民带来了最初的地方性服务，在许多居民才刚刚开始享受无线电服务时，联邦通讯委员会已在设备制造商的支持下大力发展电视事业。电视的发展极为迅速，因为它搭建在无线电结构之上。电视借用了无线电节目的形式，又额外增加了视频，电视网与无线电广播网的运作方式类似，广告商从无线电转向电视，收音机制造商开始制作电视机。电视这种新大众传播媒介以广播无法比拟的优势很快便吸引了公众的注意，其发展速度之快大大超出了人们的预期。电视展现的巨大潜力使得广播界也开始把注意力转向这个新领域，电台业主们纷纷申请开播电视台的许可证。在几大广播网中，除了相互广播公司还继续坚守着传统的阵营，其他三家公司都开始向电视拓展，毕竟人们很清楚地认识到，不仅能听而且能看的电视确实是对广播的一个巨大改进。

　　电视是在1948年取得突破性进展的。也正是这一年，哥伦比亚广播公司对全国广播公司的广播明星进行了一次著名的"侵袭"。哥伦比亚广播公司当时准备发展自己的电视节目，但要吸引观众，就需要有号召力的明星来压阵，培养与推出一个明星的周期太长，最简单的办法是把已经具有较高知名度的广播明星们直接"控制"到自己的电视网来。哥伦比亚广播公司看中了全国广播公司的精兵强将，于是巧妙运作，一举同全国广播公司的大牌明星杰克·本尼（Jack Benny, 1894—1974）、阿莫斯（Amos）、安迪（Andy）、伯恩斯（Burns）、艾伦（Allen）、埃德加·伯根（Edgar Bergen, 1903—1978）和宾·克罗斯比（Bing Crosby, 1903—1977）签订了电视合同。根据历史学家埃里克·巴尔诺（Erik Barrouw）的研究，哥伦比亚广播公司能够成功地说服这批明星跳槽，主要是利用了美国的所得税法。它让这些明星相信，如果他们把自己的节目出售给哥伦比亚广播公司，可以大大增加自己的收入，因为这种出售所得将按一个较低的税率来征税。通过这种办法，哥伦比亚广播公司买进了几乎所有全国广播公司著名的星期日晚间节目的表演明星，它借助这些偶像人物掌握了电视时代的主动权。

电视对广播造成的威胁不仅在于它吸引了广播人才流向电视，更在于它直接借用了广播的节目形式。广播中的一些传统节目如肥皂剧等都被移植到电视中，电视进一步发挥自身图像的优势，使这些节目青出于蓝而胜于蓝。随着电视技术的普及与电视观众的增加，广播在听众中受欢迎的程度以及广播的盈利状况持续下跌，广播节目的收听率从1949年的23.8%骤跌到1953年的5.4%。不少人都有这样一种担心：用不了多久，广播恐怕就要走向死亡。确实，广播的危机已使它处在一个生死存亡的关头，它面对的只有两种可能：变化或死亡。幸运的是它选择了前者并取得了成功，在新的大众文化中再次找到了自己的位置。

为了迎接电视的挑战，广播开始改革自身的节目形式。以往各家电台的节目往往大同小异，内容庞杂，如今开始走向特色化。广播放弃了一些无法与电视抗衡的节目形式，如舞厅音乐、肥皂剧、情景喜剧等，建立了一种以音乐和新闻为主的新模式。以音乐电台为例，各个电台都力图确立一种个性化的风格，一个地区的某家电台可能以播放音乐金曲排行榜前40名的歌曲为主要内容，另一家则可能以播放黑人音乐、乡村音乐、爵士音乐或者古典音乐为特色。与这种音乐电台新模式一道产生的自然是音乐节目主持人，他们必须通过自己独特的广播风格以及对音乐的选择来吸引自己的追随者，这固然显示了节目主持人的见识与个人魅力，但也往往会产生一些争议。1959年，广播事业就受到了"贿赂丑闻"的沉重打击，许多著名的音乐节目主持人，包括曾创造了"摇滚乐"这个词的艾伦·弗里德（Alan Freed，1921—1965），被指控从唱片、磁带企业收受钱和礼物，以使某些音乐节目能够登上排行榜，许多音乐节目主持人因此丢掉了工作。电台开始雇佣节目指导来选择将要播放的音乐，电台工作人员还必须签下一份文件，表明自己对联邦通讯委员会关于禁收贿赂的规定已经知晓，并同意将从音像公司收到的任何价值超过25美元的礼品上交管理部门。

从20世纪50年代起，广播的生存与发展固然与流行音乐休戚相关，但并不是所有的电台都播放音乐，电台中依然存在着全新闻电台。这种电台往往采用滚动制播出，每20分钟轮回一次，它使听众能够及时了解最新的消息。除此之外，谈话电台也别具特色。这种电台一般是由一个主持人同几个嘉宾或几个打入电话者亲切交谈，谈话的内容范围很广，既可以是个人问题，也可以是社会问题，如性和政治。当时走红的谈话节目主持人有恰克·哈德（Chuck Harde），著名的性问题专家露丝·韦斯特海默博士（Dr. Ruth Westheimer），著名的政治记者拉里·金（Larry King，1933—2021）。据统计，在美国35岁到54岁的人中有80%的人每天平均收听3小时的谈话电台节目，他们大多数是在早晨6点到10点的"行车时间"收听节目。谈话电台还可以直接帮助人，美国人可以免费打电话给谈话节目，询问理财、法律等方面的信息。许多知名人士也十分乐意上谈话电台与听众交流，如迈克尔·杰克逊（Michael Jackson，1958—2009）、迈克尔·杜卡基斯（Michael Dukakis）等。

随着广播节目的变化，人们使用无线电和广告商购买广播时间的方式也发生了变化。电视网成为接触更大范围的全国观众的途径。无线电广播成为一种地方性的广告媒体。在1954年财政年度结束时，获得许可或授权的电台总计为2,697家，接近1943年运营的电台数量的3倍。无线电台数量的增长反映了许多电台所有者对无线电的忠实信念。无线电曾经是一种夜间娱乐媒体，但在20世纪50年代，它变成了"清晨驾车时"或"下午驾车时"收听的媒体，而这种变化的原因显而易见。20世纪50年代中期是美国经济的繁荣时期，经济萧条和二战期间食品及奢侈品短缺的阴霾已经散去，奢侈品重归消费市场，消费者信心也开始增强。同时出现的还有郊区房产的蓬勃发展，更多的家庭有能力拥有一辆甚至两辆汽车。二战结束后，人口出生数量也大大增加。也是在这个时期，晶体管问世，电子设备迈向微型化，晶体管提高了收音机的质量，使用电池供电的小型晶体管收音机改变了人们收听广播的地点和方式。

总之，尽管电视对广播造成了巨大的威胁，但广播还是生存了下来，原因是收音机易于携带、可以移动，人们可以带着它去上班、去野餐、去锻炼，而这种特点是电视不具备的。进入数字时代以后，广播迅速融入比特的汪洋，在媒介融合的浪潮中重获新生，作为一种历久弥新的媒介，广播以后能走的路似乎还很长。

第八章 电视:大众巅峰与人际拟态

美国传播学者保罗·莱文森(Paul Levinson)在《手机》一书中写道:"实际上,20世纪40年代后半期,经过大规模开发之后,电视在10年的时间里就深入86%的美国家庭。这是一个创纪录的速度,任何媒介都不能与之匹敌(电话从20世纪50年代到进入美国50%的家庭,花了75年的功夫。如果把网络和手机大量出现的时间定在20世纪90年代早期到中期这个范围,它们达到50%这个标准,大约也花了10年的时间。直到我写这本书的2003年,它们深入美国家庭的比例还没有达到86%)。"

在被称为"数字时代的麦克卢汉"的莱文森眼里,电视在媒介史上仍然保持着这样的地位:它是大众化速度最快、程度最高的媒介。其实更重要的是,电视对家庭的高度渗入已经改变了当代人的生活方式,如今在人们的起居室里,每个房间最显眼的那面墙壁上都预留着有线电视的接口,电视占据着整个家庭甚至每个房间的视觉中心。

第一节 从发明到普及

一、电视的发明

无论作为一个概念还是一项技术,电视的历史都比我们通常想的要久远得多。早在1879年,《笨拙》(Punch,英国的一份适合中产阶级阅读的幽默周报)在它的一幅插图中就预料到将来会有互动电视。它向我们描述了这样一个场景:一个家庭一边观看网球比赛,一边通过电话同其中一位参赛队员交谈。3年后,法国艺术家阿尔贝特·罗比达(Albert Robida)对电视的描述看起来似乎与现在的更为接近:他把电视当作是一种学习的工具(教授在黑板前授课),是突发新闻的来源(坐在卧室中即知中东爆发战争），是一种娱乐的载体（一个薄衣舞女在为一个抽着雪茄的秃头胖男人跳舞），还是叫卖干货的小贩（一个妇女正在查看商家的布帛）。[①]

电视的发明从广义上说是与广播的诞生一脉相承的：从无线传播的角度看，电视的发明与电磁波理论的提出、验证和应用有关；从有线传播的角度看，电视的发明也与电话有关。可以说，电视是电报远距离快速传递信息的继承者，是在电话和广播传送声音之后的进一步发展。

早在19世纪上半叶，在传递信号的无线电报刚刚诞生时，莫尔斯的发明拓展了许多人的思维。有一些发明家设想通过类似的方式来传递声音与图像，贝尔由此想到利用线路传送人的语言，从而发明了电话；爱迪生则对莫尔斯电码传送时产生的声音突发灵感，电报纸带可以用来记录人的语音，从而发明了留声机。电话的发明使尼普科夫产生了传送图像的想法。

电视的发明过程是一个错综复杂的故事，里面包含了许许多多探索者的汗水与喜悦。1850年，英国科学家巴克韦尔（Backwell）建造了一个能够传送书面图形的电传系统，虽然它还不够精细。1865年，英国工程师约瑟夫·梅（Joseph May）发现了硒的光电效应，即光线照射到含硒的物体上便能产生电子放射现象，这从理论上证明了任何物体的影像都可以用电子信号来传播。

1884年，德国发明家保尔·尼普科夫（Paul Nipkow，1860—1940）发明了尼普科夫扫描圆盘，这对电视后来的发展影响巨大。这一发明最初的动因十分感人。尼普科夫在中学时就着迷于电话能传送人声，进而十分自然地产生了传送图像的想法。1883年圣诞节前夕，在柏林大学就读的他非常思念远在家乡的父母，他想要是这时能看到他们，哪怕只是一眼，该多好啊！尼普科夫后来说："这使我不由自主地产生了对电视的总体设想。"1884年1月6日，尼普科夫就其发明成果向柏林皇家专利局申报，专利书上的第一句话就是："这里所述的仪器能使处于A地的物体在任意一处B地被看到。"因此，这一发明也被称作"电望远镜"。1885年1月15日，这个专利被批准，这是世界上有关电视的第一个专利。这时距莫尔斯发明有线电报已过去了40年，距贝尔发明电话不到10年。

1897年，德国工程师卡尔·费迪南德·布劳恩（Karl Ferdinand Braun，1850—1918）又发明了一种带荧光屏的阴极射线管，受到电子束的撞击时，荧光屏会发出亮光。1906年，布劳恩的助手用这种简单的电子显像管传送了线条和字母。1907年，俄国发明家鲍里斯·罗辛（Boris Rosing）把尼普科夫和布劳恩的发明结合在一起，组成

---

① Barnouw E.Tube of Plenty: The Evolution of American Television[M]. 2nd ed. New York: Oxford University Press, 1990: 4-7.

了一个可以远距离传输画面的电子系统。1923年，罗辛的学生、从俄国移居美国的物理学家弗拉基米尔·兹沃尔金（Vladimir Zworykin，1889—1982）发明了光电摄像管并申请专利，1929年，他又发明了电子图像显示管。尼普科夫和兹沃尔金的发明分别成为机械电视和电子电视的基础，后来，机械电视先得到了发展，但最终被电子电视所取代。

20世纪20年代，广播还在飞速发展的时代，各主要科技大国就开始对电视技术进行攻关。机械电视在英国发展起来，1924年，苏格兰人约翰·洛吉·贝尔德（J.L.Baird，1888—1946）在伦敦展示采用尼普科夫原理制作出的机械电视，1925年10月2日，他在伦敦的一次实验中"扫描"出一个人的脸，15岁的店堂杂工威廉·台英顿（Willian Taynton）成为世界上第一个上电视的人。1926年1月16日，贝尔德又在伦敦进行了首次电视画面直播的公开展示，这次展示由包括一名记者在内的旁观者证实，他们清楚地看到了一个木偶的鼻子和眼睛，图像从一个房间被传送到了另一个房间，虽然图像很暗而且模糊不清，但是已经足以让人在一个几平方英寸的屏幕上看到图像。两年后，贝尔德利用短波波段，把一位妇女的图像从伦敦传送到纽约州的哈茨代尔，由于距离远，需要中继，他先把图像传送到了1,000英里外的一艘远洋汽船上。这次实验的时间在马可尼越洋传送无线电信号之后的第27年，在费逊登用无线电传送人声之后的第22年，当时的《纽约时报》连续报道了这一成就。从此之后，英国广播公司与贝尔德合作，开始实验性播送无声图像。1930年，第一个声图电视节目——意大利作家路伊吉·皮兰德娄（Luigi Pirandello，1867—1936）的舞台剧《口含一朵鲜花的勇士》播出。

1936年11月2日，英国广播公司在伦敦郊外的亚历山大宫以一场规模盛大的歌舞开始了电视的正式播出，这一天被认为是世界电视事业的诞生日。

电视广播之初，几乎没有多少人可以感受到这个奇迹，因为卖出去的电视机还不到300台。第二次世界大战的爆发推迟了家家户户拥有电视的进度。在英国，为了防止敌人的轰炸机利用电视信号导航，在开播后不到三年，电视广播被迫关闭。经历过这段历史的人们还记得，那天晚上打开电视，电视中说，这将是最后的电视节目了。于是，人们突然意识到战争降临了，这也意味着再也没有电视可看了。美国由于远离战场，加上其强大的经济基础，反而在电视的发展方面成为世界最先进的国家。

美国的电视台筹建工作早已展开，在英国唯一的电视台正式播出的第二年，美国已经有了17座电视试验台。早在1928年，通用电气公司开始试验远距离传送电视节目。1930年，美国广播公司不甘人后，也跟着试验性地播出电视节目。1932年，纽约市的WCBC-TV向大约7,500位实验性电视机的拥有者报道了总统选举结果，使他们大吃一惊。1939年，美国无线电公司（RCA）在纽约世界博览会上展出了自己生产的

5英寸和9英寸电视接收机,价格在200到600美元,电视机既是新奇的也是价格不菲的玩意儿。同年4月30日,RCA旗下全国广播公司(NBC)所属的WZXBC实验电视台实况转播了罗斯福总统在博览会现场致开幕词的影像,罗斯福从而成为第一个参加电视实况转播的总统,同时公司总经理萨诺夫在RCA的展区前面对摄像机讲话,从此,美国电视才算正式开始定期播放。

到1940年5月,美国已有23座电视台开始播送电视节目。与此同时,联邦通讯委员会要求电视播放有限的商业性节目,这意味着尽管还不能做广告,但可以让出资者上电视,目的是为了把电视推向商业之路。不过这个要求很快又被收回,联邦通讯委员会显然已经考虑到电视可能产生的巨大影响。受限于资金来源,电视台只能处在实验台阶段,播出时间从每周最多14小时减少到4小时。

在决定技术和常规标准方面,美国联邦通讯委员会(Federal Communications Commission,FCC)是非常谨小慎微的。因此,在整个20世纪30年代,电视的发展非常缓慢。1940年,负责电讯和广播管理的美国联邦通讯委员会成立了一个各方均可接受的全国电视标准委员会(National Television Standards Committee,NTSC),以建立统一的电视标准。1941年1月,委员会提出了新的NTSC制式标准,FCC规定自1941年7月1日起实施。当时美国全电子电视采用的制式是黑白颜色,525行扫描线,每秒30帧画面,图像采用调幅制,伴音采用调频制,在甚高频段播出。

在电视发展问题上,工程师们展开了激烈的竞争,联邦通讯委员会在对此作出考虑之前,就已经有若干个电视发展计划出台,其中包括来自哥伦比亚广播公司的一项发展彩色电视的计划。直到1941年,联邦通讯委员会才着手实施电视的发展计划。1941年,联邦通讯委员会批准美国商业电视台播送节目,这时,英国及欧洲其他先开播电视的国家因为战争差不多都已经停播电视了,美国政府在这时批准电视台进行商业运作,体现了美国希望在战争没有波及本土时能够保持国家的安宁。

由于1941年12月7日珍珠港事件的发生,美国卷入了太平洋战争,当时电子学方面的试验与研究全部转入为战争服务的方向,电视的发展就停了下来。在第二次世界大战期间,美国一共只有6个地方性电视台坚持了少量播出,其中纽约有2家,斯克内克塔迪、费城、芝加哥和旧金山各有1家。电视机厂转为生产军用设备,市场上剩下的电视机也被用来让防空队员集体观看防空教育节目,NBC为此专门制作、播放这一类节目。

第二次世界大战对新生的电视事业造成了极大的破坏。英国、法国和苏联的电视台在战争中先后停播。美国和德国的电视虽然在战争期间维持播出,但美国电视处于停滞状态,而德国的柏林电视台也在纳粹覆灭前的最后时刻被盟军炸毁。德国对波兰的突然袭击打断了英国的电视事业。1939年9月1日,BBC中断正在播放的米老鼠动画片，开始了长达 7 年的停播。由于事发突然，电视台甚至来不及向观众说明便径直关机，机器都被封存起来。战争期间，美国广播业界对电视的技术标准还在争论不休，NBC 的电视播出时断时续，质量甚差。人们在逃难时，可以带上他们的收音机，但是电视机却不行。

二、战后的发展

第二次世界大战结束后，战前就有了电视台的国家开始重建电视业，不过由于各国在战后的首要目标是恢复经济，电视又是需要高投入的产业，因此，重建和创建电视台的步子都比较慢。

1948 年以前，美国还只有少数精英阶层能消费得起电视这个时髦玩意儿。1946 年，美国家庭中大约有 7,000 台电视，播出的节目也有限，不过已经包括体育节目，如橄榄球、棒球、网球、拳击、摔跤和曲棍球等，还有新闻节目、电视剧、舞蹈演出、音乐节目以及老电影。1947 年秋天，电视开始在大众文化中流行起来，约有 350 万人在那一年从电视中观看了全美职业棒球冠军赛。当然，他们中的许多人是在街区的小酒馆中观看的，但这也使他们有了这样一个愿望：自己家中也应该买上一台电视机。

电视取得突破性进展是 1948 年，那一年两家实力雄厚的广播公司——哥伦比亚广播公司和全国广播公司开始把它们的注意力移向电视。由于电视给节目增加了新奇的画面，公众对广播的兴趣开始下降，广播的广告收入也随之下降。这一年，哥伦比亚广播公司对全国广播公司的广播明星进行了一次著名的"侵袭"，使他们与新的哥伦比亚广播公司电视网签约。尽管这时的电视还不赚钱，广播网要以电台收入弥补电视经费，但是前景看好，这一点毫无疑问，所以广播网甚至要取消一些盈利不佳的电台节目来发展电视。

1948 年秋，美国联邦通讯委员会意识到电视作为一种新媒介将会迅速发展，于是冻结了电视经营许可证的发放，把电视台的数字限制在 124，虽然这中间只有 108 个真正在工作。一直到 1952 年，美国联邦通讯委员会制订了一个完整的计划，面向全国分配电视频率，这项计划批准在 1,300 个社区建立 2,000 个频道。联邦通讯委员会还提出建议，规范彩色电视系统，分配教育电视频率。此计划的表面理由是为了更好地分配频率以防止出现从前广播电台曾有过的混乱，深层的原因则在于，电视毕竟是一个需要大量投入的行业，大家一哄而上反而害了这个行业，政府也许不愿意看到这样的结果，他们希望电视行业能发展得稳健一些。但是，美国企业界和广播公司却采取了积极的行动。电视从 1948 年至 1952 年还在扩张，美国家庭中拥有电视机的数目从 172,000 台上升到 17,000 万台。冻结取消后，电视扩张更为迅猛，全国广播公司和哥伦比亚广播公司均大力发展自己的电视事业,第三家电视网 Dumont 也加入竞争,同时美国广播公司与派拉蒙影院合并,也走上发展电视之路,只有互相广播公司依然保持纯广播网的状态。竞争的结果是 Dumont 于 1955 年破产,另外三家公司成为美国电视业的霸主。就电视机的数目而言,拥有电视机的家庭在 1953 年猛增到 3,000 万户,1960 年达到 4,600 万户,90% 的家庭至少拥有一台电视机,每人每天在电视机前消磨的时间大约是 4 小时。

20 世纪 50 年代是世界性电视台开办的时期。法国在第二次世界大战前就有了电视广播,1939 年,巴黎地区有电视机 1 万台。战后政府取消私营,对广播电视业实行国家垄断,发展速度很慢,到 1953 年初,法国全国只有 6 万台电视机,在欧洲各国户均占有率最低。与此同时,美国已经把电视传播延伸到了欧洲,1953 年 6 月,英国女王伊丽莎白二世(Her Majesty Queen Elizabeth II,1926—2022)的加冕典礼使美国三大广播公司演出了一场竞争好戏。NBC 在使用交通工具运送影片的速度上胜过 CBS,但 ABC 利用英国能够传输图像到加拿大的电缆抢先播出。英国是产生"无线电之父"麦克斯韦、马可尼和"电视之父"贝尔德的国家,又是世界上第一个电视台的诞生地,尽管第二次世界大战使它中断了电视播出,但战后的英国立即恢复了电视播出,并走上了一条不同于美国的公私并营的发展道路。

1946 年,当电视重新进入人们生活时,大众娱乐仍然主要是看电影和听收音机,英国每周都有 3,100 万人光顾电影院。电视机的价格是人们每周平均工资的 7 倍,超出了一般工薪阶层的消费能力,只有把电视机放在舞厅和酒吧才会有更多民众享受到这种新的娱乐。

当时,引进电视技术的国家一般有 3 种类型的电视台,分别是公共台、广告台和政府控制的官方台。和英国一样,法国的电视也为公众提供服务,但观众必须缴纳观看的许可费,在经济紧缩时期,一些社区联合起来购买电视机。苏联电视业的发展则直接由国家出资,第一批电视机由政府提供。在美国,电视和无线电广播都被当成一门生意来经营,通过商业性广告来筹集资金。美国推广电视的速度最快,战后的经济繁荣让普通产业工人都可以买得起电视机,到 1949 年,美国已经大约有 20 万户家庭拥有了电视。

三、全球的普及

到 20 世纪 60 年代初期,世界上大部分地区的人都有电视可看了。很多地区的居民购物时首选电视机,然后才是其他家庭用品。在北美和南美,电视的运行模式主要是商业化的,它通过广告来挣钱,各家电视台竞相播放各种流行节目。但是,包括英国、美国等最早发展电视的国家在内，大多数国家的政府都深知电视对于自己的政权和社会的发展有多么重要的影响。因此，无论采用何种方式运行，电视都是20世纪后半叶十分重要的舆论阵地和宣传工具。在非洲，埃及1960年还只有一个由政府管理的单一的电视频道，它提供本地制作的娱乐节目以及人们喜爱的歌曲，也播放政府认可的官方新闻，当纳赛尔总统讲话时，电视自始至终进行现场转播。同样，在当时的东欧和苏联，观众们也逐渐适应了他们的领导人在电视中发表观点的惯常做法。

就整个亚洲来说，电视的普及是在20世纪70年代末以后。许多中国人也许还记得，在20世纪80年代初，观看《大西洋底来的人》《加里森敢死队》和《霍元甲》等连续剧时万人空巷的盛况。那时候中国老百姓看到的不仅仅是新奇的故事内容，还有新奇的外部世界。在亚洲地区，早期最受欢迎的系列电视节目常常来自日本。《阿信》描述了一个农村姑娘从贫穷走向富有的一生，这部电视剧非常成功，在包括中国在内的26个国家播放。

1975年，印度开始使用从未接触过的电视，这是一项由国际组织资助的实验，这一新兴技术将被用来推动乡村经济的快速发展。许多村民甚至从未听过收音机或者看过电影，他们长期被隔离在世界之外。美国太空署提供了一颗卫星，它的信号能够到达地面转播站传送范围以外的乡村。在很短的时间内，2,000多个村民得到了卫星信号接收器和电视机，学校教师学会了如何操纵和控制这些东西。用当地方言制作的一些特别节目开始向村民介绍卫生保健、家庭生育计划和耕种的方法。人们用电视向那些歉收的农户演示稻米耕种的新方法。由于实验的经费花完了，卫星只借了一年，但是这次实验的效果却非常好。

20世纪80年代，印度的一部名叫《罗摩衍那》的连续剧使印度人对电视有了新看法，它讲述了罗摩神和他的妻子悉多的故事，这是印度的一个古老传说。由官方电视台播放的这部印度电视剧要比任何关于水稻栽种的电视节目更具有影响力，这是人们想看的内容。遍及全国的电视观众都把电视机看成庄严的殿堂，那里讲述着一个个神圣的故事。《罗摩衍那》让整个印度为之倾倒。如果因为停电而中断了某一集的播放，常常会酿成骚乱。许多人相信扮演神的演员是最接近神的，因此，印度的一个反对党甚至要求演员们参加竞选。那位扮演悉多的女演员最后当选为巴罗达地区的人民院议员。由于放映《罗摩衍那》，政府的地位已经在不知不觉中被国家电视台削弱了。

20世纪90年代，一些意识到国际市场尚待开拓的公司开辟了新的电视频道，全天24小时播放电影、流行音乐和广告。跨国电视业务通过卫星和逐渐建立起来的有线系统实现了它的商业目标。在印度，新的商业频道把国外正在播放的电视节目配上本国语言在国内播放。电视机的销售量剧增，印度人面临着电视屏幕中异域文化和不同价值观念的猛烈冲击。

第二节 电视产生的冲击与改变

一、电视改变生活

电视带来的现场感和真实感一下子把世界的距离缩小了，它使人们不仅了解发生在自己身边的事，同时也能关注发生在世界其他地方的事。电视日夜不停地在全球范围内并且是在同一时刻给予每个人同样的信息，给予他们进行交流的基础，通讯中产生的这种变化又紧接着影响了新闻业、情报收集、经济学和外交。在一些学者看来，甚至连国家的概念都因之受到了影响。

当然，在开始的时候，并不是所有人都为电视传媒的出现而欢呼，也有人对这种新媒体的力量持保留态度，其中就包括正在访美的丘吉尔。丘吉尔说："电视已经在世上占据了一席之地，作为一个十足老派的人，我不是它的拥戴者，但我认为它不需要任何外界的支持，就能沿着自己的路走下去。不错，电视的确是一样了不起的东西。试想一下，此刻我脸上的表情正被成千上万的美国人盯着看，当然了，但愿我的表现足以与电视技术相媲美。"

电视带着我们穿越时空直接目睹国内外发生的重大事件，这种魅力迎合了公众的想象，为了转播1953年英国女王的加冕仪式，电视台所做的准备工作和加冕仪式本身的筹备工作量不相上下。一些人在路边宿营等待着观看仪式，其实他们还不如待在家里，那样看到的效果会更好。超过两千万的观众通过电视观看了加冕典礼，这一年，英国电视机的数目翻了一番。

早期提倡发展电视的人宣称，电视具有巨大的影响力，可以拓展公众的知识面，启发人们的各种兴趣，一开始，这些希望看起来都实现了。日本靠征收专门费用来兴办国家广播公司，试图维护和保持传统艺术。苏联电视台只播放戏剧、芭蕾、歌剧等严肃的电视节目。但是，在美国这个竞争日益加剧的商业社会中，创办电视的灵感必须和观众的需求高度结合在一起才有出路。

电视走进人们的生活既是科学技术的成功，也是商业的成功。世界上的第一条电视广告于1941年7月1日出现在美国纽约的一个电视频道上，这是一则手表广告。当时，购买10秒钟的电视广告时段只需9美元，半个世纪之后这个数字已经上升到几千美元。1990年，全世界用于广告的费用就已经高达两千五百亿美元。

英国的商业电视台是1955年才出现的，在这以前，英国人一直坚持认为电视是公共服务设施,所以不应该夹带广告。1979年,当中国内地的电视传媒第一次在黄金时段播出商业广告的时候,许多观众也表示不理解,有的甚至要求电视台放弃这样的做法。当然,后来人们的认识发生了变化。

电视在给人们带来愉悦的同时也有可能带来祸患,它不仅有可能在人的生理上造成电视病,也有可能在心理上对青少年造成不良的影响。1985年的一份研究报告表明,一个美国的青年人到高中毕业时,在他看过的22,000小时的电视节目中就有18,000次血腥的凶杀场面。22,000小时相当于他们课堂学习时间的2倍。近年来,甚至在动画片中也出现了性和暴力的场面,这使家长们非常担心,他们呼吁电视台在追求收视率的同时也不要忘记自己的社会责任。

二、政治的"电视时代"

据统计,当今世界上已经有超过六亿台电视机。早在1985年,每一个美国人平均一年花在电视机前的时间就已经达到了2,000小时,这个数字超过了他们用于工作的时间。电视观众既是商品的消费者,也是新闻和思想的消费者。1963年,约翰·肯尼迪(John Kennedy,1917—1963)总统遇刺事件的连续现场报道,使成千上万的美国电视观众成为这一血腥事件的目击者。电视关于越战的报道掀起了美国的反战高潮,此刻的电视不仅是简单的娱乐工具,也是描绘一个国家、一个政党、一种主张的工具。

(一)默罗与《现在请看》

在电视新闻的早期发展过程中,爱德华·R·默罗做出了卓越的贡献。作为一名哥伦比亚广播公司的广播明星,20世纪50年代早期,默罗转变为一名电视播音员,他把他那深受美国听众欢迎的广播节目《现在请听》变成了一个每周播出的电视节目《现在请看》,并通过自己的节目为美国电视新闻确立了标准,这一标准在以后的岁月中得到同行的一致认可。默罗的杰出之处在于他不仅仅是一个普通的电视新闻播音员,他还利用电视这种新媒介,利用自己的声望与才能,使电视新闻成为一种维持正义的社会力量。

20世纪50年代,美国恐红症泛滥,麦卡锡主义横行,电影业的许多人上了黑名单,这一潮流也蔓延到广播业与电视业。1950年6月,一个调查委员会发布了一个列有151名广播和电视工作人员的名单,这些人被认为同情或卷入共产党活动。名单上的许多人立即丢掉了工作,大好前程顿时化为泡影。名单上包括著名的广播电视工作者威廉·夏勃(William Shaper)和霍华德·史密斯(Howard Smith)等人,而史密斯之所以被列入黑名单，据说仅仅是因为有一家共产党报纸表扬了他对某一新闻事件的报道。就在这黑云压城之时，默罗以大无畏的勇气向麦卡锡主义发起挑战，默罗与约瑟夫·雷芒德·麦卡锡（Joseph Raymond McCarthy，1908—1957）参议员之间的交锋，将电视系统与党派政治的联姻关系表现得淋漓尽致。

（二）"电视总统"肯尼迪

电视上的图像可以影响整个国家的政治进程。在1960年的美国总统竞选中，尼克松和肯尼迪首次同意在电视上进行现场辩论，制片人事先为候选人讲解整个过程。听收音机的人大多以为尼克松已经胜券在握了，但是，肯尼迪却在电视上给人们留下了更为深刻的印象。在电视的帮助下，肯尼迪赢得了这场选举。即使在办公室，肯尼迪仍然要收看电视，为了确保他能够继续受到欢迎，摄像机首次被允许进入白宫。

肯尼迪被称为"电视总统"，如果没有电视，他可能不会当选总统，而这一称号的由来得追溯到肯尼迪与尼克松的一场辩论。1960年，肯尼迪和尼克松为了竞选总统从9月26日到10月21日进行了4次全国性的电视辩论。其中，第一次最为重要，这是美国有史以来总统竞选中的第一次电视辩论，观众多达七千万人，该辩论对选举结果起了决定性作用。当时的肯尼迪还算年轻，他参加辩论时虽然不算默默无闻之辈，但也算不上多老道的辩论家。但在那天辩论结束时，他却成了骄傲的凯旋者。

肯尼迪事后承认，如果没有电视辩论，他就会失败。大选结果是：肯尼迪赢得26个州，获303张选举人票；尼克松赢得22个州，获219张选举人票。肯尼迪只比尼克松多不到12万张选票，这是美国此前76年中票数最接近的一次总统选举。但是值得深思的是，在这场电视辩论过后，通过看电视来了解辩论情况的观众认为肯尼迪必胜；而通过广播来获知信息的观众却认为尼克松才是赢家。对尼克松来说，电视辩论是一场灾难，但在某种意义上，电视辩论的凯旋者不仅仅是肯尼迪，还有电视这个新的宣传工具。

肯尼迪靠着自己的魅力、风格和敏捷，把政治和电视融为一体，赢得了全国知识界精英的一片喝彩，也赢得了"电视总统"的称号。从这场辩论我们可以看出，电视具有广播所不能及的魅力，它与单纯的声音不同，给人以听觉和视觉的双重感观。波兹曼说："由此可见，自由世界的领导人是电视时代的人民选择的。"①

令人唏嘘的是，电视不仅见证了肯尼迪的成功，也目击了他的死亡。

1963年11月22日是一个阳光明媚的日子，肯尼迪总统的车队在去集市的途中穿过得克萨斯州达拉斯市中心，肯尼迪要在集市向用午餐的听众讲话。当肯尼迪和妻子

---

① 波兹曼.娱乐至死：童年的消逝（外一种）[M].章艳，吴燕莛，译.桂林：广西师范大学出版社，2009：85.

乘敞篷车在行车路线的尽头慢慢转弯时，子弹射出了枪膛，肯尼迪被一名刺客开枪击中身亡，那是中午12点30分，总统的轿车以及随行的警察和特工人员飞速离开，这一事件震惊了所有的美国人。后来，合众国际社的记者史密斯写道："我们的车大概只停了几秒钟，但就像停了好长时间。人们看到历史在眼前爆炸了，甚至对最训练有素的观察家来说，一个人的理解力也是有限的。"

在美国国内，电视报道的动作出奇的快，刺杀总统的枪响6分钟时，ABC就发出消息，10分钟时CBS的沃尔特·克朗凯特（Walter Cronkite，1916—2009）出现在电视屏幕上，他根据4分钟和9分钟后合众社发出的两条简讯报道："在得克萨斯州达拉斯市有三枪射向肯尼迪总统的车队。第一次报道说，总统'伤势严重'。"这条报道的收视率达到了95%。电视在面对这一突发事件时充分展示了自身的能力，从案发的星期五到第二周的星期一，美国三大电视网不惜代价，中断了所有的商业节目和其他节目，24小时连续报道肯尼迪遇刺事件。

11月24日，星期天，电视镜头集中到国会圆形大厅前，12点30分刚过，被指控暗杀肯尼迪总统的古巴委员会成员李·哈维·奥斯瓦德（Lee Harvey Oswald，1939—1963）被从达拉斯警察局带往县监狱。在纽约，三大电视网控制室的监视器捕捉到这一场面，全国广播公司决定立即将镜头转向达拉斯，而哥伦比亚广播公司和美国广播公司的镜头仍然停留在站在灵柩边的肯尼迪夫人和她的孩子身上。在警察押着奥斯瓦德穿过地下室大门进入达拉斯一个地下停车场时，全国广播公司的汤姆·佩蒂特（Tom Pettit）离这名疑犯只有几英尺。在佩蒂特开始描述这一场景时，一个彪形大汉连推带挤地从警察和记者中穿过。夜总会老板杰克·鲁比（Jack Ruby）掏出手枪，向奥斯瓦德开了一枪。人们透过电视机清楚地听到了那声枪响，这是电视上第一次直播谋杀。哥伦比亚广播公司和美国广播公司也录下了这一场景，三大电视网在那天一遍遍反复播放。一个小时后，奥斯瓦德死亡。美国人惊愕地坐在电视机前，猜测这次意外背后的故事。鲁比事后被判有罪，然而他未等到复审就于1967年病死，留下一桩疑案。

11月25日，几乎全美国人都通过电视观看了葬礼。华盛顿的每一个主要路口都有电视摄像机，灵柩通过，乐队奏哀乐，在阿灵顿国家公墓，在向肯尼迪总统最后致辞后，全国默哀。军用飞机从空中掠过，一架飞机从编队中消失，象征着总统的离去。整整4天，美国人一直坐在电视机前，观看这场谋杀案的重播，以及有关肯尼迪总统的一些纪录片，有人在这期间只睡了6个小时，其余时间都守在电视机前。

据统计，由于该事件，纽约市的电视观众从占人口的30%上升到70%，从肯尼迪遇刺到举行葬礼历时4天，电视的收视率都保持在40%。在举行葬礼、全国默哀的几分钟里，电视收视率达到了93%，可见电视的巨大影响力。也就是在这一年，美国电视网把晚间新闻从15分钟延长到30分钟。

在肯尼迪遇刺案、人类首次登月、越南战争等一系列重大新闻事件中，美国各家电视网提供的新闻直播都令观众难以忘怀，成为美国乃至全球观众共同的时代记忆。在对肯尼迪遇刺案进行直播报道的过程中，电视新闻在传播时效和影响力上明显超过了报纸和广播，从而确立了电视对报纸和广播这两大传统媒体的竞争优势。

三、国际电视的影响

20世纪60年代，电视传播手段由过去的地面微波传送、局部覆盖，进入利用同步卫星转播电视节目进行全球传播的时代。1962年，美国"电星一号"（Telstar 1）发射成功，它是世界上最早用来传播电视节目的通讯卫星；同年7月23日，"电星一号"将美国发射的电视节目传送到欧洲，又将欧洲发射的电视节目传到美国，开创了全球电视的新纪元。[①]

阿波罗登月计划可以说是美苏太空竞争的产物，1957年苏联首次发射人造地球卫星的成功给美国人带来压力与挑战。1961年5月，肯尼迪总统就向国会宣布："我们这个国家应当尽一切力量在10年内实现把人类送上月球并安全返回的目标。"1969年7月16日，全世界5亿多人坐在电视机前，观看人类登上月球的壮举，担负这项伟大使命的是阿波罗11号宇宙飞船。

随着美国太空飞行计划的实现，电视技术的新发展得到了最有说服力的验证。阿波罗登月计划既是一次探索性的飞行，又是一次壮观的电视演示，当阿波罗11号向月球进发时，宇航员为观众们进行有趣的表演。直到第4天，地球上的观众才目睹了人类历史上那伟大的一刻。月球的图像穿过所有的国界，可以被47个国家同时收看。有六亿两千五百万人，即全世界五分之一的人都怀着同一种激情，为这个辉煌的成就感到骄傲。

在成功地转播了阿波罗登月事件之后，电视又多次实况转播人类进军太空的征程。值得一提的是，1986年1月，美国发射"挑战者"号航天飞机，机中载有第一位去太空的女教师，结果航天飞机在升空后爆炸，无数观众在电视机前目睹了这一悲剧。许多被采访的人声称，自23年前肯尼迪总统遇刺以来，他们从未有过如此深切之痛。[②]

当电视播放国际体育比赛的时候，人们都上下团结支持本国的队伍，电视为他们带来的更多是激动和骄傲。1972年，在慕尼黑举行的奥林匹克运动会聚集了来自79

[①] 陆晔，赵民. 当代广播电视概论[M]. 上海：复旦大学出版社，2010：4.
[②] 蔡骐，蔡雯. 美国传媒与大众文化——200年美国传播现象透视[M]. 北京：新华出版社，1998.

个国家的记者和近700台摄像机。全世界都看到了卫星传送的图像,看到了美国游泳运动员马克·施皮茨(Mark Spitz)是如何赢得7块金牌的。特殊的摄像机可以从多个不同的角度展示泳池中运动员的优美动作,电视里苏联体操运动员奥尔加·科布特(Olga Korbut)的精彩表演激励了100万的英国学生参加体操运动。

在此次奥林匹克运动会的第9天,以色列代表团的成员被绑架了,国际体育盛事突然变成了一场生死搏斗。比赛停下来了,但是观众人数却上升了,他们紧盯着那栋劫持人质的大楼,代号为"黑色九月"的巴勒斯坦组织通过这次体育盛事达到了自己的目的。恐怖分子们要求释放关押在以色列监狱中的巴勒斯坦人。在慕尼黑事件之后,其他组织也学会了制造事端,然后利用电视激起世人对他们"事业"的关注。

电视技术在世界各地的传播也导致了价值观念的转变。在20世纪80年代以前,世界格局两极分化,东西方的冷战形势也日益严峻。因此,不少国家都利用电视向公众传送自己所推崇的价值观和意识形态,这也就决定了不同的国家对电视媒体有不同的定位。

一些国家对电视自始至终严加控制,在罗马尼亚,国家电视台用来帮助构筑对尼古拉·齐奥塞斯库总统(Nicolae Ceausescu,1918—1989)的个人崇拜。1989年12月,苏联和东欧正面临巨变,每当齐奥塞斯库总统在布加勒斯特集会上讲话,罗马尼亚的电视就会像往常一样突出他的领袖地位。但物资匮乏和思想控制终于引发了骚乱,就像人们通过摄像机看到的那样,齐奥塞斯库失去了对局面的控制,短短几个小时,他就倒台了。造反者击溃了支持总统的部队以后占领了电视台,这是一场大变革的序幕。对于许多罗马尼亚人来说,这场变革首先就意味着电视台可以不间断地播放电视节目了。

1991年,美国和其盟国发动了一场针对伊拉克的战争,电视展现了战争的全过程,坐在家中的美国人可以亲眼看到导弹在伊拉克首都爆炸。因报道这场战争而异军突起的CNN(美国有线电视新闻网)使电视传播新闻的方式发生了根本性的变化。

CNN开播于1980年6月,是美国第一个全新闻频道,创立之初只有200万家庭看得到。当时的批评人士认为,美国观众对24小时的新闻频道不感兴趣,他们给CNN起了一些充满嘲笑意味的名字,如"视觉墙纸"或"鸡汤面频道"。但20年以后,CNN成为在全球电视新闻版图中举足轻重的媒体,全世界有20亿人可以看到它的节目。

对海湾战争的直播报道让全世界对CNN刮目相看。在美国展开对伊拉克的军事行动之后,CNN第一个发出现场报道并连续17小时直播了巴格达遭空袭事件,其收视率一举打败了CBS、NBC和ABC这三大传统电视网,而在平时,其收视率很难达到三大网的十分之一。《华尔街日报》认为,由于CNN报道海湾战况既迅速又充分,它的收视人数激增，在欧洲的收视率从 15% 飙升至 85%，成为与美国三大广播公司并列的第 4 个电视传媒巨头。

CNN 的崛起彻底改变了电视新闻的传播模式。从此，直播成为电视新闻的主要呈现方式，也成为各大电视新闻媒体竞争的焦点。CNN 的成功加速了一批 24 小时新闻频道的诞生，英国天空新闻频道（1989 年）、BBC 世界新闻频道（1995）和半岛电视台（1996）等纷纷建立，欲与 CNN 一争高下。在 20 世纪八九十年代的西方，各主要媒体都开始了在电视新闻直播领域的竞争。在直播技术的直接推动下，在卡塔尔这一中东弹丸小国崛起的半岛电视台也成长为影响全球的媒体巨头。

半岛电视台创建于 1996 年，它在短短的几年时间里迅速成为阿拉伯世界和全球范围内重要的电视新闻媒体。在"9.11"事件之后的阿富汗战争中，半岛电视台几乎垄断了人们最关心的有关这场战争的讯息，这家媒体自身也成为全球关注的焦点，被称为"海湾的 CNN""阿拉伯的 BBC"。早已誉满全球的 CNN 在阿富汗战争期间却深陷美国的官方舆论不能自拔，在这次战争的新闻报道上完全败给了半岛电视台。在之后的伊拉克战争等重大国际事件中，半岛电视台因其提供的新闻报道备受关注，成为世界电视新闻版图中的重要一极，开始与 CNN、BBC 平起平坐，成为国际电视新闻内容的重要提供者。

半岛电视台的成功除了其所处的地理优势和它能够提供一些特殊的内容（如本·拉登的录影带）等因素，直播同样是不可或缺的重要因素。有学者在分析其成功经验时曾说："半岛电视台以快速播送全球各地的即时新闻和组织主题尖锐的国际政治辩论为主。它的特点是时效性非常强，节目覆盖面广，坚持放眼全球的原则，以互动性极强的直播节目吸引观众参与。"[1]

无论是早已成名的 CNN，还是新近崛起的半岛电视台，都让我们看到，半个世纪以来，国际电视新闻业务的发展已经深刻地改变了世界电视新闻业的竞争格局、盈利模式和发展方向，也改变了世界的政治秩序和舆论格局。

四、电视对其他媒介的冲击

广播的出现曾经对报纸形成了巨大冲击，现在，则轮到广播接受电视的挑战了。电视比广播有更强的视觉效果，那么电视输出的信息究竟比广播多多少呢？人们也许觉得多了视觉通道就多一倍，其实据科学家们的统计是多了接近 40 倍。

电视为电报和摄影术提供了最有力的表现形式，把瞬息传递和图像的结合发挥到

---

[1] 苏克军，赵彬. 小国家大媒体[J]. 读书，2003（5）：21-28.

了完美境界，而且进入千家万户。在电视时代的热心观众看来，电视也许是他们最可靠的伙伴和朋友。没有什么人会因为贫穷而不得不舍弃电视，没有什么教育崇高得不受电视影响。最重要的是，任何一个公众感兴趣的话题——政治、新闻、教育、宗教、科学和体育等都能在电视中找到自己的位置。所有这一切都证明电视的倾向影响着公众对所有话题的理解。

电视在很多方面也以一种微妙的方式充当着指挥中心的角色。例如，我们对其他媒介的使用在很大程度上受到电视的影响。通过电视，我们才知道自己应该使用什么电话设备、看什么电影、读什么书、买什么磁带和杂志、听什么广播节目。电视在为我们安排交流环境方面的能力是其他媒介无法企及的。从此，电视赢得了"元媒介"的地位———一种不仅决定我们对世界的认识，而且决定我们怎样认识世界的工具。[1]

从20世纪中期开始，有关媒介的各项统计资料均得到了妥善分析和保存，因此，我们或许能够从某些数字的变化中看出电视给其他媒介带来的冲击。电视对人们收听广播的习惯产生了重要影响，1945年，美国大约有3,300万个家庭拥有收音机，而只有约1万个家庭拥有电视机。1949年，当电视机生产的冻结令解除时，美国拥有电视机的家庭数目上升到近100万，拥有收音机的家庭则升至3,900万。1952年，电视在美国市场上已经获得重要地位，占比34%以上，也就是1,500万个家庭有电视机，到20世纪50年代末，这一比例达到86%。1960年，美国电视机的总数约为4,600万台，收音机则有5,000万台。全国广播公司和哥伦比亚广播公司力争增加其附属台数目，全国广播公司以64对31领先哥伦比亚广播公司，后起的美国广播公司网络以15家紧随其后。

1950年的收视调查报告显示，美国家庭收听广播的时间为每天4到5个小时。1955年，美国每个家庭收听广播的时间降低了50个百分点，变为2小时12分钟；1960年，该数字更降到了1小时53分钟。电视的收视时间在1955年就已上升到每天5个小时，在1960年接近6个小时。值得一提的是，广播花了24年（1922年—1946年）才到达美国90%的家庭，电视却只花了14年（1948年—1962年）。今天收音机与电视机可说是美国家庭的必备电器。电视的出现对其他媒介还造成了一些影响。1949年，广播获得了企业电子媒介广告总花费的11%，电视只有1%；1953年，两者各占8%。从那时起，广播获取的媒介广告总花费便逐年下滑，电视则不断增加；到了20世纪80年代，电视已高达21%，广播却仅占7%。[2]

---

[1] 波兹曼.娱乐至死：童年的消逝（外一种）[M].章艳,吴燕莛,译.桂林：广西师范大学出版社,2009：70-71.
[2] 施拉姆.人类传播史[M].游梓翔,吴韵仪,译.台北：远流出版事业股份有限公司,1994：341.

第三节　中国电视的发展沿革

一、电视业的开端

20世纪50年代是全球电视业大发展的年代，中国也在这时有了自己的电视台。1957年8月17日，广播事业局决定成立北京电视台（今中央电视台）实验台筹备机构。同年8月，北京广播器材厂受命试制电视发射和播出系统设备。经过技术人员和有关单位的大力协作、共同努力，1958年春，中国第一套黑白电视广播设备试制成功。从摄像机到发射机，除某些关键器件外，都是技术人员和工人群众通过坚持自力更生的精神、克服技术上的种种难关而生产出来的，特别是1千瓦黑白电视图像发射机的研制成功，在我国广播电视技术史上具有重要价值。

1958年5月1日，中央电视台的前身以北京电视台为呼号开始试播，同年9月2日正式播出。尽管电视是当时世界上最先进的传播媒介，但早在1954年，美国的电视机普及率已经超过50%。中国的电视事业诞生在一个相当落后的工业基础之上，先天不足和营养不良严重制约它的发展，而更加困难的是，中国当时根本就没有多少专业的电视创作人才。

北京电视台开播后，国家为了解决电视收看问题，最先从苏联进口了200部黑白电视机应急。不久，天津广播器材厂就生产出了第一批"北京牌"电视机投放市场。最初电视信号的覆盖范围只有25公里，当时中国人拥有的电视机共200台，一批党和国家的高级干部，以及一些外国专家成为中国电视最早的观众。

继北京电视台之后，许多省市也纷纷建立电视台。1958年10月，上海电视台成立，同年12月，哈尔滨电视台开始播出。1959年至1961年，天津、广东、吉林、陕西、辽宁、山西、江苏、浙江、安徽、山东、湖北、四川、云南等地相继建立电视台。1961年年底，全国建立电视台、实验电视台和转播台26座。20世纪50年代末，全国有电视机17,000部，它们大多数被安装在公共场所供集体收看。我国的电视事业和世界发达国家相比，虽然起步较晚，基础薄弱，但早期的探索也为以后电视业的发展奠定了人员、技术和物质基础。

20世纪五六十年代，电视在中国人的政治生活中没有太高的地位，更谈不上影响，国家没有力量大力发展电视事业，个人也没有经济能力购买电视机。从某种意义上讲，电视机不仅仅是政治奢侈品，同时也是生活奢侈品。当时由于技术手段的局限，电视新闻都用电影胶片拍摄,其他节目都是现场直播,稍有不慎就出差错。

1978年5月1日,北京电视台改名为中央电视台,与中央人民广播电台、中国国际广播电台一起简称"中央三台",它们作为国家台,共同担负着向国内外进行广播电视新闻宣传的重要使命。各地方台同时也改换了呼号,电视的建设被提上日程。当时的中央电视台每天播出两个半小时,其中一部电影占了一个半到两个小时,还有一些被称为加片的电视新闻、体育比赛和文艺节目。尽管电视节目并不丰富,但在当时单调的日常生活里,看电视却成了人们最重要的娱乐方式。购买电视机成了一个仪式,也成了每个小社区中的大事件,旧的文化和社会结构由于电视的介入而发生了改变,电视机成了市场上最抢手的商品、中国人结婚的必备品。1978年,中国内地的电视机只有150万台,一年后变成了450万台,在此后的几年里,这个数字以每年上千万的速度直线上升。随着电视机数量的增多,电视作为大众传媒的影响力逐渐显露。

1979年1月29日,通过电视屏幕,中国人目睹了美国阿波罗11号宇宙飞船首次登上月球的全过程,这次播映是为了配合邓小平前一日开始的美国之旅,这也是中国领导人首次正式出访美国。阿波罗11号宇宙飞船首次登月是在1969年7月20日,当时全球多家电视台进行了实况转播,全世界估计有5亿到7亿5千万的观众在紧张和期待的氛围中目睹美国宇航员登上月球,但是当时的中国人对人类的这一大步却毫不知情。10年后,当通过电视看到了10年前的奇观,中国人的心仍然受到了强烈的震撼。

从1980年4月1日起,中央电视台租用国际卫星传送新闻录像,新闻的时效性大大提高,世界上发生的重大事件,中国的观众第二天就可以知晓,这成了许多人观看《新闻联播》的主要目的。中国人了解外部世界的欲望非常强烈,1980年5月1日,在全国首次大规模的电视节目评选中,保留名称并入《新闻联播》的《国际新闻》名列前茅。

1982年9月1日,从中国共产党第十二次代表大会召开,有关部门将重要新闻的发布时间从每日的20点,即中央人民广播电台《各地人民广播电台联播节目》的首播时间,提前到19点,也就是现在中央电视台《新闻联播》的首播时间。电视在中国民众生活中扮演的角色变得重要起来。

二、电视新闻的语态变迁

中国电视从20世纪50年代末起步,到现今形成拥有2,000多个频道、近13亿观众的巨大电视市场,这与半个世纪以来中国的经济状况、政治体制、文化环境等多方面因素息息相关。如果抛开外部因素，仅从媒体传播"范式"[①]的转换和变迁来看，至少有三方面的因素在中国电视新闻半个多世纪的发展历程中起到决定性的作用：一是制作技术，二是节目形态，三是传播语态。

在决定传播范式的这三大因素中，制作技术是物质基础，节目形态是表现方式，传播语态则是语言观念。这三者彼此关联，相互作用，共同推进或制约电视新闻业的发展。电视新闻业从一个阶段向另一个阶段的转化，一定程度上是这三大因素同时或渐次变化的结果。

在传播范式的三大因素发生的变化中，制作技术与节目形态的变化常常表现为具体的物质形态转化，较易为人察觉和识别；传播语态的变化则发生在观念和语言层面，往往隐藏在技术与节目的背后，不易被人发现和认识。由于语态是"表达和叙述方式"[②]，承载了传播观念和语言方式，其改变相对于制作技术与节目样式而言往往更为缓慢。不过，传播语态的改变也意味着电视新闻业的变化已经非常深刻，标志着传播范式的转换已经完成。因此，传播语态的特点可以代表传播范式的整体特征。

从传播语态上看，中国电视新闻业从1958年开始到21世纪初的历程，可以简要划分为三个阶段："讲话""说话"与"对话"。下文即用传播语态的特点来代表每一阶段传播范式的整体特征，当然，电视新闻在各个阶段的传播范式都由三方面的因素共同决定。

（一）"讲话"的阶段（1958年至20世纪80年代初）

1958年5月1日，北京电视台开播，中国电视业的序幕被拉开。从电视事业创立到20世纪80年代初的20多年里，中国内地的电视机数量非常少，国家没有力量大力发展电视事业，个人也没有经济能力购买电视机。这一阶段的媒介生态中，电视还难以显示其重要性。

从制作技术上看，这一阶段的中国电视新闻采用的是电影的技术体系。在此期间，电视制作"沿用了电影的手段和方式：拍摄用的是16mm电影摄影机，片长3分钟1盒，最多400尺，约12分钟，声画很难实现同步记录，前期拍摄画面也采用了电影的剪接方式进行编辑，全、中、近、特画面线性组合，后期配解说、音乐，三条平行线组合成声画记录系统。"[③]

[①] 范式是指"特定的科学共同体从事某一类科学活动所必须遵循的公认的模式，它包括共有的世界观、基本理论、范例、方法、手段、标准等与科学研究有关的所有东西。"见库恩.科学革命的结构[M].北京：北京大学出版社，2003.
[②] 孙玉胜.十年——从改变电视的语态开始[M].北京：生活.读书.新知三联书店，2003：54.
[③] 朱羽君，殷乐.生活的重构——新时期电视纪实语言[M].北京：北京广播学院出版社，1998：12.

电影技术手段极大地限制了电视节目制作的自由。"用胶片拍电视新闻，后期要洗印、编辑、配声音，时间较长，新闻片、纪录片很难保证时效，选材、制作就容易沿袭老路：影像素材的点式摄取，声画两条线，解说为主体，影像只涉及生活的表层，以及将点连成线的蒙太奇组接。"①镜头长度小、制播一体化、制作量小、摄制周期长成为电影手段在这一时期的电视新闻节目上打下的明显技术烙印。

与电影技术手段相对应，早期的电视新闻工作者大多也来自新闻纪录电影制片厂和各故事片厂，他们熟悉并习惯运用电影的工作方式、制作手法和制作观念。"早期北京电视台的摄制人员大都来自'新影'厂和'八一'厂……电影在观念和实践方面都深深影响了早期中国电视新闻……创作手法如出一辙。"②由于能够看到的电视节目都是用电影手法拍摄制作的，观众也习惯了用看电影的方式来看电视，他们甚至直接把电视称作"小电影"。

从节目形态上看，这一阶段中国的电视新闻还远未形成具备自身特点的样式。"早期电视新闻节目的形态有图片报道、电视新闻片以及口播新闻"③，其中，图片报道大多采用来自新华社的图片，在摄像处理的同时加配解说词；电视新闻片即新闻纪录片加解说，如北京电视台的固定栏目《电视新闻》，播放的主要就是这种节目；口播新闻就是广播新闻的电视版，稿件主要来自中央人民广播电台，如沈力播报的《简明新闻》。在此期间，由于电视新闻节目制作量小，各种节目形态之间的区分并不明显，各制作机构甚至将新闻片和纪录片合二为一。直到20世纪80年代初，真正有中国特色的电视新闻节目样式——新闻专题片才开始出现，这种节目样式改变了长期以来电视新闻模仿、照搬其他媒体内容样式的状态，它在很长一段时间里都是最为典型的电视新闻节目形态。

在节目的语言方式上，当时的电视新闻同样主要是沿用其他媒介的语言样式，其自身所特有的电子媒介优势未能显现。比如，在影像上模仿纪录电影（"新影体"），在文字风格上模仿《人民日报》（"人民体"），在播报方式上模仿人民广播（"广播体"），在报道体裁上模仿新华通讯社（"新华体"）。有人形容说，在传媒系统中，电视像是"新闻纪录电影的缩小版，《人民日报》的影像版，人民广播的图像版，新华通讯社的精简版"④。

从传播方式上看，此阶段的电视新闻主要是"上传下达"。电视媒体在这一阶段的

---

① 朱羽君，殷乐.生活的重构——新时期电视纪实语言[M].北京：北京广播学院出版社，1998：12.
② 刘习良.中国电视史[M].北京：中国广播电视出版社，2007：34.
③ 刘习良.中国电视史[M].北京：中国广播电视出版社，2007：31.
④ 胡智锋，周建新.从"宣传品"、"作品"到"产品"——中国电视50年节目创新的三个发展阶段[J].现代传播，2008（4）：1-6.

主要功能是"喉舌""工具",电视新闻"承担的是宣传教化功能,扮演着党和政府的'喉舌'角色,强调的是意识形态要求"①,电视新闻主要是"宣传品",其新闻属性和媒体特性都还未真正展现。

从传播语态上看,这一时期的电视新闻呈现一种"讲话"的姿态。该时期中国电视在观念上深受苏联模式影响,其中最主要的观念就是"形象化的政论"。受这种观念的束缚,电视新闻节目制作人员和机构鲜有"受众"的概念,在他们看来,观众是"被教育的对象",电视新闻因而"强调艺术的教化作用,言必有意义,行必有倾向,思必有升华"②。电视新闻节目的口吻也是高高在上,一派"讲话"的姿态。

(二)"说话"的阶段(20世纪80年代初至20世纪90年代中后期)

20世纪80年代初,在国家走向开放的大背景下,中国电视界开始与日本同行合作拍摄《话说长江》《丝绸之路》《望长城》等一系列文化纪录片,这给中国的电视荧屏带来了一股清新的空气。这些纪录片在技术和艺术上的尝试直接影响了一批国内的电视制作人,在随后的几年里,《沙与海》《最后的山神》《龙脊》等一批优秀纪录片相继出现在电视屏幕上。与以往"画面加解说"的方式不同,这些"新派"纪录片大量运用同期声、现场采访、跟踪拍摄等纪实风格的创作手法,令观众耳目一新。在这些运用新的技术手段和语言方式、充满浓厚人文气息的纪录片引领下,中国电视新闻的传播范式开始发生根本的变化。

从制作技术上看,这一时期的电视新闻以ENG作为主流设备,不再受电影技术手段的限制,电视拍摄和制作获得前所未有的解放和自由。"20世纪70年代以来,技术条件有了很大改善,最显著的一个例子就是电子新闻采集手段(ENG)开始使用。"③ENG设备使用磁带作为记录介质,画面和声音可以同步录制,镜头长度也不再受胶片和发条长度的限制,内容可以反复编辑,技术为这一时期电视新闻节目样式的创新提供了全新的基础。

在节目形态上,这一阶段中国电视新闻的明显特征是各种栏目大量出现。这些栏目以舆论监督、生活纪实为内容重点,节目风格追求平民化、个性化。很多节目不仅富有探讨的深度和思考的力度,而且在制作上也反复推敲,非常精良。电视新闻一改以附庸、传达为主要取向的"宣传品"面貌和属性,成为充满人文内涵和艺术表现力的"作品"。在这一时期风生水起的各种电视新闻栏目中,最具代表性的要数中央电视

---

① 胡智锋,周建新.从"宣传品"、"作品"到"产品"——中国电视50年节目创新的三个发展阶段[J].现代传播,2008(4):1-6.
② 朱羽君,殷乐.生活的重构——新时期电视纪实语言[M].北京:北京广播学院出版社,1998:12.
③ 朱羽君,殷乐.生活的重构——新时期电视纪实语言[M].北京:北京广播学院出版社,1998:13.

台的早间新闻栏目《东方时空》。

《东方时空》开播于1993年5月1日早上7点,它常常被视为中国电视新闻新一轮改革的发端。一方面是因为《东方时空》开栏目化运作和制片人制度之先河,另一方面是因为这个栏目为中国电视新闻带来了新的杂志型节目形态,以及迥乎以往的制作手法和语言样式。此前的电视新闻主要用解说词的方式呈现报道的结论,人们很少能看到采访的过程。画面上也经常是一些万能镜头:一拍农村就是麦浪滚滚、农民在收割打场,一派丰收的景象;一拍工厂就是机轮飞转、纺织女工在忙碌,一派繁荣的景象。《东方时空》改变了这种千篇一律、老套死板的状态,节目中饱含着真实的生活、新鲜的细节和朴实的情感。当时,有观众写信说:"看完《东方时空》,就像刚从南方的早市上拾回一条扑腾着的活鱼和一捆绿油油的青菜。"[1] 这正是观众对这种全新的节目形态的积极回应。

《东方时空》子栏目《生活空间》制片人陈虻曾说:"我们刚开始去拍老百姓的时候,他们的概念就是我也没做什么,你们为什么要拍我,换句话说就是我也没做什么好事儿,你们怎么要拍我,所以我觉得老百姓是不了解我们的拍摄意图的。他在对以前的电视应该播放什么、播放了什么的认知的基础上来习惯性地理解我们的拍摄行为。随着这个节目不断播出,观众慢慢明白了,并不一定你要做了什么,而是你的生活本身就有一种值得被关注的价值。"这正是这一时期的电视新闻所发生的重要转变。从《东方时空》开始,电视新闻节目的制作者开始把镜头对准普通人的生活,用一种平视的眼光去观察和发现生活本身的价值,强调对象的个性化和素材的原生态,强调用生活本身的逻辑去组织节目的内容,从而使电视新闻逐渐跳出了"形象化的政论"的窠臼。

技术条件的更新、国外节目的影响以及自身经验的积累,使得这一时期的中国电视新闻在语言方式上发生了明显变化。同期声和长镜头的大量使用,日常生活细节的频繁出现,真实的时空结构,开放的情节叙述,意味着中国电视新闻开始真正发挥电子媒体的特色,并逐渐寻找到了中国观众喜爱的节目形态和语言方式,这背后是制作理念和语言观念的深刻变化。

20世纪80年代,国外的电视语言观念不断影响着中国电视的理论和实践,其中最受重视、影响也最为深远的是"纪实",这种观念的核心即将影像作为"物质现实的复原"。"巴赞的写实主义理论和齐格弗里德·克拉考尔(Siegfried Kracauer,1889—1966)的物质现实复原学说受到普遍重视,它与国内的纪实主义思潮合流,形成有中国特色的纪实美学。内容上注重对人、对社会的关注,人被看作是一个社会关系总和

---

[1] 孙玉胜.十年——从改变电视的语态开始[M].北京:生活·读书·新知三联书店,2003:51.

的个体，不仅深化了人对于自身的认识，也深化了他们对于现实的理解和判断。自然景观也为人文意识所关照，焕发出生命的美。"①

在 ENG 等新技术的基础上，纪实主义推动这一阶段的中国电视新闻在节目样式和传播语态上常创常新，进入一个飞速发展的"黄金时代"。以"物质现实的复原"为核心的纪实观念尽管是一种源自 20 世纪 50 年代欧洲电影领域的理念和方法，但在中国的电视新闻界，它一扫长期以来电视作为"小电影"的尴尬局面，不仅一举实现了对"形象化的政论"理念的超越，而且使我们对电视媒体的本质、电视语言的方式有了全新的认识。

需要指出的是，在纪实主义的影响下，尽管这一时期的电视新闻从内容到形式都发生了彻底的改变，但由于电视新闻和纪录片站在同样的技术基础上，二者又在同样的观念引导下向前发展，电视新闻采用的仍是与纪录片类似的语言方式。整体而言，这一阶段，电视新闻与纪录片在语言的边界上是异常模糊的，电视新闻还没有真正找到自己独立的语言方式。

与制作观念上的"纪实"相对应，这一时期电视新闻节目中另一个重要的改变是主持风格。20 世纪 90 年代末，凤凰卫视主持人鲁豫在《凤凰早班车》的新闻播报中，一改过去正襟危坐、字正腔圆的播音风格，开始用一种"说话"的方式播报新闻，被业界称为"说新闻"。紧随其后，湖南卫视的《晚间新闻》等一批节目也开始用类似的方式报道新闻，亲和、自然的"说新闻"在中国电视新闻界蔚然成风。

纪实风格的制作手法与"说新闻"的主持方式成为这一阶段中国电视新闻在传播语态上的明显特征。从传播观念上看，这一时期的电视新闻最为重要的变化在于开始尊重受众，它比之前的任何时候都强调要考虑观众的接受心理、尊重大众的审美趣味，节目也因此显得更人性化，电视开始了向大众传媒本质的回归。随着观念的变化，电视新闻传播者的姿态不再是高高在上，而是讲求与观众平起平坐，"平等交流"代替了"上传下达"，成为最重要的传播方式。与"讲话"时代的电视新闻相比，这一时期的电视新闻在传播语态上明显软化，呈现一种"说话"的状态。

（三）"对话"的阶段（20 世纪 90 年代末至今）

20 世纪 90 年代末以来，中国电视新闻传播进入了一个全新的发展阶段。一方面，数字技术、卫星技术的广泛应用和不断升级使电视新闻所依赖的技术基础再一次被颠覆，同时也为电视新闻的发展提供了新的契机和前景；另一方面，传播格局的骤然跃升和传媒生态的急速转化使电视新闻的制作体系和电视节目的内容与形式都受到

---

① 朱羽君，殷乐. 生活的重构——新时期电视纪实语言[M]. 北京：北京广播学院出版社，1998：14.

直接影响，传播语态也随之发生显著变化。电视新闻的传播范式再一次发生根本性的转换。

从技术手段上看，20世纪90年代末期以来，数字设备、SNG设备和高清设备的广泛采用使中国电视新闻在传播技术上发生了前所未有的升级。在"决定人类生存"[①]的互联网第三次浪潮中，作为电子媒体的电视也完成了数字化转换。数字化设备的普遍应用极大地改变了电视制作的状态，摄录设备小型化、后期设备非线性、存储设备虚拟化使电视制作得到解放，更为自由。SNG设备在新闻制作中的普遍采用使电视具备了无可匹敌的跨越空间的能力，电视新闻进入"即时传播"时代。高清设备的大量使用改变了影像的基本属性和质量，每秒千帧的高速高清摄影机令24格25帧的电影画面格式成为过去式，清晰度和宽容度接近电影胶片的高清画质和5.1声道的环绕立体音效使电视带来的视听享受远超以往。

简言之，技术上的划时代变革不仅没有使电视这一"传统媒体"落伍，相反，电视良好地融入了新的技术潮流，并在新的技术条件下将自身的媒体特征彰显得更为充分。在数字时代初期，电视机仍然是良好的媒体终端，电视媒介大众化程度仍然最高，它具有非凡的活力和巨大的潜力。在新闻传播业界，电视仍然是迄今为止最为强势的大众媒体，电视新闻时效性最强，受众最广泛，影响力最大。

随着技术革新带来的影响逐步深入，媒介融合的趋势愈演愈烈，传媒生态被深刻调整，使包括电视在内的传统媒体面临挑战。"由于数字化的缘故，全新的节目内容会大量出现，新的竞争者和新的经济模式也会出现，并且有可能催生提供信息和娱乐的家庭工业。"[②]一方面，媒介融合趋势的发展使网络、手机等新媒体在较短时间内取得长足进步，迅速威胁到传统媒体的生存；另一方面，电视业在新技术平台上诞生并分化出其他类型的行业类型与模式，网络电视、手机电视、移动电视、IPTV等业态的发展，使传统媒体遭遇受众分流、收视下滑的险境，同时又为传统电视业升格为新的内容产业提供了可能。受到新技术的推动以及新的传媒生态的施压，中国电视开始向一个新的阶段转型，应该说，当前的中国电视正处在一个新阶段的起点上。

中国电视新闻所依存的传播格局也发生了变化。"电视传媒市场化程度不断加深，电视的内容与市场、与观众的收视日益紧密地结合在一起。产业化、集团化、市场、效益、效率、收视率、受众需求以及成本核算、营销、广告等影响着电视实践。中国电视全面进入以'产品'为主导的阶段。"[③]随着各省级电视台纷纷上星成为全国频道，

---

① 尼葛洛庞蒂.数字化生存[M].胡泳，范海艳，译.海口：海南出版社，1997：15.
② 尼葛罗庞帝.数字化生存[M].胡泳，范海艳，译.海口：海南出版社，1997：28-29.
③ 胡智锋，周建新.从"宣传品"、"作品"到"产品"——中国电视50年节目创新的三个发展阶段[J].现代传播，2008（4）：1-6

电视业的商业竞争迅速白热化。受收视率和广告效益的驱使，电视新闻内容走向多元化，社会新闻、娱乐新闻比重加大；在形式上，故事化、差异化、刺激性成为其明显的追求和取向。

在激烈竞争的业态压力下，电视新闻利用新的技术手段和平台实现了语言样式的更新。这一时期的电视新闻制作中，共时性的一体化制作代替了多工种分时制作，多机位分工合作代替了单机的挑、等、抢，非线性编辑替代了线性编辑，在线切换代替了后期剪辑，非常规画面替代常规画面成为影像的主体，声画分录代替声画同录形成新的声画关系。在数字平台上，感性、离散的思维方式与影像的非语言属性相吻合，理性、线性的思维方式则与口语和文字的语言属性相匹配，电视新闻的各种语言要素寻找到了各自对应的思维方式。在"形象化的政论"阶段，画面屈服于解说；在"物质现实的复原"阶段，语言让位给影像。在新的技术系统与思维观念下，电视新闻的制作者不再纠结于画面、声音与文字孰轻孰重，电视语言要素之间的关系不再紧张，语言符号与非语言符号之间的组合与对位也就更为自由和协调。至此，电视新闻终于摆脱了电影语言和纪录片样式的束缚，找到了更为独立也更具活力的语言方式。

从节目形态上看，由于电视跨越空间的能力和多种符号共用的优势在即时传播领域无可匹敌，这些优势又集中体现在直播形态上，因此，直播成为电视新闻在这一阶段最为重要的节目形态。这种变化从《东方时空》由纪实类杂志型栏目变身为直播消息类节目即可见端倪。由于数字技术带来的设备小型化趋势，电视的摄录设备更便于携带，更便于现场操作，现场制作逐渐成为电视新闻节目最为核心的制作方式。电视节目编排和频道结构的方式也因直播而发生改变，不仅突发事件的直播会随时打破常规的节目编排，常规节目之间的过渡与衔接也越来越多地用直播的方式实现。一言以蔽之，对新闻频道而言，不仅节目是直播的，整个频道都是直播的。

随着直播时代的到来，电视新闻的传播方式和传播语态又一次发生了显著变化。在电视新闻直播中，主播与记者之间的连线交流成为最能体现电视媒体优势的传播样式。新闻事件的报道在主播与记者的一问一答间完成，新闻的传播方式变为"互动交流"。麦克卢汉曾说电视是"冷媒介"[1]，具有"使人深度介入的特性"[2]，要获得好的传播效果必然需要观众的参与，但与观众的互动是电视传播最大的难题。以往，观众只能听电视上的人说话，观众的声音无法让电视上的人听到，电视传播中的反馈链条是被切断的。作为大众传媒的电视只能通过抽样调查的方式获得收视率、忠诚度、美誉度等传播效果数据，而无法获得像人际传播那样实时的、在场的、鲜活的互动与反馈。

---

[1] 麦克卢汉.理解媒介——论人的延伸[M].何道宽，译.北京：商务印书馆，2000：51.
[2] 麦克卢汉.理解媒介——论人的延伸[M].何道宽，译.北京：商务印书馆，2000：380.

连线直播报道改变了电视新闻的传播模式。主播与记者之间的实时连线围绕观众展开，主播代表观众提问，记者回答主播也就是观众关心的问题，一问一答之间，观众被卷入一个互动的交流过程，从而实现了"参与"。连线报道通过主播与记者之间实际、实时存在的人际交流，实现了观众与主播、观众与记者之间的互动。由于人际传播在所有的传播模式中效果最好，对人际传播要素的使用和对人际传播模式的模拟就非常有利于改善电视新闻传播的效果。在"人际传播的拟态"模式下，电视新闻的传播改变了以传者为中心的状态，开始以观众的参与为目标，以观众的取向为主导，呈现一种"对话"的姿态。

直播并不是一个新鲜事物，但它促使中国电视新闻良好地适应了这一时期传播技术、传媒生态和传播格局的变革，带来了电视新闻在节目形态和语言方式上的更新，并使电视新闻的传播方式和传播语态又一次出现了更替。在直播的推动下，中国的电视新闻正用一种新的"对话"语态迎接并参与媒介融合。

第四节 电视的媒介特性

按"沉默的双螺旋链"来理解，电视能够形成人类传播的一个高峰很大程度上是因为电视的空间跨越能力非常强，同时能运用多种符号来对效果进行补偿，从而将传播中出现的信息损耗降到一个其他媒介都无法达到的水平。空间上的自由度与多符号系统提供的保真度构成了电视媒介特性的基础，当然，这些特性首先立足于电视的技术系统。

一、空间媒介

人类发明电视的初衷是什么？其实早在100年前"television"一词出现时就已明确，它的意思就是远距离观看。这一初衷对于电视媒体的发展至关重要，因为它涉及电视传播最基本的特性和优势。我们不仅希望足不出户便知天下事，更希望我们的视力能够跨越空间，亲眼看到异国他乡发生的事情，实现"千里眼"的梦想。因此，从双螺旋链中的一个链条——跨越时间与空间的角度来看，电视首先是一个空间媒介，无论与其他媒介还是与自身跨越时间的能力相比，电视在跨越空间这一维度上都表现出非凡的能力，这种能力主要立足于不断提升的电视传播技术，当然，无所不在的传播终端——早已进入千家万户的电视机也是一个必要的前提。

从电视技术的发展史可以发现，电视在技术上的多次重大突破都围绕如何提高电视媒介跨越空间的能力展开，也就是说，如何扩大电视信号传播的范围，并降低电视信号跨越空间所消耗的时间成本，有线电缆、微波传送以及卫星技术的实质都是如此。以在电视传播中具有重大突破意义的关键技术——卫星技术为例，从1962年7月美国发射的第一颗通信卫星——"电星1号"成功地进行横跨大西洋的电视转播试验，到现今SNG设备在全世界范围内的广泛采用，其主要目的都是打破空间的束缚，获得在全世界范围内传播电视信号的自由。

直播卫星技术帮助人类实现了期待已久的传播理想：异地同时的信息共享。更重要的是，这样的信息还包含着异国的形象、声响等具体内容。可以说，电视将人类利用媒介跨越空间传播信息的能力发挥到极致，它是一种即时的传播，电视信号的发送和接收都在同一时间进行。自CNN在第一次海湾战争中的神奇表现之后，人们习惯了通过电视新闻直播获取新闻，要在最短的时间内了解远方发生的事情，人们首先会想到电视。电视的这种迅速跨越空间的能力曾经让报纸不得不转向深度报道。因此，电视所谓时效性强的优势，其实是跨越空间的能力，它指的是电视跨越空间花费的时间非常少。毫无疑问，电视是性能优良且高度大众化的空间型媒介。

从跨越时间的角度来说，电视同样能够记录和保存信息，但是，它并不是一个非常好的时间型媒介。这一方面是由电视的载体和介质决定的。电视至今也没有找到一种跟文字传播中的纸张类似的介质。这种介质集存储与播放于一身，制造成本非常低廉，同时占用的空间非常之小，便于携带、储存和观看。与文字相比，电视信号所需要的存储空间更大，这限制了电视在克服时间束缚上的能力的发挥。另一方面，电视信息的读取也受到时间的严格限制。在融入互联网之前，电视节目何时播出，以及按照什么顺序播出，都还无法由观众自由地进行选择，观众必须严格地按照时间顺序来观看电视，而不可能像看报一样可以随意选择接收信息的顺序，比如先看完末版再看头版。而且，电视的收看过程是不可逆的，除非用录像机把电视节目录制下来，否则看电视的过程就不可能像看书看报一样可以重复，在这一点上，电视节目跟口语相似，"说"完就形迹全无，再也无法找到之前电视节目的踪迹。

二、全能符号

除了在传播的自由度方面具有克服空间限制的优势，电视在媒介的双螺旋链的另一个维度——保真度方面的优势更加明显。电视能同时传递包含画面、声音、文字、音乐、音响在内的多种符号，这些符号同时作用于接收者的不同感官通道。因此，无论从传送信号的信道系统来说，还是从接收信息的感官通道来说，电视都理所当然地是一个多通道传播系统。

从利用口语作为主要传播符号的人际传播开始，人类的传播都是在多个符号层面进行的。"人们进行传播时，几乎都会通过多种符号渠道传递和接收意义。"① 当人类传播进入电视阶段后，这种特征就体现得更为明显了。"按符号学的观点，从总体上说，电视节目最重要的特点之一或许是同时使用五个频道的趋势（五个频道指的是：图像、文字、声音、音乐、音响——引者注）。"② 同时使用多种符号通道是电视媒体的优势所在，这一特点正好可以解释电视为什么能提供一个比报纸和广播等大众传播媒介看起来更为"真实"的世界。

与报纸、广播相比，电视提供给人类的世界好像是真实世界的自然复制，原因在于电视能为各种来自生活的信息提供最接近其本真状态的符号平台。而且，这些符号系统之间相互组合、相互限定，从而使意义的传递十分确切、具体和固定。电视使用的多通道符号系统使其对真实世界的复制不再像文字符号那样可被随心所欲地切断和组合。"电影画面却是十分明确的，至少从它在每个观众身上所引起的思想活动来看，它还是单义的。因此，很明显，以画面—思维为基础的电影画面，其含混性较口头语言少很多，而从其严密性看，它倒更能使人联想到数学语言。"③ 在这一点上，电视具有同样的特质。

更重要的是，在同一时间传送给观众的这些符号无比"自然"地聚合、重叠在房间里的一个4∶3的画框中，互相之间配合默契，用一个二维平面向人们传达着这个世界的多维度信息和意义。正如文化评论家雷蒙德·威廉斯（Raymond Williams）指出的那样，电视建构了一种不断流进家庭的文本材料海洋"流"。这种"洋流"所喻指的不是一系列孤立的文本，而是一条形象和声音的河流——虽然它到处有通道，到处被堵塞，但此河流没有任何一个部分是与其他部分完全分隔的。正是因为能够为多种符号提供通道，电视具备了良好的还原"原生态"生活的能力。

除了为多种符号提供通道，电视还具备强大的符号整合能力，后期合成平台（无论是线性的还是非线性的）能够将各种符号自由组合并完成意义的传达，画面与画面之间、画面与声音之间丰富的蒙太奇方式就是再好不过的例子了。为多种符号提供通道是电视传播的基本特点，电视传播的多符号特征随着电视技术的日新月异而表现得愈发明显。电视成为现今大众传播体系中最强势的媒介，与电视传播的这一特点密不可分。

从以上的分析中我们看到，电视几乎兼容了以往所有种类的传播符号与传播方式：它是从绘画传播开始一直到电影的图像的延伸，它是从说话开始一直到电话、广播的

---

① 胡正荣. 传播学总论［M］. 北京：北京广播学院出版社，1997：118.
② 艾伦. 重组话语频道［M］. 麦永雄，柏敬泽，等译. 北京：中国社会科学出版社，2010：18.
③ 马尔丹. 电影语言［M］. 何振淦，译. 北京：中国电影出版社，1980：6-7.

口语的延伸，它还是从石刻甲骨开始到纸张印刷的文字的延伸。不过有趣的是，这仿佛又让我们回到了一个老生常谈的话题，即电视符号是图像、声音、文字三者的组合，果真是这样吗？

经过之前对媒介发展过程中的两大要素进行检索，我们应该可以明白，图像、声音、文字这样看似清楚的三分法其实并不能表明电视在符号层面的真正特点。电视的重点在于，它同时传递包含语言符号和非语言符号的多种符号，其中尤其重要的是，它为多种非语言符号提供了传播通道，实现了多种符号的共时传播。正因为这样的特点，在保真度方面，也没有哪一种媒介能与电视相比拟。

从符号性质上划分，电视的这些纷繁复杂、眼花缭乱的符号种族，可以归为语言符号和非语言符号两类。电视集成了视觉、声觉方面的非语言符号，也集成了口语和文字两大类语言符号，电视展现给观众的是一个由多种符号构建的复杂系统，包括文字、口语、表情、手势、活动图像、音响、音乐等语言符号或非语言符号中的几种甚至全部。电视之所以强大，是因为它在符号层面有无与伦比的优势，它几乎可以传递所有的语言与非语言符号。

尤其重要的是，电视使大量的非语言符号进入大众传播并使之取代了传统的语言符号（比如在前两次传播高峰中，第一次以口语语言作为主要符号，第二次以文字语言作为主要符号）而成为主要的符号形式，同时它又能够按照语言的逻辑来对各种符号进行编码，从而达到一个前所未有的传播状态。

从技术的角度来看，电视达到这样的效果得益于多种技术发明。比如从黑白电视到彩色电视，色彩这种非常重要的非语言符号进入传播；ENG技术的采用使声音和画面能够被同时记录和采集，从而使表情、动作、服饰、氛围等借助视觉传递的非语言符号与口语、口音、音响等听觉层面的非语言符号同时传递；数字技术正在改写历史，它将会带来电视符号在呈现方式上的巨大变化。

可以说，电视之所以能成为迄今为止最为大众化的媒介，很大程度是因为它立足于一个非常强大的技术平台。而电视在符号层面又能将语言符号与非语言符号良好地结合，为形成一种平易近人的传播状态提供可能性。

三、人际拟态

从符号的功用角度来考察电视符号系统内部两类符号的运作方式会发现，电视总是以语言的方式（在行为上体现为说话）来组织语言符号和非语言符号，使二者成为一个能够传递具体信息的符号体系。

尽管目前已经有很多研究表明，非语言符号（包括画面、音乐、音响）在传递信息的过程中发挥了主要的作用（有的研究证明是70%），但从叙述的组织这一角度来看，这样的划分显然有些简单。实际的情形是，语言符号和非语言符号互相配合来完成意义的生成。借用符号学理论，语言符号和非语言符号在形成电视意义的过程中互为所指，限定对方的意指范围。比如，画面上说话者的表情可以加强他说的话的意义，而屏幕上出现的身份字幕又可以提醒观众他说话的立场，这种"加强""提醒"都会限定意义。不过，在传递信息的过程中，由于非语言符号在大多数时候是模糊的、不明确的，因此，语言符号更多地承担了所指的任务，这也就意味着，电视是按照语言的方式来组织语言符号和非语言符号并形成叙事的。

但是，电视在按照语言的逻辑对语言符号和非语言符号进行组织的时候，更多地倾向于口语的逻辑而不是文字的逻辑。"任一媒介都有其独特的个性，而电视语言的符码（code）算起来比较偏向说话，而非书写。如果我们任意将电视正文（television text）当成文学作品来解码（decode）的话，除了注定要失败，也会得出一种对电视不公平的负面评价。"① 这样的叙述方式在具体的语言行为上就体现为：电视是按照类似于说话的方式，也就是人际交流的模式来组织叙述的。尽管文字已有五六千年的历史，而且它是人类文化的主要记录方式，但"事实上，电视却有违文字世代的基本价值……就文字书写而言，它注重前后一致、因果逻辑、抽象、清晰、人称等要素；相反，电视则是短暂、片段、特定、具体以及戏剧性的，且它的意义来自对比、矛盾、'符号的并置'（juxtaposition of signs）与口语及视觉的逻辑。"② 在波兹曼看来，电视甚至在根本上就是文字文化的颠覆者："电视无法延伸或扩展文字文化，相反，电视只能攻击文字文化。如果说电视是某种东西的延续，那么这种东西只能是19世纪中叶源于电报和摄影术的传统，而不是15世纪的印刷术。"③

那么，电视为什么要按照说话——人际交流的方式组织自己的叙述呢？按照媒介进化论的观点，这是人类的自然选择，即人际传播在所有的传播模式中效果最好。利用电视即时传播的特性以及利用多种通道传递多种符号的能力，电视新闻在传播模式上已经能够最大限度地接近人际传播，这种模式和效果正是电视所独有的，其他媒介无法达到。当一个新闻节目开始的时候，主播总是向你问好，引出事件，与现场记者交流情况，对当事人进行采访。总之，这一切信息的传递，都是在人与人的交流中展开的，尽管是以变动的现场画面作为核心，但它必须包裹在一个类似于人际传播的系统之内。它实现的效果正像一个人把你带到他要告诉你的实物面前，细细地向你解释其来龙去脉，它是一种人际传播的拟态，或者说，拟人际传播。"电视就像是理所当

---

① 费斯克，哈特莱. 解读电视[M]. 郑明椿，译. 台北：远流出版事业股份有限公司，1993：8.
② 费斯克，哈特莱. 解读电视[M]. 郑明椿，译. 台北：远流出版事业股份有限公司，1993：8.
③ 波兹曼. 娱乐至死[M]. 章艳，译. 桂林：广西师范大学出版社，2004：110.

然的日常语言，它有助于了解人类如何建构周遭世界。事实上，正因为'电视论述'（television discourse）与口语类似，我们才会有兴趣研究电视在社会中所扮演的传播角色。"①

当然，电视传播还是人际传播的"拟态"。之所以称"拟"，是因为电视的说话还是单向的、不可逆的。在主播和记者对观众说话时，观众是没法对他们说话的。尽管非常投入的观众在主播说"各位观众晚安"的时候也会在心里祝愿主播晚安，但主播是无法听见的。从这个意义上讲，电视还是传播（单向的），而不是交流（双向的），它只是接近于面对面的传播。之所以称为人际的拟态，是因为种种符号，无论是语言还是非语言，都被包含在一个"我"向你"说"的人际交流状态过程中。对电视而言，这意味着：没有语言符号，非语言符号是难以理解的；而没有非语言符号，语言符号是非常干涩的。但这种过程缺乏一个即时反馈，因此只能是一种"拟态"。数字技术对符号的整合能力还在加强，我们可以通过短信、电话、邮件的方式对电视传播的效果进行反馈，但这只是另外一种补偿，在电视利用影像、文字、声音传播信息的过程中，受众无法用同样的符号向传播者传递信息，这一过程是不可逆的。

数年前，已有研究者非常明确地指出，电视传播的本质是人本化。"电视的本质是实现人本化传播，作为电视产生的本意，电视纪实发展的每一个进步都体现了人们利用技术的手段向人本性的回归。"②的确如此，但我们更加关心的是，电视人本化传播具体的实现方式是怎样的。前文的分析已经表明，正是在这样一种类似于人际传播的模式中，电视传播实现了人本化。因此，"拟人际传播模式"构成了电视人本化传播的实际内容。

电视并不完美，人类对于传播自由和传播效果的追求还在继续。在以互联网为基础构筑的信息社会中，我们已经看到了人类传播第四次高峰在云端展露的峥嵘。网络解决了电视在超越时间上的不足，人类可以通过虚拟空间自由地穿越时间，可以实现远距离的人际交流。无论是对时间还是对空间的跨越，互联网都达到了之前的媒介所无法企及的高度。

---

① 波兹曼.娱乐至死[M].章艳,译.桂林：广西师范大学出版社，2004：110.
② 殷乐.现代电视纪实的发展轨迹——传播的人本化[M]//朱羽君.现代电视纪实.北京：北京广播学院出版社，1998：378.

第九章 网络：数字连接与虚拟生存

巴芬岛是加拿大第一大岛，大部分位于北极圈内，在极地苔原上，一望无际的雪原，坚冰覆盖的海岸线，北极熊出没其间，这里是观测极光的绝佳地点。在漫长的极夜里，极光是世上最动人的风景。

岛上沿岸地区，爱斯基摩人在这里生活，他们更愿意称自己为"因纽特人"。这个世界上最大的原住民自治区叫纽纳瓦特，在因纽特语中的意思是"我们的土地"。他们的祖先4,000年前来到这里，以渔猎为主的生活方式延续至今。与2,000公里之外那些喧嚣的城市相比，这里完全是另一个世界。不过令人吃惊的是，这里是加拿大互联网最发达的地区。

岛上超过一半的居民家里都接入了互联网，或许在世界上其他地方，互联网在居民生活中所起的作用，都不像在纽纳瓦特这么重要。在这里，政府有自己的网站，人们在专门的网页上可以读到因纽特人的历史。医生借助摄像机为病人做检查，病人哪怕远在离其首府伊卡鲁伊特1,480公里以外，仍可以通过专业电子摄像机得到专家的急救。在这里出生的孩子，5岁便开始上计算机课，只要一涉及信息技术，天生吵闹的孩子便马上安静下来。他们浏览网上世界各地同龄人的照片，在教师的帮助下，写下人生的第一封电子邮件："我们生活在美好自由的国度纽纳瓦特，您什么时候会来我们这里做客呢？"

这是当今世界网络化生存的极致景象。当以最原始的方式生活在极地的人们都被纳入互联网编织的虚拟世界时，人类就进入了以互联网命名的全新时代。

第一节　网络的发展历程

一、网络发明的契机与背景

（一）"史泼尼克"危机

2007年出版的美国中学读物《史泼尼克号太空探索》一开始写道："1957年10月4日，星期五，天光像往常一样亮起。数百万美国人黎明即起，在家里享用早餐。他们早餐时谈论的内容跟往常也没有太多不同。"

然而，就在这一天莫斯科时间晚上10点28分，在苏联的拜科努尔航天中心，三节捆绑式R-7运载火箭腾空而起，将人类第一颗人造地球卫星送入太空。这颗卫星名叫"史泼尼克"，是旅行同伴的意思。它离地18,000英尺，每96分钟绕地球一周。这本50年后出版的中学读物中说："很多美国人声称第二天就听到了这颗卫星从天空发射出来的'滴滴'声响。"

在当时的苏联，"史泼尼克"并没有吸引太多的注意力。就连最高统帅尼基塔·谢尔盖耶维奇·赫鲁晓夫（Nikita Sergeyevich Khrushchev，1894—1971）的儿子知道这一消息时，也只是觉得苏联在技术领域又取得了一项成绩，就像造出一架新客机或建成一座核电厂一样。苏联第一则关于"史泼尼克"卫星的官方消息非常简短，深埋在《真理报》中。直到两天后，相关消息才登上头条。

然而，在媒介更为发达的美国，"史泼尼克"却成为一场危机的名字。《纽约时报》指出，这颗卫星重83公斤，比美国准备在第二年初发射的卫星重8倍，这让包括总统怀特·戴维·艾森豪威尔（Dwight David Eisenhower，1890—1969）在内的美国人感到震惊。这一事件狠狠地打击了一向以"自由世界领袖"自居的美国，开辟了冷战的另一个战场：太空。这警示了美国整个科学界、文化界和教育界，迫使其反思美国的教育体制与教育理念。[①]

由于对科学技术的敏感，美国人把苏联的卫星看成是对自己技术落后的严重警告，并决心奋起直追。1958年1月31日，美国人就匆匆忙忙地把体重只有8公斤的人造卫星"Explorer I"送上了天。尽管其主要意义是象征性的，而不是实用性的，但它表明

---

① 程洁，张健.网络传播学[M].苏州：苏州大学出版社，2007：35.

美国人在国家安全和军事科学领域全面反思和着手加强。① 同一天,《时代周刊》引用约瑟夫·卡普兰(Joseph Kaplan)博士的话说:"苏联人的这项成就无与伦比。"总统顾问、经济学家伯纳德·巴鲁克(Bernard Baruch,1870—1965)在《纽约先驱论坛报》上发表了公开信,题目是《失败的教训》,巴鲁克说:"当我们努力制造出新型汽车和更多小玩意儿时,苏联人正在征服太空……"

在接下来的几周时间里,"史泼尼克"成为美国人早餐时必谈的话题。然而,经历了"史泼尼克"时刻的美国人不会想到,此后的半个世纪人类将经历什么样的变迁。如今在 iPad 上读到这本《史泼尼克号太空探索》的中学生们,也很难想明白 60 年前的故事与自己所处的时代有什么关联。

(二)"阿帕"成立

没有永恒的敌人,也没有永恒的朋友。

20 世纪中期,二战的硝烟刚刚散去,美苏两国因意识形态不同,更因争夺世界霸权的需要,由昔日的盟友转而成为剑拔弩张的仇敌。

1947 年 3 月,美国"杜鲁门主义"出台,苏联半年后就在社会主义阵营中成立了"情报局"。

1947 年 6 月,美国推出援助西欧的"马歇尔计划",7 个月后,苏联就建立了"经济合作互助委员会"。

1949 年,美国在军事方面建立了北大西洋公约组织,苏联则在 1955 年成立了华沙条约组织。

二战期间,美国已成功研制了原子弹。苏联则在 1949 年 8 月爆炸了第一颗原子弹,成为世界上第二个拥有核武器的国家。1953 年和 1954 年,美国和苏联先后成功爆炸了比原子弹更具威力的氢弹。核战争的阴云一时弥漫在两个超级大国上空。

在史泼尼克升空之前,美国一直认为自己在导弹和航天领域占据领导地位。但史泼尼克的成功发射意味着苏联有能力从太空将核武器投射到世界的任何地方,这令美国如芒刺在背。对美国而言,国防指挥系统和控制系统的安全问题成为国家安全的最大隐患。

经历了"史泼尼克时刻",时任美国总统艾森豪威尔在 5 天之后的记者招待会上说:"我已一再强调我对国家安全的担心。"

要真正解决国家安全危机,必须保证美国拥有全世界最尖端的军事技术。1958 年 1 月 7 日,在艾森豪威尔的提议下,美国国防部成立了"高级研究计划

---

① 吉永宏,李彬,陈军.信息网络——人类新的时空隧道[M].北京:军事科学出版社,2003:6.

署"①，简称"阿帕"。这个机构最初的工作重心是太空开发及最新战略导弹研究，后来研究领域渐渐拓宽，承担起探索未来技术发展、确保美国技术优势的任务。

5天后，国会的第一笔启动资金520万美元就拨了下来，而且总预算高达2亿美元，②是当时中国国家外汇储备的3倍。

按照美国的法律和政策，联邦政府的重大投资项目不由政府包办，而必须发包给民间，这样的做法避免了政府部门的腐败和浪费。具有浓厚国防色彩的阿帕自然也不例外，它要进行的国防科研计划全部由大学或公司进行研发，这个军事研究机构由此变身为慷慨的创新基金机构。

1965年，鲍勃·泰勒（Bob Taylor）成为阿帕核心部门——信息技术处理办公室的第三任主任。上任不久，泰勒拿到了100万美元的研究经费，他并不知道，这将诞生一个全新的伟大事物。

二、互联网的发明与拓展

（一）联网的想法

退休以后居住在硅谷的泰勒家中没有移动电话、复印机、传真机和扫描仪，他的生活与数字世界似乎毫无关联，但是，在他家里可以俯瞰整个硅谷。

因为对互联网的前身——阿帕网、个人电脑和计算机网络等现代计算技术的发展富有前瞻性的领导，泰勒获得了1999年度美国技术奖章，这是美国国家最高荣誉，由当时的总统比尔·克林顿（Bill Clinton）亲自颁发。但泰勒不愿出差到华盛顿，他说："我这辈子出差已经出够了，现在只想待在家里，实在不愿再出门。"他的理由居然被接受了，最后由他当年"阿帕"的老上级安迪·赫兹菲尔德（Andy Hertzfeld）替他从克林顿手中接过了奖章。

泰勒负责的信息技术处理办公室的前身是命令控制研究所，更名之后，这个机构一直关注电脑图形、网络通信、超级计算机等领域的尖端课题。泰勒的办公室位于五角大楼的三楼，紧挨着国防部部长的办公室。泰勒的办公室有一间里屋是终端室，里面摆放着3台终端，型号都不相同，分别与3台主机相连。1台主机远在麻省理工学院，1台远在加州伯克利大学，1台位于加州圣莫尼卡市，3个终端互不兼容，各有各的程序语言、操作系统和上机步骤。

---

① 程洁，张健.网络传播学[M].苏州：苏州大学出版社，2007：43.
② 吉永宏，李彬，陈军.信息网络——人类新的时空隧道[M].北京：军事科学出版社，2003：6.

在泰勒看来，3台大型计算机不能相互进行信息交流，这对联邦经费是极大的浪费。与此同时，使用阿帕经费的研究人员对计算机功能的需求越来越大，而当时的计算机是非常昂贵的，一般每台都在50万美元以上，甚至要好几百万美元，而且相互不兼容。一个站点的研究人员无法共享另一个站点的计算机资源，除非把机器挪过去。显然，唯一的办法是将这些互不相干的计算机连接起来。

这种把计算机连接起来的想法并非泰勒的一时灵感。

1946年，世界第一台电子计算机在美国宾夕法尼亚大学的莫尔电子工程学院诞生。[①]这台为计算弹道而研发的机器并未在战场上使用，但它开启了电子计算机的历史，并为30多年后互联网的诞生奠定了第一块基石。

正是在计算机技术及与之关联的硅技术和微加工技术的基础上，人类关于未来技术发展方向的探索才变得越来越明朗。1945年7月，参与了第一台计算机发明的万尼瓦尔·布什（Vannevar Bush，1890—1974）在《大西洋月刊》第176期第1卷上发表了著名的《诚如所思》一文，他在文中假想了这样一台机器，"一种机械化的私人档案馆及图书馆""可以任意地由一条信息立即自动选出另一条信息"，这就是影响深远的"Memex"（记忆延伸）概念，个人计算机、信息检索、超文本、超媒体、在线公用目录、全球网络及数字图书馆等技术发展方向都在此基础上产生。

万尼瓦尔提出这一概念并非偶然。二战以后，科学界对于理解通讯科学显示出极大的热情，一个由科学家、数学家、工程师和社会科学家组成的群体，对探索通讯过程产生了浓厚的兴趣。一些研究者组成跨学科的研究团体，半年或一年集会一次，其中，最知名的是"梅西基金会控制论会议"，从1942年到1953年共举办了10次，科学家们不仅对通讯和交流进行研究，更致力于如何推动有益的实践。

（二）"分布式"与"包交换"

1966年2月，有了联网想法的泰勒前去面见阿帕的主任赫兹菲尔德，建议由阿帕出面创建一个小型的试验网络，先将4台主机连接起来，然后再逐步扩大。泰勒讲得很简练，其中最能打动赫兹菲尔德的恐怕就是网络的可靠性：一旦建成了这种由多条通道构成的通信系统，即使发生了战争或某个节点被核武器炸毁，国防部下达的命令也可以通过其他节点传送，军事通讯依然畅通无阻。

一向大方的赫兹菲尔德马上拨给他100万美元。泰勒回忆说："不到20分钟，他就从不知什么人的户头上拨出100万美元给我，并对我说，'太好了，干吧！'"但光有钱是不够的，泰勒还需要找到一个能够完全领会他建立网络的思想，并且能够把这

---

① 吉永宏，李彬，陈军.信息网络——人类新的时空隧道[M].北京：军事科学出版社，2003：7.

一思想贯彻到底的、优秀而有远见的电脑工程师。在泰勒心中，此人非拉里·罗伯茨（Larry Roberts）莫属。

29岁的罗伯茨是当时麻省理工学院的林肯实验室高级研究员。他自学计算机技术，为林肯实验室最先进的电脑TX-2编了全套的操作系统程序，被称为"计算机天才"。

1965年10月，罗伯茨曾主持过一次具有历史意义的电脑远程联网实验。他以电话线传输和声音调制方式，将麻省理工学院的一台TX-2小型电脑成功地连接到千里之外的加州圣莫尼卡，与另一台Q-32大型计算机实现了远程通信。这是人类第一次实现两种不同电脑之间的远距离联网，而这正是泰勒需要的。

当泰勒专程到位于波士顿的林肯实验室请罗伯茨的时候，罗伯茨的态度却不那么积极。罗伯茨可以有足够的钱来"自行其是"，并且有可能担任IPTO办公室未来的主任。出乎泰勒意料的是，罗伯茨拒绝了他的请求，他认为，这只是一个管理职位，他更想留下来做技术。

几个星期后，泰勒再次请罗伯茨出山，而得到的回答却更加明确：林肯实验室的工作已经够令人满意了，没有必要去华盛顿。

在此之后，泰勒几乎每两个月要给罗伯茨打一次电话，苦口婆心地劝他为国家效力，但罗伯茨仍然不为之动心。

"1966年的一年里，我都在挖空心思，想让罗伯茨改变想法，但我屡屡失败。"泰勒回忆说。

泰勒不是个轻易认输的人。屡遭拒绝后，泰勒使出了"杀手锏"——向阿帕主任赫兹菲尔德求援："你不是掌握着林肯实验室的经费吗？难道你就没有办法让拉里来为我们工作？"赫兹菲尔德听后立即拿起电话，不一会儿就笑着回答："让我们等着瞧吧。"

两个星期之后，罗伯茨进入阿帕履职。几个星期后，年仅29岁的他那种废寝忘食、近乎工作狂的精神已广为同事所知。据说他曾深入研究被称为拜占庭的五角大楼的五环地形，用秒表计算出五角大楼各办公室之间最快捷的路线。

罗伯茨面临的首要任务就是筹建计算机网络。他要解决的关键问题是：网络应该有哪几个节点，网络应该如何互联，节点之间怎样通信，如何解决网络节点计算机的不兼容问题，网络应不应该支持交互式计算等。其中，最关键的是如何解决网络的布局，并找到数据通信交换的关键技术。

在接下来将近一年的时间里，罗伯茨并没有找到理想的解决方案，直到1967年10月，在美国田纳西州召开的计算机装备协会研讨会上，他和阿帕的同事第一次听到了"信息包交换系统"。

罗伯茨听说的"信息包交换系统"来自英国国家物理实验室物理学家唐纳德·瓦

特·戴维斯（Donald Watts Davies，1924—2000）的工作小组，按照这种设计，戴维斯已经建立了一个实验性的网络。由于经费的限制，戴维斯建立全国性网络的设想还无法实施。

罗伯茨从英国人口中还听说了一个人——保罗·巴兰（Paul Baran）。当罗伯茨回到华盛顿时，他才发现巴兰的论文早就躺在办公桌上，上面布满了灰尘。

巴兰是兰德公司的研究员，兰德公司以研究军事尖端科学技术和重大军事战略而著称于世。20世纪60年代初，核战争中的军事信息安全让美国国防部的大佬们头疼不已。传统的中央控制式通信网络是标准金字塔结构，一旦指挥系统被摧毁，整个通信网就会万劫不复。兰德公司受命研究这一课题。

1962年，巴兰构想出一种"渔网"状的网络，"渔网"的每一节点都有多条道路与其他节点相连，这样，网络中的任何一点被破坏都不会影响到整个网络的正常工作，巴兰把它称为"分布式网络"。

在此基础上，巴兰进一步设想，分布式网络的通讯可以把传送的信息切分为被称作"信息块"的较小单元，每个信息块自动选择网络中可以走得最快的"道路"传输，一旦所有的"块"都到达了目的地，就重新编排恢复成原来的信息。

巴兰并不孤独，在他进行研究的同时，英国物理学家D. W. 戴维斯正在进行相似的研究。1965年11月，戴维斯构想了被称为"信息交换系统"的数据通信网络。4个月后，当他在一个公开演讲中描述了自己的构想后，一位国防部的官员告诉了他巴兰的研究。几年后与巴兰碰面时，戴维斯说："可能是你先有了这个构想，但我为它取了名。"

互联网是个庞大的信息传递游戏，这个游戏由成千上万台计算机共同参与，大家都使用共同语言TCP/IP，工程师称之为"包交换系统"[①]。网站的每个信息包都是通过这个系统传递的，因此，在信息通道上，每台相关的计算机都要对"信封"上的目的地地址进行扫描，再发往下一台计算机，不停地朝个体的方向传递，直到到达个体的计算机为止。

实际上，在巴兰提出"分布式网络"理论半年之前，麻省理工学院的伦纳德·克兰罗克（Leonard Kleinrock）博士就已发表过一篇类似的理论文章。三位科学家在三个不同的地方，在互相完全不知情的情况下竟然得出了完全相同的结论：远距离网络通信必须通过"包交换"来实现。互联网的布局方案与核心技术必然性地出现在了地平线上。

分布式网络不仅奠定了互联网的结构基础，还将深远地改变以互联网命名的时代

---

① 诺顿.互联网——从神话到现实[M].朱萍，茅庆征，张雅珍，译.南京：江苏人民出版社，2001：19.

的社会结构。正如阿帕网从一开始设计时就是要改变传统军事指挥系统的金字塔结构一样,当互联网成为信息社会的结构基础以后,整个社会的结构方式也必然要从以前的金字塔式变为越来越扁平化的结构方式。正如托马斯·弗里德曼(Thomas L. Friedman)所说:"这个世界是平的——越来越多的人会发现他们能够找到越来越多的合作对象和竞争对手,人们将和世界各地越来越多的人互相竞争和合作,人们将会在越来越多的工作岗位上互相竞争和合作,人们的机会将越来越平等。电脑、电子邮件、网络、远程会议和各种新软件将他们联系在一起。"[1]

(三)第一次连接

当"分布式"和"包交换"进入罗伯茨的锦囊之后,计算机网络的基础被奠定了。罗伯茨关于网络的构思付诸实施。他首先要将加州大学洛杉矶分校、斯坦福研究所、加州大学伯克利分校以及犹他大学连接起来,以后再从这个核心出发,连接圣莫尼卡的系统 SDC、密执安大学和伊利诺伊大学,然后再与麻省理工学院的马克项目、哈佛大学以及位于匹兹堡的卡内基大学相连。

1968 年 6 月,罗伯茨向阿帕递交了"资源共享的电脑网络"设计报告,很快就获得了肯定,不到 20 天,阿帕就拨付了 50 万美元予以支持。

然而,要在两台遥远的主机之间建立顺畅的连接,每台主机还需要一台连接主机和网络输送线的小型计算机来完成主机之间的信号交换,这就是后来被称作小精灵的批处理机。在罗伯茨递交设计报告的两个月之后,建造批处理机的招投标程序正式启动。

一年以后,第一台小精灵运往加州大学洛杉矶分校,它的大小相当于一只冰箱,重 900 多磅,装在战舰那种灰色的钢制箱子里。第二台小精灵在一个月后送达斯坦福研究所。随着两台批处理机安装到位并与主机连接,两个节点的网络形成了。

第一个电脑网络在 1969 年 9 月 1 日上线,以其强大的出资者命名,被称为"先进研究计划局网络"(ARPANET,阿帕网络),刚开始的 4 个节点设置在加州大学洛杉矶校区、斯坦福研究所、加州大学及犹他大学。这个网络开放给美国国防部合作的研究中心使用,但科学家一开始是为了他们自己的沟通而使用,还包括一个科幻小说迷的信息网络。[2]

1969 年 10 月 1 日,斯坦福大学和加州大学洛杉矶分校的计算机将进行首次连接。试验的第一步是要让洛杉矶操作人员把登录命令(LOGIN)传送到斯坦福大学的机器

---

[1] 弗里德曼. 世界是平的[M]. 2 版. 何帆,肖莹莹,郝正非,译. 长沙:湖南科学技术出版社,2006:7.
[2] 卡斯特. 网络社会的崛起[M]. 夏铸九,王志弘,等译. 北京:社会科学文献出版社,2001:54.

上。从麻省理工学院毕业后来到加州大学任教的克兰罗克教授命令他的助手查理·克莱恩（Charley Kline）坐在终端前，戴上头戴式耳机和麦克风，通过长途电话随时与斯坦福大学的终端操作员保持密切联系，以确认在包交换技术基础上建立的分布式网络的传输效果。

22 点 30 分，克莱恩带着激动不安的心情，准备在第一次联网时传输一个单词：LOGIN。他在键盘上敲入第一个字母"L"，然后对着麦克风喊："你收到'L'了吗？"

"是的，我收到了'L'。"耳机里传来对方操作员的回答。

"你收到'O'了吗？"

"是的，我收到了'O'，请再传下一个。"

克莱恩没有迟疑，继续键入第 3 个字母"G"。然而，仪表显示传输系统突然崩溃，通讯无法继续进行了。世界上第一次互联网络的通讯试验，仅仅传送了两个字母"LO"！但它已足够成为网络连通的历史性时刻。

克兰罗克幽默地说，根据语音判断，"LO"可以代表"喂"（Hello），是我们向斯坦福大学的致意和问候。这是人类通过互联的计算机向世界发出的第一声问候。

1969 年 10 月 29 日晚上 10 点半，加州大学洛杉矶分校的查理·克莱恩与斯坦福研究院实现了对接。在克莱恩敲下第一个字符两个月后，具有 4 个节点的阿帕网搭建完毕并投入使用，一个崭新时代的轮廓开始慢慢浮现并不断清晰起来。①

（四）成功的基础

互联网发展的背后是科学、机构和个人的网络。② 作为最尖端的科研成果，阿帕网的成功建立并非偶然，它根植于二战以后美国科技迅猛发展的沃土。

1945 年 7 月 5 日，万尼瓦尔·布什（Vannever Bush）向刚刚就任的美国总统杜鲁门提交了研究报告《科学，无尽的边疆》，这就是著名的"布什报告"。作为罗斯福总统的科学顾问，布什 20 世纪 40 年代早期领导了制造第一颗原子弹的"曼哈顿计划"。其后，他先后参与了从氢弹的发明、登月飞行到"星球大战计划"等众多重大的科学技术工程。

在报告中布什说，为了同疾病作斗争、为了国家的安全、为了公共的福利，我们必须依赖科学的进步，而科学的进步即新知识的获得要通过基础科学研究。他因此建议美国政府大力支持科学研究，而且政府不需要自己设立研究机构，只需要提供研究经费，让大学和私人企业依照研究表现来竞争政府的研究经费。

---

① 杨吉.互联网：一部概念史[M].北京：清华大学出版社，2016：18.
② 卡斯特.网络社会的崛起[M].夏铸九，王志弘，等译.北京：社会科学文献出版社，2001：57.

布什提出了一个对美国科研发展至关重要的原则，那就是国家在尽最大可能支持科学研究时，不能损害科学家的独立地位，他一直认为，"不戴枷锁"的科学家才能自由地思考并创造出新的知识。

5年之后，布什的设想得以实现，美国成立了国家科学基金会（National Science Foundation，NSF），政府提供的科学研究经费大幅增加，一批批杰出的研究成果随之涌现，美国很快成为全球科技第一的国家。

能够让美国科技真正腾飞的是全世界高端人才前所未有的汇聚。早在20世纪30年代至40年代，美国从逃离欧洲特别是纳粹德国的难民中挑选了三千多名科学家，他们在二战时期美国研制原子弹的过程中发挥了重要的作用。二战后，美国政府根据国内外形势需要，颁布了影响深远的《1952年外来移民与国籍法》，其中有关吸引外来人才的原则规定，具有突出才能的移民占每年入境移民的50%。

全球人才中心从欧洲向美国转移，高端人才移入美国的浪潮像大西洋的海浪一样汹涌澎湃。在欧洲前往美国的移民中，技术类移民居多，以至于英国政府惊呼其"人才流失"，认为在1952—1961年，每年永久性地迁出英国的专业技术人才相当于英国每年授予博士学位人数的17%。1961—1966年，英国流失的工程师和科学家达到2.67万人，相当于1964—1966年每年新增科学家和工程师的31%，其中1966年高达46%。

科技的发展、人才的汇聚为阿帕网这项科研成果的诞生提供了最好的环境。

（五）阿帕网

在美国，凡政府出资的项目，都应体现纳税人的权利，成果也必须由纳税人共享。这意味着本属于军事科研项目的阿帕网，也不能由国防部门据为己有。外部的计算机因此可以连上这一网络，阿帕网被越来越多的人共享。

1970年，美国4座城市的大学计算机实现连接。1972年，阿帕网建立了40多个网点，开发出电子邮件、远程登录、文件传输等3项重要功能。[1] 此后，平均每20天便有一台新的计算机上网。1973年，阿帕网首次跨过大西洋，利用卫星技术与英国和挪威实现了连接，世界范围的登录开始了。1975年7月，阿帕网移交给美国国防部通信局管理。1976年，阿帕网已经拥有了60多个节点和超过100台主机，其触角遍及美国并通过卫星延伸到了欧洲[2]，1981年已有94个节点，分布在88个不同的地点。

1983年，担心军事机密安全问题的美国军方从阿帕网分离出来，建立了自己的军

---

[1] 程洁，张健. 网络传播学[M]. 苏州：苏州大学出版社，2007：44.
[2] 杨吉. 互联网：一部概念史[M]. 北京：清华大学出版社，2016：33.

网，用于国防部门通信，国防数据网将民用和军用网络分开，阿帕网的节点从 113 个减少至 68 个。美国得克萨斯大学奥斯汀分校教授、以太网发明人罗伯特·梅特卡夫（Robert Metcalfe）说："这个项目是由军队赞助的，但并不是传统意义上的军队赞助。因为这个研究只是基本的电脑科学研究，而不是专门针对某项任务的军事研究。"

20 世纪 80 年代，阿帕网的使用逐渐以科研教育的民用为主。许多计算机科学家及技术发明人，如利克里德（Licklider）、保罗·巴兰、道格拉斯·英格尔巴特（Douglas Engelbart，1925—2013，鼠标发明人）、罗伯特·泰勒、罗伯特·科恩（Robert Cohen）等对技术的热忱创造了一个网络化的创新氛围，这使阿帕网逐渐脱离了与军事策略或超级电脑的关联。除此之外，在美国出现并逐渐蔓延的电脑反文化风波对互联网走向普通大众也起了重要推动作用。①

1985 年，美国国家科学基金会建立了"国家科学基金网"，把已经建立的各种网络连接起来，并大规模扩充各主要洲际站点的中枢，成为美国因特网的主干网。除科研机构和教育机构，美国的政府机构如国家航空航天局和能源部以及其他国家的一些组织和机构也加入了。1986 年，因特网这一名称正是在这一基础上被正式使用的，其"网间网"（Internet）的含义表明：这是一种把不同的计算机局域网和广域网互连在一起的网络。

1989 年年底，阿帕网完成了自己的历史使命，退出了历史舞台。1990 年，东西方对峙多年的冷战以苏联解体宣告结束。1990 年，互联网上第一个提供电话拨号上网的商业机构"世界联网"成立。②

阿帕网对网络互联技术的发展起到了奠基性的作用。此时，全世界已有大约 30 万台主机、900 个网络连在了一起，它们构成了当今互联网的雏形。阿帕网由一个在核战争中免受毁灭性打击的系统，变成了和平条件下的民用交互通信网。

（六）同一个协议

在阿帕网运作之初，通过接口信号处理机实现互联的电脑并不多，大部分电脑相互之间不兼容，在一台电脑上完成的工作，很难拿到另一台电脑上去用，想让硬件和软件都不一样的电脑联网，也有很多困难。当时美国的情况是，陆军用的电脑是 DEC 系列产品，海军用的电脑是 Honeywell 中标机器，空军用的是 IBM 公司中标的电脑，每一个军种的电脑在各自的系统里都运行良好，但有一个大弊病：不能共享资源。

自始至终，几乎所有的科学家一致认为：所有的计算机生而平等。为了让这些

---

① 卡斯特.网络社会的崛起［M］.夏铸九，王志弘，等译.北京：社会科学文献出版社，2001：58.
② 程洁，张健.网络传播学［M］.苏州：苏州大学出版社，2007：45.

"生而平等"的电脑实现"资源共享",就得在这些系统的标准之上,建立一种大家共同遵守的标准,这样才能让不同的电脑按照一定的规则进行"谈判",并且在谈判之后能"握手"。

1970年12月,最初的通信协议——由鲍勃·卡恩(Bob Kahn)开发、温顿·瑟夫(Vint Cerf)参与的"网络控制协议"(NCP)制定出来了,但要真正建立一个共同的标准很不容易。1972年10月,国际电脑通信大会结束后,科学家们都在为此而努力。1977年,在那辆厢式货车中,它被证明是可能的。两位计算机科学家温顿·瑟夫和鲍勃·卡恩共同参与开发了这个传输体系——"TCP/IP协议"[1]。这一协议可以协调不同计算机之间的信息传递,发现中继错误,整理网址,完成信息传输任务。

在制定传输控制协议的一次试验中,从美国发出的信息包通过点对点的卫星网络,横越大西洋到达挪威,再从挪威通过陆地电缆到达伦敦,贯穿欧洲,再通过卫星网络和地面传输,传送回美国。传输期间经过各种电脑系统,全程9.4万英里竟然没有丢失一个数据,如此远距离的可靠数据传输证明了这一协议的成功。

1983年1月1日,TCP/IP协议成为因特网上所有主机间的共同协议,成为直到今天在开放系统下所有网民仍然遵循的基本规则。在这一协议的约束下,数十亿信息包每时每刻都在进行传递,而且完全自动进行,这不得不说是信息传输的一个奇迹。

1986年,互联网的发展再次迎来转折。这一年,美国国家科学基金会(National Science Foundation, NSF)为了满足各大学及政府机构促进其研究工作的迫切要求,将其在全美的6个超级计算机中心以TCP/IP协议为基础连接为一个主干网络,供全美大学、研究机构等免费使用,这就是著名的"国家科学基金网络"(NSFNET)。NSFNET开创了计算机网络建设的新时代:在美国国家科学基金会的鼓励下,很多大学、政府资助的研究机构甚至私营的研究机构也在随后几年纷纷把自己的局域网并入NSFNET中。[2]

1987年9月14日的一个晚上,在北京计算机应用技术研究所里,十几个人围在一台德国制造的西门子7760大型计算机旁,他们的任务是发送一封电子邮件,内容以英德两种文字书写,中文直译为"跨越长城,走向世界"。这个小组的负责人是王运丰,还有一位来自德国卡尔斯鲁尼大学的专家维纳·措恩(Werner Zorn)。经过一番调试,技术小组在北京的计算机应用技术研究所搭建了邮件服务器节点。但第一次发送却因为服务器上的一个数据交换协议存在漏洞而失败。在第一次发送失败的6天后,项目组修补了漏洞,第二次试发邮件。1987年9月20日20点55分,这封邮件终于穿越了

---

[1] 杨吉.互联网:一部概念史[M].北京:清华大学出版社,2016:28.
[2] 杨吉.互联网:一部概念史[M].北京:清华大学出版社,2016:36.

半个地球到达德国，这便是中国互联网在国际上的开山之作。

美国政府担心中国会从互联网上获取大量信息和技术成果，于是提出很多限制措施，中国专线只能连入能源科学网（ESNET），不得散布病毒，不得将 Internet 用于军事和商业领域。中国必须同意上述条件并签字，才能与美国连通网络。中国接受了这些条件并由国务委员宋健在访美期间签字生效。

1994 年 3 月，中国获准加入 Internet。[①]这标志着中国成为世界网络大家庭中的一员，中国成为第 77 个接入全功能互联网的国家。1994 年 5 月，中国联网工作全部完成。中国政府对 Internet 进入中国表示认可。中国的网络域名也最终确定为 .cn。[②]

（七）献给所有人

欧洲原子核研究会粒子实验室（Conseil Européen pour la Recherche Nucléaire，简称 CERN），位于瑞士日内瓦城地下，是一个直径 17 英里的圆环。在这个圆环中，粒子被加速到接近光速后与其他粒子撞击，物理学家们通过这种撞击的结果来了解我们所存在的这个物质世界的本质。

20 世纪 80 年代末，一位名叫蒂姆·伯纳斯·李（Tim Berners-Lee）的英国软件工程师再一次来到 CERN，用他自己的话说是"回到了这里"，他的任务是帮助实验室的物理学家们更好地处理信息。在 CERN，太多的信息让物理学家们在获取必要的信息和处理过多的信息时感到非常棘手。蒂姆用一年多的时间解决了这一问题，物理学家们惊讶的是，蒂姆提供的解决方案远远超出了他们的需求，这直接推动了互联网历史性时刻的来临——万维网的诞生。

更让人难以想象的是，这一切的发生竟然是因为蒂姆的记忆力很差。比如，他经常记不清人的姓名和面容。他说："我需要一个软件来使我更有条理，来保持对事情的记忆。"1980 年，他自己编写了这样一个程序，这时他正在 CERN 参加课题论证工作。几年后再次来到这里时，让他触动的是，这个庞大的实验室竟然也面临着跟自己一样的记忆难题。

CERN 的研究极为复杂，其人员流动性又极大，这让保持文件记录的连贯性成为极为可怕的任务。1989 年初，蒂姆坐在一台电脑前，开始致力于解决这一难题，他写出了一份字斟句酌的建议，这份建议将会改变世界。

蒂姆提出用超文本的方式来解决 CERN 的难题，他写道："使超文本系统和现有的数据结合为一体，以便提供一个通用的系统，并尽早达到实用的程度。"超文本赋予读

---

① 胡泳，范海燕.网络为王[M].海口：海南出版社，1997：411.
② 胡泳，范海燕.网络为王[M].海口：海南出版社，1997：411.

者强大的力量，到某个时候，他们获得的授权可能比作者想要的还要多。①

1989年12月，蒂姆将他的发明正式定名为 World Wide Web，这就是我们熟悉的WWW，也就是俗称的万维网。

对于"万维网"和"互联网"，人们常常将它们搞混。实际上，互联网是一种电脑之间相互连接的全球网络，采用 TCP/IP 协议，通过分组交换实现数据的共享。万维网是集合了标志性语言、文档上网和超文本的概念，通过开放标准和协议使任何人都可以建立自己的网络服务器和 html 文档。也就是说，互联网包含了万维网，在一定意义上，互联网与万维网是父集同子集的关系。②

1990年11月，蒂姆编写出一个名为"浏览器"的程序，这是一个虚拟的"窗口"，用户可以通过它看到互联网上各种资源链接而成的"网页"。它使大量毫不相干的信息变成了一个互联的统一体。

在蒂姆发明万维网之前，人们要访问互联网得像使用 MS-DOS 系统一样，人们要进入网络必须具有技术知识和最贵的工具，这使互联网成为计算机专业人员的领域，普通人很难进入。

蒂姆的万维网降低了互联网的门槛。他开发的超文本浏览器不仅可以让人们看到互联网上的内容，还可以在阅读文件时直接与其他文件进行链接。为了确保世界上任何地方的任何一台联网的计算机上的公开信息都能通过这种浏览器来访问，蒂姆又制定了一整套协议，包括 URL（统一资源定位器）、HTTP（超文本传输协议），并发明了构造文件的统一方法，即 HTML（超文本标注语言），这些发明简单易懂，普通人都能轻松掌握。

从概念的提出到编写浏览器和服务器程序，再到制定各项协议，仅仅一年多的时间，蒂姆便完成了万维网创建的全过程。1991年5月，万维网在因特网中首次露面，立即引起轰动，迅速在世界范围内推广应用。

普通人可以共享共用的互联网真的诞生了。

《数字化生存》的作者尼古拉斯·尼葛洛庞帝（Nicholas Negroponte）认为：1989年是因特网历史上具有划时代意义的年份。万维网技术赋予了因特网强大的生命力，网页浏览的方式给了互联网靓丽的青春。多媒体手段的使用也使万维网信息内容从单一文字方式进入图画、声音甚至影像配合的阶段。③

如果说当初分布式网络奠定了互联网及这个时代的结构基础，那么超文本链接则将个体便捷地连接起来。连接，与他人的连接，与整个世界的连接，必然改变了互

---

① 莱文森.软利器：信息革命的自然历史与未来[M].何道宽，译.上海：复旦大学出版社，2011：117.
② 杨吉.互联网：一部概念史[M].北京：清华大学出版社，2016：41.
③ 袁道之，白莉.网络：席卷全球的风暴[M].北京：经济日报出版社，1997：205.

网时代的价值坐标，人与人之间连接的重要性远远大于个体的重要性。群体至上开始替代工业时代以来甚嚣尘上的个人主义、个性主义，成为这个时代价值判断的新标准。

为了让所有人不受限制地使用互联网，尽管意识到万维网具有无限的商业价值，蒂姆仍然放弃了为万维网申请专利，把自己的研究成果无偿向全世界开放。

1992年，著名的网景公司发明的浏览器尚未问世，蒂姆和他的研究伙伴曾向欧洲权威的律师咨询销售网络浏览器软件的问题，但他最后放弃了销售。因为蒂姆当时预见到一旦他的浏览器向市场开售，势必引起新一轮的网络软件大战，使得好不容易统一起来的互联网浏览器协议陷入割据分裂的状态，况且不同的标准将延误互联网的发展。[1]如果蒂姆为万维网申请专利，他将是亿万富豪。虽然他个人失去了天价财富，却让互联网成为全人类的福音。

蒂姆后来在接受采访时说："事实上，我已经对以何种方式度过自己的一生作出了一些相当清醒的决定……我所受教育的核心是这样一种价值体系，即把金钱放在恰当的位置，放在诸如去做我真正想做的事情的后面。"

1994年是互联网发展史上极为重要的一年，是互联网从科研教育网络转型为商业性网络的关键一年。这一年，提供搜索引擎和Web指南服务的公司迅猛增加，同时社会公众也越来越意识到网络对社会变革的本质性意义，他们纷纷在网络上建立自己的个人网站。可以说，万维网软件的发明为互联网的大规模商业化、大众化、社会化奠定了基础。没有万维网，互联网就不能在短期内成为极具影响力的全球媒体，也不可能取得如今的成就。[2]

因无偿把万维网开放给全世界，蒂姆赢得了世人的尊重。他被评为20世纪最杰出的100位科学家之一，《时代周刊》在介绍他的个人成就时说："很难用语言来形容他的发明在信息全球化的发展中有多大的意义，这就像古印刷术一样，谁又能说得清楚它为全世界带来了怎样的影响。"

今天，人们只需要键入"WWW"，就可以非常便捷地在互联网世界遨游，这一切都要归功于蒂姆。在他波士顿的家中，蒂姆的妻子和两个孩子跟所有人一样，享受着互联网带来的便捷。

2012年7月27日，在伦敦奥运会开幕式上，"万维网之父"蒂姆隆重登场，在全世界的注目下，他在一台老旧的NeXT电脑上敲击着键盘，通过现场大屏幕打出了"This is for everyone"（献给所有人）的字样，"感谢蒂姆"的环节赢得了全场的掌声，也赢得了全世界的喝彩。

---

[1] 杨吉.互联网：一部概念史[M].北京：清华大学出版社，2016：42.
[2] 程洁，张健.网络传播学[M].苏州：苏州大学出版社，2007：50.

（八）智能世界

2016年3月15日，韩国首尔四季酒店，一场不同寻常的围棋比赛正在举行。对弈的一方是14次获得世界冠军，在围棋界赫赫有名的韩国棋手李世石，另一方是由谷歌DeepMind团队开发出的人工智能机器人——阿尔法狗（Alpha Dog）。这场比赛已经进行了5个多小时，李世石由开局时的镇定自若，逐渐变得心烦意乱，失意疲惫，最终技尽途穷，于第180手投棋认输。

更让李世石始料未及的是，这场以他完败告终的比赛所获得的关注度，远远超过了此前任何一次他完胜的赛事。开赛之前，世界各地的媒体早已蜂拥而至。在比赛中，全球的观众，无论是否懂得围棋，都通过直播画面，注视着场上的一举一动，共同见证比赛结果的诞生，人们惊叹阿尔法狗的学习能力与智力水平，同时也对人工智能会控制人类的潜在可能产生恐慌。

阿尔法狗的围棋大胜无疑是一场人工智能最好的启蒙宣传，到2017年，全球高科技巨头无一例外地推出人工智能战略，重金下注人工智能，可以说，人工智能的大热也预示着互联网开始进入"智能世界"。"互联网女皇"玛丽·米克尔（Mary Meeker）发布的《2017年互联网趋势报告》提到了AR、图像识别、语音助手等技术正在改变人们的交流方式，这些技术逐步让人们不再只依赖打字这种信息输入方式。

第二节　网络的媒介特性

一、时空自由

在媒介发展变迁的过程中，媒介跨越时间和空间的能力不断提升。在数字媒介出现之前，媒介总是具有一定的时空偏向。有的媒介偏向时间，能够长久保存却难以在物理空间上远距离传递；有的媒介偏向空间，有着跨越空间的良好性能，但又难以跨越时间，长久留存。网络媒介彻底打破了人类传播所受的时空束缚，使人类的信息传播达到了前所未有的自由状态。

（一）时间特征

传播媒介的时间特征往往强调的是信息在媒介中的存续时长、依次出现的顺序以及间隔时间，即信息存储、信息序列和信息时效，对网络媒介而言同样如此。

就信息的保存而言，网络媒介是集计算机技术、网络技术、通信技术等技术支持为一体的新型传播媒介，不仅能够存储并备份海量信息，而且还能够实现信息在纵向时间里的长久存储。就信息存储而言，网络媒介的存储介质越来越小，信息不仅可以存储到磁盘、U盘、硬盘等介质中，而且可以存储且备份到网络介质中。

在时间序列上，网络媒介的典型特征在于非线性传播。这种特点很大程度上得益于超文本技术的应用———一种按信息之间的关系用超级链接的方法将各种不同空间的文字信息组织在一起，存储、组织、管理和浏览信息的计算机技术。[①] 这种由超文本发展出来的非线性浏览方式，使用户不再需要采用一页页、一行行、一本本的方式，而是以直觉的、联想的方式将信息链接起来。[②] 由此，原有的基于时间序列的传播受到了冲击，信息得以超越时间而存在。

信息传播的时效性在网络时代也发生了巨大变化。网络媒介固有的计算机网络通讯技术、互联技术以及信息工程技术等给大众提供了信息接收或内容生产、分发的平台，因此，不论是大众信息，还是专业领域的细分化信息，甚至是"草根"个性化信息，网络信息传播的时效性都大大增强了。

总体而言，网络媒介在时间方面的特点表现为：基于先进的技术，信息能够长久保存；非线性传播使信息突破了时间的序列限制；低门槛使信息传播内容更广，速度更快，时效性更强。

（二）空间特征

按照伊尼斯的说法，传播媒介的空间偏向是指该媒介轻巧、易于运输，适合知识在空间中的横向传播。信息传播的空间延伸越远且消耗的时间越少，媒介的空间自由度越强。网络正是具有高度空间自由度的媒介。尼葛洛庞帝说："比特没有颜色、尺寸或重量，能以光速传播。"网络媒介中信息的传输以"比特"的形式，通过各种移动终端——手机、平板、笔记本电脑等随时随地进行，从而打破传统媒介在物理空间中的局限，在地理空间中广泛延伸。"信息传递时间的不断缩短，使原来限制人们交流与交往的空间问题在某种程度上可以被忽略，即空间距离相对缩小……网络超越了传统的国家界限，令距离感归于消失。"[③] 除此以外，网络媒介中的信息通过文本、图像、动画、声音等元素杂糅在一起的多媒体表现形式来进行传输，这种形式使信息的并行信道大大拓宽，也使网络媒介的空间偏向大大增强。

网络社会学家曼纽尔·卡斯特（Manuel Castells）提出两个颇有创意的概念——

[①] 毕强，杨达，刘甲学，等.超文本信息组织技术[M].北京：科学技术文献出版社，2004：2.
[②] 毕强，杨达，刘甲学，等.超文本信息组织技术[M].北京：科学技术文献出版社，2004：56.
[③] 董炎.信息文化论——数字化生存状态冷思考[M].北京：北京图书馆出版社，2003：92.

"流动空间"与"无限时间"。"流动空间"是指在电信、交互通信系统和快速交通运输技术等技术支持之下,物流组织通过网络通信在一定距离内同时进行的社会交互活动;"无限时间"是指按照时间密集排列或根据顺序即时排列的社会行为的先后顺序。[1] 可以说,网络媒介这种去地域性与去时间性正是其信息传播时空偏向的写照。

二、全息符号

网络媒介给人类传播带来的变革不仅是空间距离与时间速度上的突破,它还采用文字、图像、声音、影像、音乐等几乎所有的符号形式给人们带来全新的感官体验。可以说,网络媒介形成了人类体外化的声音信息系统与影像信息系统,这种视听符号媒介使人类的信息传播与文化传承的效率和质量产生了新的飞跃,形成了全息传播的状态。网络媒介中的文本与文本之间、电脑与电脑之间、网络与网络之间可以通过"超链接"实现"让任何人在任何地点、任何时间,通过任何设备完成他们想做的任何事情"。"历史上首度将人类沟通的书写、口语和视听模态整合到一个系统里,通过人脑两端,也就是机械与社会脉络之间的崭新互动,将人类心灵的不同向度重新结合起来。"[2]

作为符号系统,互联网的虚拟性与交互性无疑使人类使用符号的智慧在信息社会得到延伸。在当下的互联网语境中,我们不需要以面对面的方式来传递信息符号,网络视频这一丰富的符号集合便能完整地传递人们的内心密码。无论是文本、图片、标识等视觉符号,还是音乐、声音、自然之声等听觉符号都可以通过社交软件、直播平台、网站、邮箱等进行"原始性"分享。这种对现实的反映与信息的无门槛分享使互联网构成了一个以人为中心的符号世界。

"互联网符号王国"从某种意义上来说也是网络中的大众通过象征符号和意义相互作用、相互影响的结果。乔治·赫伯特·米德(George Herbert Mead)认为,自我是"主我"与"客我"的统一,前者是个人的主体意识,后者是从周围观察到的他人对自己的态度、评价和角色期待。[3] 这种社会自我的形成也是符号意义互动与共享的过程,可以说,人类社会交往的本质就是运用符号体系的活动,而互联网文本、图片、语音、视频等多种沟通方式最能体现这种本质。

---

[1] 卡斯特,费尔南德斯,邱林川,等.移动通信与社会变迁:全球视角下的传播变革[M].傅玉辉,何睿,薛辉,译.北京:清华大学出版社,2014:151.
[2] 卡斯特.网络社会的崛起[M].夏铸九,王志弘,等译.北京:社会科学文献出版社,2001:406.
[3] 郭庆光.传播学教程[M].北京:中国人民大学出版社,2011:44.

三、网络的局限

（一）介质局限

互联网在以电脑为介质进行传输时存在着难以规避的载体局限。互联网最初是以电子计算机为介质进行指令传输的，虽然现在的笔记本电脑已经做到体积小巧且携带方便，但世界上第一台电脑却重达 27 吨，占地 167.2 平方米。即使电子计算机一直在进行介质形态的进化与完善，但在互联网成长的很长时间内包括现在，一些国家或地区都是以使用台式电脑为主。网络媒介主要的载体——电脑，存在着固有的缺陷——体积庞大、沉重，携带不便，存储容量小，价格昂贵，无法容纳大容量软件，显示屏尺寸固定，长时间使用会给使用者的眼睛带来不适等。除此之外，电脑的使用也是有条件的——有能力支付相关费用、识字、有电脑操作能力等。

（二）信息失控

互联网是人类的一项伟大创造，为我们打开了信息时代的大门，然而，它的媒介内容却很难为人所控制以确保良性发展。

美国作家尼古拉斯·卡尔（Nicholas Carr）在他的著作《浅薄：互联网如何毒化了我们的大脑》中指出："互联网为我们提供了一个容量大得多的记忆体（存储器），同时也清空了我们的大脑空间，以便执行更有价值甚至'更加人性化的计算任务'。"[①] 可以说，在网络技术不断发展的当下，世界的知识与信息都处于大爆炸状态，网络信息已经侵入人们生活的方方面面，大大超过了人们对信息的处理能力和有效应用的需要，信息严重"超载"。卡尔也做出提醒："人类文明不只是互联网所呈现的全世界信息的总和，也不只是可以简化为二进制代码并上传到互联网的所有内容。人类文明要保持勃勃生机，就必须在所有成员的头脑中重建此观念。"[②]

此外，"第二屏效应"正在入侵每个"网络人"。第二屏效应是指一边看电视直播，一边玩手机或平板电脑，即同时使用多个设备消费媒体内容，长久发展下去可能会对人的大脑系统产生损害。据英国相关机构统计，三分之二的英国青少年会在观看电视节目的同时使用另外一个移动设备。

网络化生活中人类的所有时间碎片几乎已经被整合，人类数万年形成的"一心

---

① 卡尔.浅薄：互联网如何毒化了我们的大脑[M].刘纯毅，译.北京：中信出版社，2010：199.
② 卡尔.浅薄：互联网如何毒化了我们的大脑[M].刘纯毅，译.北京：中信出版社，2010：214.

一意"的思维惯性，正在被"一心多意"和"三心二意"的互联网接收和传播方式取代。

大数据时代，网络给人们提供了更加全面、快捷、有效信息的同时，也使个人信息安全遭到更大的威胁。在网络环境下，每个网民都难以规避在网络上留下信息痕迹，黑客甚至普通网络用户都可以搜集到用户的信息，这极大地削弱了用户对个人信息的控制权。虽然就网络信息安全问题而言，人类已经出台了相关法律法规与保护措施，但网络信息安全仍然是网络媒介不可避免的问题。

不良信息的入侵也成为网络媒介的一大问题，毕竟它还无法在技术上完全实现信息把关与过滤。互联网在发展早期以提供知识型信息为主，但随着快速发展，多元海量信息，包括各种低俗、虚假、赌博、诈骗等不良信息开始涌入这张网，这不仅使青少年的价值观念受到了侵袭与毒害，而且对社会的和谐稳定造成了负面影响。

哈佛大学教授凯斯·R.桑斯坦（Cass R. Sunstein）在他的著作《网络共和国》中指出，网络技术的发达以及网络信息的巨增使用户能够搜索自己感兴趣的信息，甚至能够根据自己的喜好量身定制一份"个人日报"（这种个人定制已经成为算法类资讯平台的商业信息服务），但当个人长期处于自己所建构的信息茧房中，这种信息的同质化与窄化会使个人生活呈现定制化与程序化的特征。可以说，在当下的网络环境中，几乎没有人能逃得了"算法"的控制。

（三）数字鸿沟

1999年，美国国家远程通信和信息管理局发表的报告《在网络中落伍：定义数字鸿沟》指出，人们接触和使用的互联网基础设施、软硬件设备与其经济地位呈正相关；人们使用互联网处理信息的基本知识和技能与其所受的教育密切相关。我国学者也指出："数字鸿沟是一个复杂的、多维度的现象，它既存在于信息设备的技术领域，又存在于信息资源的应用领域；它既存在于多个不同国家、地区之间，又存在于同一社会的不同群体之间。它是伴随互联网和新媒体技术产生的一种社会不平等现象，与社会各类不平等因素相互作用。信息技术接入前和信息资源接收时的社会不平等因素造就了数字鸿沟，数字鸿沟可能会深化社会结构方面的不平等现象。"[①] 可以说，技术带来的数字鸿沟是网络媒介发展中不可避免的现象。

---

① 陈力丹，金灿.论互联网时代的数字鸿沟[J].新闻爱好者，2015（7）：33.

第三节　互联网与数字文明

网络媒介不仅仅是人们生活中的"器物"，它还为我们建构了一个虚拟世界，彻底改变了我们的生存方式、交流形态，使我们成为它的"朋友""伙伴"，甚至使人们演变成"网络人"；它改变了世界格局，改变了人类知识生产和传播的方式，同时也改变了人类对时间和空间的看法以及处理方式；它改变了人类社会形态、生产方式、社会结构、文化特征、人类心理等各个方面。总之，网络媒介对人类文明的变革是全方位的。

一、虚拟世界

新事物的出现总是超越我们的既有经验和逻辑，让智慧的人类对未来作出错误判断。在电话发明时，邮政业发达的英国拒不接受，美国人倒是接受了这一新鲜发明，一个市长在展望未来时说，100年之后，我相信每个城市都会有一部电话。让汽车走进普通人家庭的福特曾说，人们需要五颜六色的汽车，但我们福特只生产黑色的。曾在IT业呼风唤雨的IBM曾说，世界上只需要5台电脑。

互联网开启和创造的一切，早已超出人类的想象。在短短的时间里，互联网已经成长为一个辉煌的"年轻人"。到2018年，互联网在全球范围内拥有40亿"粉丝"，相当于地球总人口数的52%；全球50亿人拥有手机，且超半数是智能型设备；人们每日为这个迷人的"年轻人"投入的时间达6小时，相当于将10亿年的目光投注在它身上。

除此之外，互联网带来的虚拟世界已经挣脱了时间与空间的束缚。在后信息时代，由于工作和生活可以在一个或多个地点，于是"地址"的概念也就有了崭新的涵义。[①]数字化的生活好像"超文本"挣脱了印刷篇幅的限制一般，越来越不需要依赖特定的时间与地点。互联网创造了一个所有人瞬间共在的数字世界，这个上天入海、遍布世界的虚拟网络，已经将人类栖居的地球变为瞬间互联的小小村落。

然而，在网络虚拟世界中畅游的我们也应警惕网络景观的随处入侵。对每个网民而言，网络世界不再仅仅是客观世界的复制，它已经成为一种"第二自然"环境，因为对这一环境的痴迷导致许多网民丧失了自己对本真生活的渴望。

---

① 尼葛洛庞蒂.数字化生存[M].胡泳，范海燕，译.海口：海南出版社，1997：195.

二、社交与孤独

万维网带来的全人类信息共享让所有人为之欢呼,我们用历史的潜望镜回望时发现,这种强烈的情感释放根植于百万年来人类在进化过程中对自由传递信息的永恒追求。

互联网时代的到来使迄今为止最大范围、最快速度、最自由的信息获取方式出现了。互联网几乎让以往的所有交流方式发生了改变。它让244岁的《大英百科全书》停止印刷;它让305岁的报纸广告营收被互联网广告超越;它让固定电话变为移动手机;它让文档存取从文件柜、贴标签变为云存储、多终端;它让信息传递的主体从专业记者、专业媒体变为公民记者、自媒体;它让人与人之间的交往从面对面变为社交网络;它让教育从教室、阅读材料变为网络上的公开课堂;它让知识获得从查阅图书馆的书籍变为随处可得、实时更新、人人都是权威;它让摄影从专用相机、手动传输、冲洗照片变为手机拍摄、随时分享;它让黄页从纸质目录变为有评论、照片、推荐且易于搜索的网站;它让交通从查阅地图、广播路况变为数字地图、实时交通数据;它把过去令人牵挂渴盼的一封信变成每天围绕在周边的E-mail、短信、微信;它把过去成为社区一景的老邮差变成今天满城飞奔的快递员;它把珍藏的唱片变成今天人们可以下载的影音文件;它甚至让支撑它的计算设备朝生夕改,从台式机、笔记本变为平板电脑、智能手机,从键盘、鼠标变为触屏、声控。

自从这个名叫互联网的"孩子"爬上了人类舞台的中心之后,旧有的生活节奏全都改变了。今天这个被发明了,明天那个被发明了,它创造了一个发明创造、更新换代都空前快速的时代,让日历都感到紧张。

如果我们把一天中的24小时作为一个单元,Facebook(脸书)可以产生32亿条评论和3亿张照片;Twitter(推特)可以新增2亿条记录,约50亿个单词,而这个数字比《纽约时报》60年的词语总量还多一倍;YouTube(油管)可以上传7万小时的视频和获得40亿次的浏览量。2015年,互联网上一秒钟传输的视频需要一个人花5年的时间才能看完。

这个虚拟的网络为人类堆出了一座信息、知识、智慧的珠穆朗玛峰,它高不可攀,但我们又必须攀登。

网络在给我们的交往带来巨大便利的同时,也使人们逐渐感到孤独与焦虑。在虚拟社交平台,人们能够控制交流的呈现方式,能够编辑、修改面容、语言、声音,使其达到刚刚好的程度。社交网络能够让人们体验到被关心和陪伴的感觉,同时又能控制这种联系。虚拟社交让用户在不同的社交平台不断切换,联系越来越多,但孤独、焦虑却没有因此减少。人们开始丧失独处的能力，一旦出现独处的情况，人们就会变得更加焦虑、恐慌，然后拿出手机，打开社交媒体，尝试用联系他人的方式排解孤独的恐慌情绪。社会心理学家雪莉·特克尔（Sherry Turkle）2012年在TED演讲中说道："人们通过移动设备把自己牢牢地拴在网络上，从而获得一种自我的新状态。从一开始，它就意味着某种授权：它可以从现实环境中脱离——包括其中的人。"信息技术在给人们带来沟通便利的同时，也使人与人之间的关系弱化，有些人甚至因此丧失了面对面交流的能力。

网络的虚拟环境已经在潜移默化中影响着我们的日常生活：家人在一起，不再谈心，而是各自看电脑或手机；朋友聚餐，不再叙旧，而是拍照或看手机；学生上课时，不再听讲，而在自己的网络世界"活动"；即使是相邻几米的舍友或家人，也要通过手机进行沟通。

英国心理健康基金会的调查显示，在18-34岁的人群中，感到孤独的人所占比例近60%，而这一年龄段的人群正是社交网络的主要使用者。社交媒体开始成为现代年轻人必不可少的"伴侣"，但这个"伴侣"并没有给他们带来归属感与满足感。在社交网络中，每个人都看似相互联系，但又各自生活在自己的"气泡"中。

特克尔认为，在互联网时代，如果我们既要享受信息技术带来的便利，又要摆脱信息技术导致的孤独，就必须找到一个两全其美的好办法：一方面，我们要学会独处，体会独处带给人们的好处；另一方面，朋友、亲人要更多地坐在一起，面对面谈话、讨论。

三、部落化生存

在流淌的人类历史长河中，人类从洞穴丛林中的原始部落，走向日出而作、炊烟袅袅的村庄，走向拥挤繁华、昼夜不息的都市，而当互联网把地球变成一个小小的村落的时候，人类是否又开始像地球村的提出者麦克卢汉所说的那样，重新走向部落化的生存？可以肯定的是，我们再次像蚂蚁、蜜蜂一样聚合在一起，但不再是像大迁徙、大航海、城市的脚手架那样物理聚合而成的群体，而是个性万千、自由分合、自组织、自适应的关系部落。

网络的力量在于它使构建群体的努力变成一件"简单的可笑"的事情。[1]再也不存在商业机构一手垄断图像、艺术、信息、舆论等事项的大规模分发出口的情况了。[2]在

---

① 舍基. 未来是湿的[M]. 胡泳, 沈满琳, 译. 北京：中国人民大学出版社, 2009：译者序6.
② 舍基. 未来是湿的[M]. 胡泳, 沈满琳, 译. 北京：中国人民大学出版社, 2009：译者序13.

大规模业余化时代,具备新能力的群体在形成,他们的工作无须遵循管理规则,克服了限制其有效性的传统怪格。[①] "社会性软件和人人时代"使人与人之间恢复了部落时代才有的"湿乎乎"的关系——充满人情、关注意义、回到现象、重视具体。

在这个部落里,微博上的一条转发,微信上的一个留言,随手拍下的一幅街景,与宏大的社会建构似乎毫无关联,但未来世界就是如此建构起来的。每一个微小的努力和细微的个体都是紧密连接的互联世界的有机组成部分,没有哪一个部分是置身网外的,也没有谁可以充当救世主。信息的公开透明已经逐步让位于信息的流动。流动性成为新时代、新世界的新哲学。一个人所共知、共存、共享的互联网时代已经不可避免地来临,我们每个人都身在其中。

四、网络人

我们的孩子还没有学会语言表达,却试图触摸所有的屏幕,因为男人、女人、富人和穷人都在这样点着。这个人们须臾离不开的强大新事物,不仅让我们平均每天超过6小时以这样的姿势伸展着双臂,而且有了被称为技术性病变的鼠标手。这是一种每100人中就会有5—10人患上的手部综合征,除此以外,互联网给人类的身体带来的姿势性病变还包括键盘腕和屏幕脸。

在曾经熟悉的生活中,每一种表情都与环境互为表里,表情中渗透着环境,环境支配着表情。然而现在,就在身边出现的表情却属于遥远的地方,它们被一个引力强大的远处世界牢牢牵系,被一个名为互联网的庞大新生物重新支配。

我们就这样不知不觉地进入了令人震惊的新时代。

千百万年来,人类一直生活在地球这一唯一的家园之中。然而,当人类进入互联网时代,仍然栖居在地球上的人们都将不得不面临前所未有的困惑:我们将更多地生存在真实的、物理的地球之上,还是会更多地生存在虚拟的、数字的村落之中?

---

① 舍基.未来是湿的[M].胡泳,沈满琳,译.北京:中国人民大学出版社,2009:15.

第十章　手机：移动交互与智慧文明

公元前51年，古罗马政治家兼演说家马库斯·图利乌斯·西塞罗（Marcus Tullius Cicero，公元前106年—公元前43年）在今天土耳其东南部的西里西亚任地区行政官。作为政治生活的中心人物，通过各方信息来掌握罗马的情况对于西塞罗而言尤为重要。

当时，"既没有印刷机，也没有纸张，信息传播靠的是信件和其他文件的交流。"① 人们将信息或文件抄录在莎草纸上，写下自己的评论，然后与别人分享；书籍的流传也是靠一卷卷莎草纸从一个人手中传至另一个人手中；有些可公开的信息会被当众公布或高声朗读，以飨大众。作为政治家的西塞罗做完演讲后也会将演讲词的抄本赠给身边的朋友，这些人阅读后再传给其他人；他如果想知道最新的官方新闻，就得派人将国家新闻公报上的内容抄写下来，再经由几周时间传递到自己手中。西塞罗也常常用获取到的抄本或信息与其他精英阶层知道的信息互换，即使有些是谣言。

今天，西塞罗曾经面对的无比繁复的传播过程通过一个随身携带的小小电子器件就可轻松实现：一部手机跨越了人声与车马、书信与行走，人们可以任意选择文字、语音或是视频来即时传递或获取信息。而且，手机不再只是信息传输的便捷工具，这个被人们玩弄于股掌的物件连接着家人和朋友、工作和生活、生产和消费、经济和政治、文化和娱乐，仿佛人类社会的一切都可以由它一手掌握。手机改变了媒介自身的历史地位，影响着社会的多个层面，渗透于每个普通人的日常生活、思维方式和精神世界中，从而开启了一个全新的智慧文明。

如果西塞罗穿越到现在，一定会对手机及其引发的社会变革大吃一惊，尽管生活在这种变化中的人们对此已经习以为常。

---

① 斯丹迪奇.从莎草纸到互联网：社交媒体2000年[M].林华，译.北京：中信出版社，2015：3.

第一节　手机的发明与普及

一、手机的诞生

1973年4月3日，美国纽约曼哈顿的大街上，一位男子手握一个比砖头还大的"对讲机"，兴高采烈地说了一通话，这一举动引起了过往路人的关注与好奇，但没人能想到这个类似"对讲机"的通信工具，将会迅速地更新迭代，成为改变人类信息接收和传递方式的媒介——手机。这位男子就是美国摩托罗拉公司工程师、被誉为"手机之父"的马丁·库珀（Martin Cooper）。

诞生伊始，手机只是人们用来通话的工具。"手机，原本只是一种人们在移动中进行人际传播的通信工具，又被称为行动电话、移动电话。"[1]但随着手机的迅速迭代，其传播形式已突破了单一的人际传播，成为网络传播、大众传播和人际传播等多种传播形态融合的复合媒介。

手机的迅速发展使其很难从外观形态与特征功能上被定义。有学者将手机媒体定义为：手机媒体是借助手机进行信息传播的工具；随着通信技术、计算机技术的发展与普及，手机成为具有通信功能的迷你型电脑；手机媒体是网络媒体的延伸。手机媒体也只能成为海量信息的网络媒体的新组成部分，否则它将面临信息贫乏的难题。[2]手机的一大特征在于它与其他媒体的不断融合，新技术的不断融入使它可以涵盖广播、电视，甚至电脑的功能。在使用中，手机与平板电脑、笔记本电脑以及其他移动终端的边界变得越来越模糊，且随着技术的进一步发展，这一趋势也更为明显。

如今，手机已不单单是人与人之间信息传递的工具，手机娱乐、移动支付、网购与外卖、网约车以及网上政务的应用，使得手机成为在各种场景中发挥巨大作用的智能终端设备。随着移动通信技术的进一步发展，手机也必将在新的技术条件下孕育出新的功能。

---

[1] 匡文波.手机媒体概论（第二版）[M].北京：中国人民大学出版社，2012：1.
[2] 匡文波.手机媒体概论（第二版）[M].北京：中国人民大学出版社，2012：14.

二、手机的发展

（一）1G时代：移动电话

手机产生之初，尽管与固定电话比较它可随身携带，但此时的手机"体型"硕大，笨重难用。由于市场与基础设施等方面的原因，直到距离库珀发明第一台手机近十年后的1983年，世界上第一款面向市场的便携式手机才姗姗来迟，这款由摩托罗拉推出的DynaTAC8000X重794克，长33厘米，体型较大的同时，也缺乏经济性与实用性，当时它的标价为3,995美元，但最长通话时间只有一个小时。也正由于这一时期的手机笨重厚实，中国人习惯称它为"大哥大"。"大哥大"本是粤港人称呼帮会头目的谐语，由于这些"大哥大"常手持移动电话在屏幕上出现，所以人们便把"移动电话"称为"大哥大"。

"大哥大"在中国的出现，意味着中国开始步入移动通信时代。1987年，广东率先开通移动电话局，成为中国大陆第一个使用手机的地区。初期的移动电话，就是厚实笨重的"大哥大"，由于其价格不菲，很少有人能买得起。这种价格高昂的"大哥大"的功能十分单一，几乎只能用来打电话，且受制于硬件技术与电信设施的建设情况，通话质量常常不够清晰稳定，显然还不是普通人能够触及的通信工具。不过有意思的是，价格昂贵、功能单一、使用不便的"大哥大"，在市场上却十分紧俏，由于供应较少，难以买到，物以稀为贵，它成了备受瞩目的奢侈品。

（二）2G时代：多媒体终端

实现移动通话之后，手机逐渐成为集短信、游戏、音乐、照相等多种功能于一体的融合终端。这一切都离不开数字蜂窝移动通信系统的发展与使用。GSM是由欧洲电信联盟开发出的一种数字蜂窝移动通信系统，它具备对频谱的利用率高、容量大、信号好、可漫游等特点，还有业务种类多、易于加密、抗干扰能力强等优点。1991年，GSM系统正式投入使用，这标志着移动通信由模拟信号的1G时代进入数字通信的2G时代。①

进入2G时代的手机迎来了全方位的发展，不仅外观得到了显著改善，而且功能进一步拓展。手机的形式开始突破传统的"大哥大"，向着多样化的方向发展。除了摩托罗拉，更多手机研发生产公司异军突起，生产出一批这一时期有代表性的手机。

---

① 姚丁杨. 手机诞生40年[J]. 新湘评论，2013（14）：57-59.

2G时代手机的发展首先体现在外形的改变上。基于集成电路板技术的革新,手机渐渐摆脱厚实笨重的外观,向着小型化、轻薄化的方向发展,样式也不断翻新。1996年,摩托罗拉公司推出第一款翻盖手机——StarTAC,其小巧的外形与翻盖的样式,大大改变了人们对传统手机的印象;1998年,诺基亚公司推出第一款具有里程碑意义的无天线手机——8810;1999年,西门子公司推出第一款滑盖手机——SL1088。除了外形的轻巧化与形式的多样化,彩屏手机和触屏手机在20世纪末也相继出现,加上手机生产商增多、手机产量提升以及手机成本下降,手机的价格逐渐进入大众可以接受的范围,越来越多的人开始使用手机。

同时,2G手机的功能也较"大哥大"时代大为拓展。1992年12月,世界上第一条短消息通过英国沃达丰公司的GSM网络,从一台电脑传递到一部诺基亚手机上,开启了人类使用手机短信进行交流的时代。1994年后,短信功能开始商用,日益发展成为手机最重要的功能之一。21世纪后,这一功能在中国手机用户中发展迅速。据中国移动提供的数据,2000年,中国移动的短信量为10亿条;2001年,中国移动的短信量是159亿条;2002年,中国移动的短信量超过750亿条。[1] 短信的使用让手机突破了只能传递声音信号的束缚,使文字成为手机传播信息的重要载体。

继短信功能诞生后,游戏、上网、音乐与拍照等功能也相继出现。1997年,诺基亚公司推出了第一款内置游戏的手机——6110,尽管游戏内容简单、数量有限,但它迈出了手机娱乐化的第一步。两年后,诺基亚公司又推出了一款配备WAP浏览器的上网手机,实现了手机与互联网的直接对接。[2] 除了游戏与上网,音乐、拍照等后来十分受用户欢迎的功能在2G时代也开始融入手机。2000年,韩国的三星公司生产了世界上第一部可以播放mp3的手机。2000年,日本J-Phone推出了世界上第一部照相手机,尽管这款手机的摄像头只有11万像素且无法变焦、没有闪光灯,但它使拍照功能成为手机发展的新方向。

当手机开始融合多种媒介形式时,设备间的连接与数据的交换就显得十分重要。2001年,爱立信发布的T39mc成为第一款支持蓝牙传输功能的手机。在此之前,人们熟悉的连接方式只有红外线和数据线,数据传输受到较大限制。蓝牙的诞生使数据传输变得更加高效便捷,同时也为无线通信拓宽了道路。至此,手机与传统媒体不断融合,成为一种可移动、随身携带的多媒体终端。

---

[1] 匡文波.论手机媒体[J].国际新闻界,2003(3):55-59.
[2] 姚丁杨.手机诞生40年[J].新湘评论,2013(14):57-59.

（三）3G、4G 时代：智能媒体

3G（3rd-generation）是第三代移动通信技术的简称，是指支持高速数据传输的蜂窝移动通信技术。3G 服务能够同时传送声音（通话）及数据信息（电子邮件、即时通信等），其特征是提供高速数据业务。2001 年，日本运营商 NTT DoCoMo 开通 3G 服务，成为世界上第一个开展 3G 业务的运营商。2004 年起，欧洲各主要国家也相继开通了 3G 服务。2009 年是中国 3G 商用元年。

2013 年 12 月 4 日，工信部向中国联通、中国移动和中国电信三家电信运营商发放了第四代移动通信业务牌照，中国由此迈入 4G 时代。4G（4th-generation）即第四代移动通信技术，按照国际电信联盟（ITU）的定义，4G 技术需满足静态传输速率达到 1Gbps，用户在高速移动状态下传输速率可以达到 100Mbps。相较于 3G，4G 的传输速率更高，有人生动地将 3G 的网速比作"高速公路"，将 4G 的网速比作"磁悬浮"。

伴随着更快的数据传输速度，手机功能也有了巨大的进步。由于网速的提升，手机成为人们上网的重要媒介，通话与短信在手机功能使用中所占的比重开始下降，网上购物、影视娱乐、视频电话等开始成为手机的重要功能。同时，传输速率的提升使图片、声音以及视频内容的传递更为快速便捷，手机的传播内容不再只限于语音和文字。到了 4G 时代，更快的网速使手机视频迅速发展，短视频、直播等功能不断兴起，AR 等新的视觉形式也在手机程序与游戏中得到了应用。

这一时期，诺基亚、摩托罗拉等在 1G、2G 时代引领手机发展方向的品牌逐渐失去了优势地位，智能手机品牌不断涌现。苹果手机（iPhone）的上市是手机智能化的标志性事件。iPhone 是一款结合照相机、个人数码助理、媒体播放器以及无线通信设备的智能手机。2007 年，苹果触摸屏手机上市，让一直用按键操作的手机世界焕然一新。2008 年，苹果发售了第二代智能手机 iPhone3G，这部支持 3G 服务的手机一经推出即受到关注，发售首周销量突破 100 万。2010 年推出的 iPhone4 更是成为苹果手机发展史上有里程碑意义的产品，外观上，金属边框加上极具设计感的前后玻璃令人眼前一亮；性能上，被称为"视网膜屏幕"的高分辨率显示屏，前置摄像头与闪光灯的加入以及 500 万像素的后置摄像头、主动降噪麦克风都是当时具有突破性的新特征。同时，iPhone 是世界上第一台使用电容屏的智能手机，它的多点触摸技术使拨打电话、程序转换等操作"触屏可及"。另外，iPhone 手机内部的重力感应器、内置光感器等使手机具备了前所未有的功能。[①] 除了硬件上的创新，苹果公司还实现了手机的智能化个性服务，使手机逐渐成为人们生活中的智慧平台，其应用商店为软件开发者和用户提

[①] 姚丁杨. 手机诞生 40 年[J]. 新湘评论，2013（14）：57-59.

供了广阔的创新空间，苹果公司 CEO 史蒂夫·乔布斯（Steve Jobs，1955—2011）称："Apple 在 2008 年第三季度售出 690 万部 iPhone 手机，开通仅 102 天的 Apple Store 软件付费下载总量已超过 2 亿次，拥有 5,500 种应用程序，在 62 个国家销售。"[1]

这一时期，我国的国产手机品牌也进入快速发展的阶段。华为、小米以及 vivo、OPPO 等国产手机品牌开始加入日益白热化的智能手机市场竞争，不仅在国内取得了不错的成绩，还远销海外。除了手机设备，我国在通信技术领域不断取得突破，开始打破西方国家的技术垄断。

在 3G、4G 时代，手机完成了从移动电话到智能媒体的转变。随着手机的普及，人们的信息接收与传递方式，甚至整个生活和认知方式都发生了变化。这一时期，手机媒体获得了更快的数据传输速度，也拥有了更强大的融合能力，这使得用户能够便捷地接收和发送图像、音乐、视频等多种内容。在此基础上，手机媒体"社交化"功能不断增强，手机成为人们生活中必不可少的"伴侣"。

（四）5G 时代：新的可能

从手机作为移动电话诞生至今，不到半个世纪的时间里，其发展与普及速度令人惊叹。中国互联网络信息中心 2024 年 3 月发布的《第 53 次中国互联网络发展状况统计报告》显示，截至 2023 年 12 月，我国手机网民规模达 10.92 亿，我国网民使用手机上网的比例达到 99.1%。手机为更多的人提供了接入互联网的机会，也通过连接更多的人推动整个社会进入移动互联时代。

手机的迅速发展离不开移动通信技术的进步，从 20 世纪 80 年代的 1G 到如今，移动通信技术经历了快速的迭代发展。1G 时代，中国的移动通信技术几乎是空白的；2G、3G 时代，中国的移动通信技术开始发展并不断进步与突破；到了 5G 时代，在国家对 5G 相关技术研发的大力投入、对 5G 产业的加速布局的背景之下，中国已经成为 5G 的领先者。中国企业华为不仅生产 5G 智能终端设备，而且是全球领先的 5G 基础设施提供商。2019 年 6 月 6 日，工信部正式向中国移动、中国联通、中国电信和中国广电发放 5G 商用牌照，这标志着中国开始进入 5G 时代。

5G 时代的序幕已经拉开，更快的数据传输速度与更高的技术水平为手机的发展创造了更多可能。手机的形态将迎来巨大变革，如今华为等一些手机制造商已经开始打破传统手机样态，使用可以折叠弯曲的柔性屏幕生产手机，解决了长久以来人们对大屏幕的视觉偏好与手机便携性之间的矛盾。当屏幕可以进行折叠从而自由改变形状与大小时，以外形限定的手机定义将不复存在。手机功能日益完备，手机、平板、电脑

---

[1] 包冉，白羽，韩彪. 新媒体——从被时代到我世代[M]. 北京：中国传媒大学出版社，2010：246.

等终端之间的界限将更为模糊。5G 的发展也为物联网、智能家居与建筑、智慧城市等业态的发展提供了基础技术架构,在广泛交互、万物互联的智慧网络中,手机也将发挥更大的作用。同时,人工智能、VR、AR 等技术的应用为手机功能和内容的进一步拓展提供了可能,就像图文内容在 3G 时代的爆发式增长,短视频、直播等视频内容在 4G 时代的流行,5G 时代的手机也将迎来全新的内容与功能。

第二节 手机的媒介特性

"手机满足了人的需要……这个需要与人类的历史一样古老——这就是走路说话的需要,交流和移动的需要;这个需要使人有别于其他的动物。"在莱文森看来,说话和走路将人类与其他物种区别开来,而自从媒介诞生以来,这两个功能就开始分割,直到手机横空出世。① 手机不仅可以突破空间的限制,实现远距离的交流,还可以随身携带,让人们在移动的过程中随时随地进行信息的传递。

作为人们最经常接触的媒介之一,手机也深刻影响了人们获取、认知与表达信息的方式。2G 时代,手机短信的盛行使文字开始挤占语音通话在手机传播中的主导地位。文字在短信交流中的使用还进一步影响了人们运用语言的方式。卡斯特指出,短信通过其在无线通信领域的广泛使用使语言发生变化,从演进的观点来看,我们可以找到由于采用新技术对包括使用者语言实践活动中的词汇和语法规则等方面在内的语言产生影响的新例证。这些实践活动最终将会影响共同语言和语言本身。②

当然,尽管手机在今日已成为许多人必不可少的媒介,甚至产生了手机依赖,但它也存在着诸多局限,既包括手机媒体自身的不足,也包括手机的使用对人与社会环境产生的负面影响。

一、新型时空的形成

手机以其便携性、强大的储存功能以及几乎无处不在的移动互联网,进一步解放了每次具体的传播所受的时空限制,使人类获得了更大的传播自由度。如莱文森所言:"互联网使马歇尔·麦克卢汉的地球村成为一个互动频繁的社会;手机使地球村的村民

---

① 莱文森.手机:挡不住的呼唤[M].何道宽,译.北京:中国人民大学出版社,2004:5.
② 卡斯特,费尔南德斯,邱林川,等.移动通信与社会变迁:全球视角下的传播变革[M].傅玉辉,何睿,薛辉,译.北京:清华大学出版社,2014:157.

离开固定的座位，站起来周游世界了。"①

手机让随时随地的传播成为可能。一方面，手机媒体突破了时间的限制，"随时"的传播得以实现。手机体积较小，容易携带，加上移动互联网几乎无所不在的广泛覆盖，使得"移动性"成为手机媒体不同于其他媒体的显著特征。人们可以在任何时候使用手机进行沟通和交流，线上线下的关系越来越紧密，边界越来越模糊，不仅工作、学习和与人交流可以在线上完成，日常生活中的衣食住行也越来越依靠线上平台，手机让所有人仿佛永远在线、时刻被连接。另一方面，手机媒体也突破了空间限制，这种"随地"的传播不仅突破了远距离、大范围的空间限制，还使每个传播主体"在地"的具体情境可以清晰地传播和共享，"场景"因而成为这个时代的重要传播要素，对传播过程和结果产生了不同于以往的直接影响。"移动传播的本质是基于场景的服务，即对场景（情境）的感知及信息（服务）适配。换句话说，移动互联网时代争夺的是场景。"②

手机在传播过程中形成的新的时空特点使媒介的变迁开始出现又一次迭代过程，人类传播开始进入"第三媒介时代"。在马克·波斯特（Mark Poster）看来："第一电子媒介时代的最大局限是，图像只能通过电波或同轴电缆从少数发送中心传输给大批接收者。"③网络与计算机、电话的结合促成了一种集制作者、销售者、消费者于一体的系统，这一系统带来了第二电子媒介时代。不同于以单向的大众传播为主要传播形式的第一媒介，第二媒介呈现双向互动的特征。如今，以智能手机为代表的移动终端与泛在网络的结合创造了新的传播生态，有学者称之为"第三媒介时代"④。在这次新的媒介迭代过程中，"手机媒体的诞生真正实现了人和媒体在时空中的无缝连接，让人拥有控制媒体的能力。"⑤

对于用户而言，手机在使用过程中模糊了传统的时间结构和空间环境，打破了真实时空与虚拟时空之间的壁垒，使人类的生存仿佛进入一种新型的时空，获得了一种全然不同的时空体验。在这种新型时空中，空间随着手机和人的移动而时刻变化，成为一种流动空间；时间则由于可以永远在线，显示出一种无限不间断的特征。正如卡斯特所指出的，这是由通信流及其基础设施所营造的一种新型的时空构造。这种基础设施依靠以地点为基础的节点和网络而存在，因此可以说，流动的空间成就了无限的时间，而你所处的位置则决定了你超越时间和空间的能力。无线通信的空间结构决定

---

① 莱文森.手机：挡不住的呼唤[M].何道宽，译.北京：中国人民大学出版社，2004：2.
② 彭兰.场景：移动时代媒体的新要素[J].新闻记者，2015（3）：20-27.
③ 波斯特.第二媒介时代[M].范静哗，译.南京：南京大学出版社，2000：35.
④ 李沁，熊澄宇.沉浸传播与"第三媒介时代"[J].新闻与传播研究，2013（2）：34-43.
⑤ 匡文波.颠覆传媒 手机：新时代的电脑和器官[M].北京：华夏出版社，2013：25.

了人们的能力和我们所接入的当今时代新的、主流的空间构造的功能。越来越多的信息系统和数据库能够通过移动设备实现接入和互动，越来越多的对于流动空间的接入则成为社会组织所具有的决定性特征。①

同时，新的时空也催生出新的文化，流动空间与无限时间是新文化的物质基础，超越并包纳了历史传递之再现系统的多种状态：这个文化便是真实虚拟之文化。②这种新型时空的形成使人们对手机更加依赖，人们每天早上醒来之后的第一件事是迫不及待地打开手机，每天晚上睡觉之前的最后一件事情是恋恋不舍地关闭手机，甚至很多人睡觉都不舍得关机，仿佛手机一关就失去了与整个世界的联系。手机成了人们在这个新的时空中获得存在感的重要中介物，这种由手机赋予"媒介"这个概念的全新含义，可能是手机的发明创造者们始料未及的。

二、视听平衡的媒介

人们使用媒介、接收信息总是依赖特定的感官通道。麦克卢汉将媒介与不同的人类感官联系起来，提出"媒介即人的延伸"，他认为不同的媒介有着不同的感官偏向，在延伸特定感官的同时，也会"截除"其他感官。他指出："任何发明或技术都是人体的延伸或自我截除。这样一种延伸还要求其他的器官和其他的延伸产生新的比率、谋求新的平衡。"③莱文森发展了麦克卢汉的观点来支持自己媒介进化的"人性化趋势"理论，他认为："原始延伸通过延伸一种或两种而非全部的知觉器官从而改变知觉平衡，之后出现的技术倾向于把知觉范围延伸得更广泛，以此来修复丢失的平衡。"④在媒介技术相对落后的时代，新的媒介呈现对某一特定感官的延伸，如印刷术之于眼睛和视觉，电话之于耳朵和听觉。随着媒介技术的发展，人们会通过平衡媒介的感官偏向来弥补被"截除"的感知通道，从而尽可能达到感官平衡。

手机发明的初衷主要是为了弥补固定电话无法移动的缺憾。在手机发明初期，传输听觉符号也一直是其主要功能。即使到了智能手机时代，除了手机通话，手机音乐、手机录音、手机广播、语音聊天等听觉符号的大量传输仍然是手机的常用功能。以手机广播来说，手机作为贴身媒体将广播伴随性收听的优势发挥到极致，它弥补了传统广播线性传播的不足，打破了时间和地域的限制，让广播在移动网络上得以延伸。在

---

① 卡斯特，费尔南德斯，邱林川，等.移动通信与社会变迁：全球视角下的传播变革[M].傅玉辉，何睿，薛辉，译.北京：清华大学出版社，2014：151.
② 卡斯特.网络社会的崛起[M].夏铸九，王志弘，等译.北京：社会科学文献出版社，2001：465.
③ 麦克卢汉.理解媒介：论人的延伸[M].何道宽，译.南京：译林出版社，2011：61.
④ 莱文森.人类历程回放：媒介进化论[M].邬建中，译.重庆：西南师范大学出版社，2016：31.

视频快速发展的当下，听觉信息以其伴随性的优势占有重要地位，人们在车里、在整理房间时、在跑步运动中、在闭目静思时，手机里丰富的声音内容让人们可以随时获得理想的听觉场景。同时，在视频内容的传播中，声音也占据着重要地位，是人们理解画面内容必不可少的信息通道。

随着处理能力和传输速率的提升，手机报、手机网页浏览器、社交软件文字以及图像传输等诉诸视觉的移动传播方式不断更新，手机媒介的视觉功能不断拓展延伸。手机报最初的形态就是手机加报纸，是数字移动通信的传送技术与传统报业内容生产技术的嫁接。随着智能手机的出现，手机功能日益多样化，短信、彩信、微信、新闻应用等传播信息的手段不断增多。移动互联网的发展为手机提供了更丰富、快速的信息获取方式，传统媒体纷纷通过手机应用与网络平台实现转型，也为手机带来了丰富的图文视频内容。除此之外，用户还可以通过手机网页查询信息，浏览新闻，阅读小说；通过社交软件进行文本传送、图片共享等，这些内容样式都不断丰富手机媒介的视觉功能。进入4G时代以来，短视频与直播等新的视觉形式进一步加强了手机媒体的视听功能。

手机不仅在听觉与视觉的传播中逐渐获得了感官平衡，还因其强烈的现场感、接触感、逼真性扩展了人类的其他感觉。现在许多智能手机已经能够制作出逼真的3D人物，并与手机用户实现对话交流，使用户的沉浸感不断增强，用户甚至可以将手机中的"人物"视为自己的朋友。随着VR、AR、MR、元宇宙等技术的发展，真实世界与虚拟环境的界限进一步模糊，人类感觉正在向新的空间拓展。此外，在触屏实现实物触摸感觉的基础上，如今通过人工智能等实现的语音控制与指令识别还在进一步丰富人与手机的交互方式，无论是对手机各项功能的"调遣"，还是通过声音、手势、表情等对用户进行识别，人机交互的感觉通道还将不断拓宽。

三、手机的局限

（一）手机的介质局限

尽管手机给人们带来了极大的便利，成为当下最重要的媒介之一，但它在发展的各个时期都存在局限。这些局限影响着人们的使用体验，也成为手机进一步发展改进的动力，它们使手机变得越来越小巧便携、功能越来越强大。

首先是屏幕大小与便携度的矛盾。当手机的影视娱乐功能日益强大时，人们对大屏幕的需求就愈发强烈，不少手机厂商推出了大屏手机，但在折叠屏普遍使用之前，大屏意味着便携度的降低，手机的携带、接打电话等都变得更为困难。

其次是使用时长与电池容量有限的矛盾。智能手机由于功能更为强大多样、数据传输量更大，所消耗的电量也随之增加。超长续航、超长待机成为手机的卖点，无线充电、快充等充电方式的创新也在一定程度上方便了手机续航。不过，在革命性的技术出现之前，电池容量的增加往往意味着重量的增加，这显然是用户不愿意接受的。

最后，手机作为存储和传递信息的工具，在信息的安全性上也面临巨大挑战。移动支付等应用在当下日益普及，手机安全对信息与财产安全的影响变得更为直接。然而，随着手机数据传输功能的实现，手机病毒也出现了。手机病毒是指以手机为感染对象，以移动通信网络和计算机网络为平台，通过病毒短信等形式，对手机进行攻击，从而造成手机异常的一种新型病毒。[①] 在进入5G时代以后，移动互联网迅速扩容、数据传输方式更加多样便捷，如何更好地解决手机面临的信息安全问题已成为当代社会治理的重要课题。

手机的发展过程正是一个在弥补技术缺憾中不断升级迭代的过程。如今，柔性屏幕的开发正推动手机形态的全面变革，新的电池材料也在不断探索和试验中，相信未来手机的形态与性能都会迎来突破。同时，随着人们信息安全意识的加强、技术的进步以及相关法律法规的完善，手机信息安全等级也将不断提升。

（二）手机的负面影响

随着功能的日益强大，手机让人们在社会交往与日常生活中享受着越来越多便利的同时，也在不知不觉中加强了对用户的控制。莱文森认为，手机也被译为"cell phone"，cell一词有细胞、蜂窝和牢房三个意思。手机也有类似的特征：一方面，手机像有机体的细胞一样可以移动，无论走到哪里，它都能生成新的社会、新的可能、新的关系。但同时，"牢房"一词从另一个角度描绘了手机的功能，它使我们身处无处藏身、随时待命的囚笼。[②] 当空间不再是交往的障碍，"在线"就成为一种社会运行和生活展开的常态。人们时刻处于某个网络群体之中，通过手机与同事或家人交流，与熟人或陌生人互动，这一方面使人们的交流欲望得到极大满足，另一方面，无论何时何地仿佛都可以永远在线的人们，有时也面临着一种线上越是热络、线下更觉冷清的情况，他们会产生任何时候都感觉"孤身一人"的"群体性孤独"。

手机让人们的交流和生活变得越来越自由，但人们对手机的依赖却正在形成新的束缚。手机的广泛使用进一步加强了网络对人的束缚，在特克尔看来："网络的虚拟生活为个人提供了足够的空间，同时也让青少年难以从新的群体需求中逃脱。"[③] 人们

---

① 匡文波.手机媒体概论（第二版）[M].北京：中国人民大学出版社，2012：222-223.
② 莱文森.手机：挡不住的呼唤[M].何道宽，译.北京：中国人民大学出版社，2004：1.
③ 特克尔.群体性孤独[M].周奎，刘菁荆，译.杭州：浙江人民出版社，2014：187.

在期待他人随时在线的同时，自我也开始受到这种契约的束缚，这一时刻"在线"的要求如影随形，无时无刻不在发挥作用。实时连接的技术给人们提供了逃离现实的可能，交流不再意味着真正在场。通过手机与网络实现的交流也模糊了真实与虚假的边界，人们创造出用来自我表达的虚拟自我。逃避现实、自我沉溺与网络世界的社交规则，则使人们面对现实时更加手足无措。正如艾瑞克·弗洛姆（Erich Fromm，1900—1980）所说："我们没有真正认识到，虽然人除掉了自由的旧敌，但性质不同的新敌又出现了。"①

除了对人类心理和社会关系产生一些负面影响，手机也会对生态和生活环境造成一些污染，废弃的手机电子元件、无处不在的手机噪声，都是使用手机的人类必须应对的难题。无论私人空间还是公共场所，随时随地都会响起铃声，在公共场合大声播放音乐、无视他人高声接打电话，已经成为社会治理难题。

第三节 随身携带的智慧文明

一、手机与媒介生态

（一）媒介形态的改变

在人类媒介的发展史上，媒介形态的重要变迁总与新技术相伴而行。15世纪中期，德国人古登堡发明了金属活字印刷术，从此开启了西方的印刷时代。随着印刷术普及带来印刷成本的下降，作为第一种大众媒介的报纸应运而生。此后，电子技术的发明与发展让广播、电视走入千家万户，深刻地改变了媒介的生态格局和人们的生活方式。

1969年，美国出于军事目的组建的阿帕网投入使用，这一建立在"包交换理论"基础之上的分布式网络在不断的技术更新中迅速扩容成为连接全球的互联网。30年后，随着普通人的接入，互联网用户出现爆发式增长，很快就扩张成为今日几乎无处不在的庞大的全球化网络。2019年，这一技术力量已将全球一半以上的人联系在一起。与印刷术、电子技术一样，互联网技术塑造了新的媒介形态。个人电脑等互联网终端走入千家万户，一种迥异于传统大众传播媒介的网络化媒介发展起来。互联网突破了传

---

① 弗罗姆. 逃避自由[M]. 刘林海，译. 北京：国际文化出版公司，2002：76.

统大众媒介的单向性、地域化限制与体量限制，有着更强的互动性、更广的传播范围与近乎无限的信息容量。

随着移动通信与互联网技术的结合，网络空间进一步扩展。PC 时代，人们通过个人电脑获取信息、浏览网页，通过电子邮件和即时通信软件与他人交流。如今，移动互联网技术使随时随地接收和传输大量的信息成为可能，网络已无处不在。手机媒介正在塑造全新的媒介生态。在时空层面，手机超越了以往的所有媒介，实现了极大程度的时空自由；在传播范式层面，手机所形成的移动传播正在颠覆既有的传播格局，"网络媒体和手机媒体作为文化生产的传播载体，在很多方面解构了既定的秩序，颠覆了既定的话语，传统媒体的传播范式已经开始出现危机。"①

（二）媒介内容的迭代

在数字技术催生的全新媒介平台上，新的多样化的媒介内容不断产生。印刷时代，文字是媒介内容呈现的主要形式；电子时代，广播使口语传播无远弗届，电视更让视听形象进入几乎每个家庭。手机的出现使以往壁垒森严的媒介功能不断融合，文字、图片、声音、动画、视频以及交互网页等各种内容形式，可以在无限广阔的移动网络空间中自由传递，传统媒介的内容边界在数字化交互平台上逐渐消失。

在手机平台上，传统的媒介内容在融合的过程中被改造和重塑，新的传播样式也在聚合和裂变的过程中不断衍生迭代。手机媒体平台上信息获取过程的碎片化特征，促使短视频迅速走红，这种以较短时长呈现创意内容的视频形式，已大量占据网民碎片化的媒介消费时间，传统的视听传播已经被新媒体平台重塑为全新的样貌。另外，移动互联网使人们时时处于"在线"状态，日常化、实时化交流的需求催生了视频直播的火爆。传统媒体时代用于突发新闻、体育赛事、综艺活动的直播，已经从一种追求轰动传播效应的大体量、高规格的内容形态转为个性化、多样化的草根直播。

新技术正在催生更多样态的全新内容。随着 VR 技术的发展与用户数量的提升，VR 影像、VR 新闻、VR 游戏等多种形式的 VR 产品开始走入大众生活，使人通过感官体验"在场感"。沉浸式的传播开始成为人们越来越熟悉的传播体验，这种体验现在通过手机和外接设备已经可以轻松实现。不同于 VR 技术对虚拟环境的创建，AR 技术将真实世界与虚拟世界集成在一起，在当前手机媒体上已经发展出更为广泛的应用。2016 年，AR 游戏 Pokémon Go 推出后广受欢迎，街头巷尾随处可见"捉精灵"的人们。这款游戏基于谷歌地图与定位技术，用手机摄像头呈现的现实场景融合了虚拟的"精灵"，让现实中并不存在的"精灵"能够根据手机屏幕上的真实场景显示并自然地

---

① 孙慧英. 手机媒体与社会文化[M]. 北京：世界图书出版公司，2016：38.

呈现。

除了游戏，AR技术在手机上还有更多与现实生活关联紧密的应用。2017年春节期间，腾讯推出"LBS+AR天降红包"，将地图、定位技术与红包相结合。QQ用户进入地图后，可在设定地点发放现金红包，好友在到达红包设定地点的一定范围内时，"财神QQ"就会在实景中出现，将现金塞入3个红包中让用户进行抽取。支付宝的扫"福"字集福卡活动也使用了AR技术，用户使用手机扫描现实场景中的"福"字，便可得到虚拟的"福卡"。AR与创新玩法的结合，掀起了新一轮的"抢红包"风潮。同时，越来越多的室内设计、造型设计以及购物网站等都开始利用AR技术更直观地向用户展示。

在手机移动传播催生的新的媒介形态中，传播内容的形态和样式不断翻新，内容生产方式也开始推陈出新。去中心化的网络为每个普通用户提供了自由创作的新天地，大量的用户生产内容开始成为网络内容的主体，其数量甚至开始超过专业生产内容。一方面，草根生产的大量内容极大活跃了网络的信息空间，改变了舆论形成的既有方式和格局；另一方面，这些内容良莠不齐、真假难辨，用户甄别与选择的难度空前提升。同时，网络谣言频发、网络暴力频现，劣质和有害的内容带来的负面社会影响也成为人们不得不正视的问题。

（三）传媒业态的重塑

手机媒体不仅改变了媒介的形态与内容，也在很大程度上重塑着传媒的整体业态。近年来，越来越多的传统媒体遭遇停刊或停播，或在市场压力下寻求新媒体转型。新媒介技术在使传统媒体饱受冲击的同时，也赋予其涅槃重生的可能性，媒体融合发展为传统媒体提供了转型之路。转型初期，"两微一端"成为传统媒体转型普遍采用的发展模式，通过微博、微信平台以及移动客户端发布新闻资讯内容，利用推送与社交媒体的分享特性提升阅读量，扩大影响力，在保持内容优势的同时，更新拓展平台渠道。随着媒体融合的不断深入，智慧化平台、个性化内容进一步成为媒体发展的方向。

手机媒体还改变了新闻报道的形式。在传统新闻的文字与图像报道之外，短视频、H5、直播，甚至VR、AR都成为常见的新闻表现形式。手机如今已经成为新闻报道中的重要设备，新闻记者在采访报道中使用多信道直播云台，通过手机、相机等多种设备同步拍摄的情况已很常见。集各种设备于一体的直播云台使得一名记者即可完成视频、全景、VR等内容的同步直播与录制。2017年亮相两会报道的"钢铁侠多信道直播云台"首次实现了裸眼与VR直播被应用于全国两会的新闻报道。新闻报道者转而成为被报道的对象，长期以来，靠着摄像机、话筒甚至一支笔走天下的新闻记者，在技术的驱使下投入了各式新技术设备的怀抱。

手机媒体时代,"人人都是记者"已成常态。很多新闻都出自手机媒体用户之手,在事件现场,手机媒体可实现图像视频的拍摄,文字内容的即时上传与分享。这使得"以前专属媒体从业人员的种种工作被广泛地业余化了"①。

在媒体融合向纵深发展的当下,媒介技术迅速更新,传播环境日益复杂,媒体与社会融合程度不断加深。媒体的融合发展逐渐打破原有媒体的传播边界,重塑着媒介生态,这一进程的影响是巨大而复杂的。媒体的深度融合将不仅仅是新旧媒体的融合,而是媒体渗入社会的方方面面,进一步加深社会的信息化程度。随着5G时代的到来、物联网的兴起,手机作为智慧生活终端和数据化社会枢纽,不仅将进一步改变媒介的形态和生态,还将进一步改变社会的结构和层级。

二、手机与社会变迁

(一)社会资源的整合

手机的使用带来了社会资源的重新整合与有效利用。由于信息生产和传播过程越来越便捷,越来越多的普通人参与到由新技术连接起来的庞大社会网络之中,形成更为丰富的社会连接和社交关系,也形成新的社会时间资源和结构。人们的交往与连接方式或许不完全取决于新技术,但离不开新技术的驱动。克莱·舍基(Clay Shirky)肯定了技术赋予人们新的机遇,"并不是我们的工具塑造了我们的行为,但是工具赋予了我们行为发生的可能。"而在这可能性背后,是崛起的互联网群体的力量。生产力的发展和教育的普及,使得整个社会存在着大量受教育公民的自由时间,随着互联网,尤其是移动互联网的发展,这些自由时间被进一步有效利用,成为可被获取的资源。

技术促成了连接,而连接使"认知盈余"成为可利用的资源。"正是因为具备了大范围在线互动的条件,由各种各样的人组成的社会网络才出现了。这样的网络在过去是不可能存在的。"② 于是,获取与分享信息变得前所未有的便利,由非专业人员创造的信息与知识空前丰富。在 PC 时代,人们通过互联网参与维基百科、百度百科等网络百科全书的编写,在 Quora、知乎等问答网站帮助他人解疑答惑的同时,也为自己的疑问寻求解答。除了分享知识,人们还在马蜂窝上分享自己的旅游心得,在大众点评写下美食评论,在豆瓣网分享影评与书评,甚至通过线上组织进行线下活动。移动互联网

---

① 舍基. 人人时代——无组织的组织力量[M]. 胡泳,沈满琳,译. 北京:中国人民大学出版社,2015:98.
② 克里斯塔基斯,富勒. 大连接:社会网络是如何形成的以及对人类现实行为的影响[M]. 简学,译. 北京:中国人民大学出版社,2013:300.

的发展进一步拓展了知识分享的可能性,借助手机,各种直播与短视频已成为 4G 时代流行的知识分享形式。

在认知资源以外,交通资源、人力资源等多种社会资源也在手机功能的进一步拓展中得到了有效整合与利用。比如时下流行的"网约车",通过对有车一族的汽车和人力资源与交通需求进行实时对接,实现有效的资源整合。在手机日常应用当中,基于其能够"移动"的特点,手机在交通出行等方面能够体现出独特的应用优势,避免了各种交通场景下的盲目行为。① 手机用户可以在手机上查询路况信息,随时随地掌握实时交通状况,避开交通拥堵路线;通过移动网络,人们按照手机地图导航即时出行,摆脱过去问路式或随身携带地图本的出行模式;通过手机打车软件,乘客与出租车之间实现资源最大化利用;人们使用手机二维码来替代地铁卡与公交卡,避免陷入忘带地铁卡或公交卡的窘境。真可谓,一机在手,出行无忧。

当然,网络社会草根群体的崛起带来的并不全是好处。手机如今在人们的信息和知识获取中已开始扮演着垄断者的角色,"网络几乎吸引了我们的全部注意力,我们必然会成为错误信息传播的受害者",信息过载使信息的甄选和分辨变得更加困难。另外,在日益"移动化出行"的交通方式中,"网约车"安全事件频出,司机与行人遭遇的"手机车祸"已成为引发关注的社会问题。据统计,司机在开车时因看导航、打电话、发微信、发短信、看视频等引发的交通事故占比近 30%。目前,世界上已有 50 多个国家禁止司机开车时打电话。在英国,开车打电话最高可判入狱 2 年,如因发短信造成致死车祸,肇事司机将面临最高 14 年的监禁。美国行人走路发短信罚款 85 美元,驾车打电话、操作 GPS 导航、发送接收短信和电子邮件被定义为危害公共安全罪,每次罚款 120 美元。

(二)信息接收的碎片化

手机使随时随地获取信息成为可能,但也切割了时空的完整性,让信息传播变得碎片化。就传播内容来看,移动时代无论是文字还是视频信息,都呈现短小的特征,微博、短视频的风行就是这一趋势的产物。就 4G 时代迅速发展起来的短视频来说,与以往影视作品相比,短视频不仅在时长上表现出短小精悍的特征,在结构与意义上也大多不以完整深刻为诉求。意义片段成为可供重新组合用以表达和传递信息的"视频词汇",完整的、封闭的文本结构被打破,图像制作者不仅可以拍摄短小的视频片段分享生活,还可对已有图像片段进行剪辑与重组,重新建构意义。

同时,人们获取信息的方式也呈现碎片化的特征。信息获取不再基于特定时间地

---

① 孙慧英.手机媒体与社会文化[M].北京:世界图书出版公司,2016:183.

点，人们随时随地拿出手机即可实现，可以是在通勤的地铁上，可以是在吃饭的间隙，也可以是在工作学习之余的休息时间。碎片化观看的突出特征是"短、浅、快"。首先，内容往往短小。文字篇幅小和视频时长短使简短的文字和短视频更能适应移动互联网时代的随身化信息获取方式，无论是生产还是观看，都无须耗费过多精力，可随时随地完成。其次，内容浅显，无须深度思考。这一方面是因为文字少与视频短使这些内容在大多情况下无法表达深刻的含义，另一方面，阅读、观看时间的割裂使用户无法将整段时间投入思考，只能是浅表化的浏览。最后，观看速度快。短视频应用将短视频间的切换设置得十分便利，用户仅需上下滑动屏幕即可切换视频内容，而内容的浅显使用户偏向于捕捉即时的意义，进行扫描式的快速观看。

（三）代际文化的形成

手机媒体不仅为不同文化群体的沟通与交流提供了条件，也对这一代青年文化的形成有着重要作用。移动手机网络为趣味相投、年龄相仿的青年群体提供了交流媒介，为这一代青年形成特有的代际文化提供了基础性的社会关系。"手机给现代青年人带来了另一种社会关系整合方式，它使现代社会中散落在各地的个人彼此联系起来，围绕每个人形成了以自我为中心的社会关系网络，手机的贴身性和便携性使得手机成为青年人随身携带的社会关系网络。"[1]

在一代人的成长过程中，信息和传播技术对其代际文化的形成有至关重要的影响，这种文化特征的形成和改变往往发生在其青年时期。目前，已有研究者宣称，全新的"交互持久的技术"已经带来了"当代青年身份构建中的构造性转变"。这些新的技术从根本上使青年人远离传统社会结构的影响范围，比如家庭、教育系统和广播电视媒体，从而获得了一个更为广阔的社交以及身份认同选项，这种变化引起了一种所谓的"界限的危机"。从一个更为广泛的层面来说，随着技术日益融入常规的活动，新的数字和移动技术使用户每天的生活体验发生了质的变化。高度沉浸于数字生活方式的青年人很容易产生一种"技术社会化敏感"，这种"存在的新方式、价值的新链条以及对于时间、空间和文化项目的新敏感"，已经成为新一代青年文化的发生情景和环境条件。[2]

（四）传统边界的打破

手机的出现和移动传播的发展使一直以来众多分明的社会边界被打破。随时随地

---

[1] 孙慧英.手机媒体与社会文化[M].北京：世界图书出版公司，2016：117.
[2] 卡斯特，费尔南德斯，邱林川，等.移动通信与社会变迁：全球视角下的传播变革[M].傅玉辉，何睿，薛辉，译.北京：清华大学出版社，2014：151.

的信息传播在方便信息传递的同时，也造成工作与私生活界限的日益模糊。信息的发展使越来越多的工作需要通过网络进行，这样的变化在打破传统工作形态的同时，也模糊了工作与日常生活的界限。便捷自由的连接、随时随地的沟通，使得工作侵入家庭和朋友圈，也使私人化的交流有可能渗透工作。在卢旺达的当地企业中，仅有1/3的电话是与工作相关的，另外的2/3则只与员工的私事相关。移动通信不仅是一项新技术的功能或是一种行动的自由，而是一种舒适的和亲密的技术社会性的维系，一种在日常生活中持续、轻微的具有平凡性存在特征的个人设备和通信方式。[1]

手机还创造出新的工作模式，这些工作模式本身就以与生活甚至娱乐的跨界打通作为基本特征。比如网络直播，只需要一部接入互联网的手机，主播们就可以通过在镜头面前展示自己以吸引观众来完成"工作"。作为一种职业，网络主播的主要工作内容就是直播，工作的时间、地点不再像传统的工作一样固定，而是更为自由和随意，许多主播在家里即可完成直播，工作与生活的空间合二为一。另外，手机游戏的发展还催生出职业手游电竞选手，与传统体育项目的运动员相似，手游电竞选手也需要进行专门的训练与大量的练习，但其比赛与训练都主要通过手机进行。

便捷而频繁的线上沟通大大减少了线下的当面交流，从而使得传统人际关系的边界被打破。日本的一项研究发现，经常使用电脑上网的人跟朋友在一起的时间更少，而经常使用移动电话上网的人则在人际交往和社会活动方面表现得更为积极。移动电话用户也更易于披露自己的心事，因为移动电话用户往往把移动电话用于与关系亲密的人的交流，即移动电话用户比非移动电话用户更乐于交际。通过手机等移动网络设备进行的沟通不同于传统的面对面交流，一个人可以通过手机跨越空间的距离，随时维持人际关系，通过频繁的交流增强亲密关系。与此同时，这种状态也有可能导致手机通信之外真实社会关系的疏远。

从大约5万年前学会说话以来，人类成为智能生物，从此开始了生物学和地理学意义上的大规模集群扩张，信息、传播、媒介也开始不断迭代并影响人类的历史进程。自从人类开始利用自身以外的器物突破口语传播所受的时空束缚以来，每一种媒介都自成体系，不断形成媒介之间的壁垒，建构媒介系统的樊篱，划分出媒介世界中的一个又一个清晰的边界。

人类历史的发展也是如此。从部落、邦国、民族、国家发展到文明，世界从最早的自由空间，变为了由重重边界划定的空间，无论是地域的有形边界，还是由政治文化经济因素形成的无形边界，到处都是障碍重重，殊难跨越。如何突破地理的、利益

---

[1] 卡斯特，费尔南德斯，邱林川，等.移动通信与社会变迁：全球视角下的传播变革[M].傅玉辉，何睿，薛辉，译.北京：清华大学出版社，2014：151.

的、文化的、心理的各种边界，实现人与人之间的自由交往、沟通和协作，作为一个历史难题，一直考验着人类的智慧。

以跨界、融合作为基本特征的手机媒介，把世界载入了一个快速畅通的信息通道。借助无所不在的连接，手机不仅打通了内容的边界、媒介的边界、信息的边界，也有助于突破个人的、社会的、国家的边界，有助于打破政治的、经济的、文化的边界。在这种打通、融合、裂变、新生的过程中，手机已经极大地改变了人类的生产方式、生活方式和社会结构，影响着人类的心理活动、思维方式以及精神世界。

手机改变了历史，它创造了一个全新的贴身随行的智慧文明，我们每个人都可以将这种智慧文明握于掌心，而在与这一文明保持连接之时，我们每个人也成为这一文明中的小小节点。